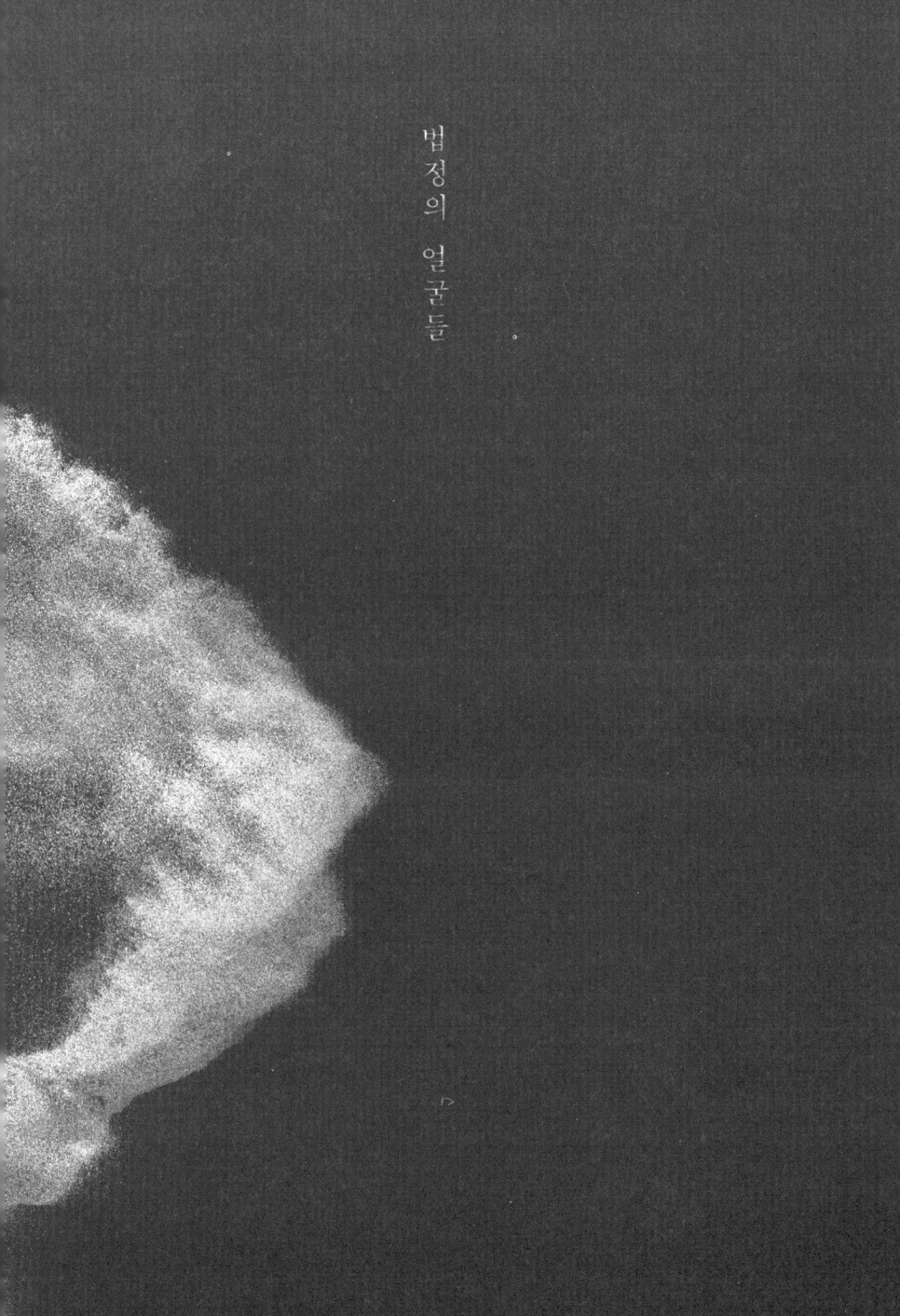

법정의 얼굴들

박주영 지음

법정의

얼굴들

문학동네

프롤로그

오랜 재판 끝에 깨달은 사실이 하나 있다. 사법절차가 생각보다 무력하다는 점이다. 형사재판은 비계에서 추락하는 정훈씨를 낚아챌 수 없다. 은주씨의 심장으로 향하는 칼끝을 돌릴 수도 없다. 유진씨 방에서 타고 있는 번개탄을 끌 수 없고, 고수익의 달콤한 유혹에 빠진 지훈씨의 귀에 대고 '그건 사기예요'라고 외칠 수도 없다. 정훈씨는 이미 추락했고, 은주씨는 살해됐다. 유진씨는 아이와 함께 자살했고, 지훈씨는 전 재산을 날렸다.

   재판은 오직 해당 사건에만 효력을 미친다. 어떤 범죄도 미리 막을 수 없다. 형사재판이 단죄하는 건 국가나 사회가 아니다. 이미 발생한 오직 한 사건, 한 개인뿐이다. 이 지점이 나를 항상 무력하게 만들었다. 내가 할 수 있는 거라곤 그저 코를 끅끅 삼키며 쓰고 또 쓰는 일뿐이었다.

산업재해 재판을 하면서 검찰과 피고인을 설득해 현장검증을 나간 적이 있다. 용접봉과 가스 줄이 어지럽게 널려 있는 건조 중인 선박의 컴컴하고 미로 같은 통로를, 용접 불꽃이 폭죽처럼 터지는 그곳을, 안전모를 쓰고 땀을 뻘뻘 흘리며 기어다녔다. 그 판결문만큼은 기록만 보고 그저 머리로 고통을 상상해 쓰고 싶지 않았다. 볕 좋은 어느 봄날 한 노동자가 잔인하게 마주쳤을 죽음의 공포를 체감하고, 그 느낌을 기억하는 손으로 쓰고 싶었다. 검정 묻은 얼굴과 멍든 무릎으로 써야만 사람들을 설득할 수 있다고 믿었다.

그렇게 쓴 판결문을 들이밀며 산재를 줄일 수 있는 방안을 함께 고민해보자고 말했지만, 허사였다. 그 판결은 지역 뉴스에 작게 실렸을 뿐 주목받지 못했다. 몇 달이 지나 중앙지에 실렸고, 다시 몇 달이 지나 유명 앵커가 짧게 언급했지만, 그뿐이었다. 그 판결로 세상은 조금도 달라지지 않았다. 그 후에도 법정에 선 사람들의 슬픔은 계속 차올랐고, 나는 판결문이 아닌 글을 직접 쓰리라 결심했다. 짓무르고 곰삭은 감정을 토해내듯 꾸역꾸역 《어떤 양형 이유》를 썼다.

책을 쓰고 한동안 정신을 못 차렸다. 아내는 책이 불타는 꿈을 꿨다며 대박이 날 거라고 기뻐했지만, 심약한 나는 책을 쓴 목적도 잊어버린 채 어서 빨리 불타버려 세상의 관심에서 신속하게 사라지면 좋겠다고 생각했다.

그랬던 내가 왜 또 이 글을 쓰게 됐던가.

마음이 어지러울 때면 가끔 산으로 간다. 산이 가파를수록 시야에는 온통 산뿐이다. 등산 내내 온몸을 일으켜세운 길과 정면으로 마주한다. 삶도 대부분 오르막이고, 보이는 건 흙바닥뿐이다. 원경은 정상이나 내리막의 풍경이다. 사랑도 그렇다. 사랑은 근경이다. 원경의 사랑은 없다. 원경의 그리움만 있을 뿐.

멀리 있는 무언가가 그리워지면 눈을 감는다. 인생에 지울 수 없는 한 순간이 떠오른다.

인파로 붐비는 공원이다. 아이들이 뛰어놀고 아내가 그 곁에 있다. 나는 멀찍이 떨어진 벤치에서 그들을 바라본다. 내 초점은 아내와 아이들에게 맞춰져 있다. 나는 그들이 어디에 있든 정확히 찾아낸다. 사랑은 피사체 말고는 다른 아무것도 보이지 않는 맹목적 몰입 상태, 즉 아웃포커싱 같은 상황이다.

그러나 눈을 조금만 돌리면 그들 옆에서 다른 아이들이 뛰어놀고, 노숙자가 벤치에서 잠을 자고, 반려견이 영역 표시를 하는 모습을 볼 수 있다. 공원을 벗어나면 좀 더 큰 아이들이 학교를 가고, 또래의 다른 아이들은 오토바이를 훔친다. 한 가족이 외식을 하는 동안 다른 한 가족은 번개탄을 피운다. 렌즈의 프레임 바깥에도 엄연히 세상은 존재한다. 같은 프레임 안에서조차 아웃포커싱으로 흐려진 곳에 '얼굴'들이 있다.

재판을 지근거리에서 바라본 누군가가 기록하지 않으면 사건의 실체를 정확히 파악할 수 없다. 아웃포커싱한 채 보는 이상 의미망을 이해할 수도 없다. 《어떤 양형 이유》를 쓴 후에도 수많은 여성이 강간당했고, 셀 수 없이 많은 노동자가 죽었고, 무수한 아이가 학대받았다. 여기저기서 많은 사람의 삶이 붕괴된 크레인마냥 뚝뚝 부러졌고, 여전히 인생의 대목대목 아픈 사람들이 잘도 널려 있다. 탄식과 신음은 세상 도처에서 넘쳐난다. 나 역시 다시 형사재판을 하며, 조현병을 앓는 젊은이가 어머니를 살해한 사건과, 동반자살을 하려다 살아난 청년들 사건과, 수많은 아동학대와 강간과 살인 사건을 처리했다.

나는 판단자임과 동시에 관찰하고 기록하는 자다. 내가 기록하지 않으면 내가 본 세상의 일부가 사라진다. 고통과 슬픔을 넘을 수 있는 유일한 수단은 기억뿐이다. 고통은 우리가 건널 디딤돌이다. 잊는 순간 고통은 사라지겠지만 딛고 건널 디딤돌도 사라진다. 아니, 아예 건널 생각조차 잊어버린다. 기록만이 고통과 절망의 시공을 건너가는, 내가 아는 단 하나의 길이다. 이 기록을 남기지 않을 수 없었다.

《어떤 양형 이유》가 불복할 수 없는 상급심인 국민들께 올리는 1심 판결문이었다면, 이 책은 문장완성검사에서 화두처럼 주어진 질문에 대한 답변이라는 생각이 든다. 질문도 검사도 모두 독자들 몫이다. 나는 그저 한 문장 한 문장 최선을 다해 성실하게 칸을 채워나갈 뿐이다. 완성된 문장이 유려하거나 감동적이길 바라지 않는다. 문장완성검사는 미문을 보려는 것이 아니라 작성자의 실존과 의도를 확인하기 위한 것일 뿐이다. 그래도 한 가지 바람이 있다면, 그렇게 완성된 문장 안에서 프레임 바깥에만 존재하던 사람들과 함께하는 것이다. 어쩌면 삶은, 질문에 답하며 문장을 완성해가는 과정이 아닐까 싶다. 그 길에서 만난 당신은 내게 한 개의 질문이다. 우린 모두 세상에 던져진 질문이다. 우리는 서로의 질문이자 응답이다.

짧은 칼럼을 읽고 같이 눈물 흘려준 조은혜 편집자가 없었다면 아예 시작조차 되지 않았을 여정이다. 판결문 속 행간에만 웅크리고 있던 나와, 맥락에만 기대어 간신히 존재하던 그들을, 완성된 문장으로 소환해낸 세상에서 가장 유능한 편집자께 감사드린다. 물론 이 책은 전적으로 《어떤 양형 이유》라는 어설픈 판결을 일부라도 인용해주고, 사람 많은 카페에서 안 우는 척 빵뜯어먹으며 몰래 울어준 독자들 덕분이다. 운다고 달라지는 일은 아무것도 없겠지만(박준), 같이 흘린 눈물 꼭 그만큼 누군가의 눈물은 마를 거라 믿고 싶다.

거친 바다를 향해 이제 막 자신의 배를 띄우려는 아이들에게 이 책을 바친다. 수평선을 바라보며 하염없이 그 배를 기다릴 아내에게도 사랑과 위로의 마음을 전한다.

차례

프롤로그 5

1장 회복 불가능한 상실을 견디는 사람들

혼잣말하는 사람들	15
마지막 호명	41
라 요로나	65
가난이 모르는 것들	85
어떤 부고	106

2장 세상은 매일매일 더 좋아지고 있는가

뷰티풀 보이	133
처음 듣는 말	156
단약한 의지	181
삼정목 왼쪽	201
월식	218

3장 사람을 살리는 이념과 정의

우린 양아침니더	237
여러분이 법입니다	271
발 좀 치우시죠	299
심증	321
판사와 글쓰기	343
싸움의 기술	366

에필로그 379

- **일러두기**
책에 등장하는 사건은 법원 홈페이지를 통해 대중에 공개되고 기사화된 실제 판결문에 기초하고 있지만, 각 사건의 구체적 정보들은 임의로 바꾸거나 삭제했습니다.

1장

회복 불가능한 상실을 견디는 사람들

혼잣말하는 사람들

> 나는 한 권의 책이다.
> 하느님이 교정봐주실 거다.
> — 벤저민 프랭클린

C는 지방에서만 근무하는 별볼일없는 판사다. 부장이 된 지 제법 됐지만 그럴듯한 사건도 해본 적 없고, 크게 모아둔 재산도 없다. 남들이 뭐라든 판사가 천직이라 생각하지만, 늙은 판사를 보는 눈들이 곱지 않아 좌불안석이다. 아이들은 점점 커가는데 언제까지 법원에 남아 있을지도 몰라 불안하다. 스스로 내린 선택 아니냐고 자위해보지만 서울에 정착한 동기들을 보면 왠지 속이 쓰리다. 서울 생각만 하면 피가 거꾸로 솟는 것 같다.

군대 시절 81밀리미터 박격포 분대에 있을 때, 박격포의 사각과 편각이 몇 밀리미터만 차이나도 포탄이 떨어지는 위치가 수십 미터 이상 달라지는 것을 본 후로, 세상을 향하는 각도가 조금만 차이나도 삶의 탄착지점 역시 엄청나게 달라질 거라 믿고 살았다. 정상궤도를 벗어나지 않으려 미세조정 하며 조심조심 살았지만, 사교육이나 아파트 얘기만 나오면 심사가 뒤틀렸다. 삶의 탄착지점은 정직함과 성실함의 각도가 아니라, 학군과 부동산을 향한 예민한 후각에 달려 있는 것 아닌가 하는 회의가 계속 들었다.

신문을 보며 '그때라도 서울로 발령받아 강남에 아파트를 한 채 샀어야 했나' 자책하고 있는데, 실무관이 신건 기록을 가져왔다. 기록을 보며 첫 기일을 지정하는데 특이한 사건이 눈에 들어왔다.

자살방조미수. 공소장에 기재된 김영배와 박찬우(모두 가명이다)의 사건 내용이다. 김영배는 어머니가 사망하자 그 충격으로 자살을 시도했지만 매번 실패했다. 남은 방법은 동반자살뿐이라고 생각한 그는 어느 날 새벽 2시 SNS에 "동반자살 하실 분, 도와주세요"라는 글을 올렸다. 경제적 문제로 이미 자살을 결심한 박찬우와 이동준이 답장했다.

카카오톡으로 자살 방법을 논의하던 세 사람은 박찬우와 이동준이 있는 곳에 모여 자살하기로 했다. 김영배는 인터넷으로 자살 방법을 찾아냈고, 박찬우는 차량을 준비했다. 그날 오후 이들은 자살 도구를 구입해 여관으로 갔다. 다음 날 아침 자살을 시도했지만, 두려움에 자살을 멈춘 박찬우가 김영배와 이동준을 구했다. 이동준은 의식불명에 빠져 응급실로 후송됐다가 며칠 만에 깨어나 도망갔고, 김영배와 박찬우는 자살방조미수로 기소됐다. 사건의 주범인 김영배는 구속됐다.

"어떤 경우건 자살이 정당화될 수는 없다. 그것은 싸움을 포기하는 것이니까. 살아서 별별 추한 꼴을 다 봐야 한다. 그것이 삶이니까."• 언젠가 읽은 글을 떠올리며 C는 요즘 사람들은 왜 이렇게 쉽게 싸움을 포기할까 잠시 생각에 잠겼다가, 서둘러 첫 기일을 지정하고 창밖을 봤다. 빨리 처리한 줄 알았는데 벌써 어둑어둑했다.

큰애가 고3이라 집에 들어가봐야 숨소리도 못 내는 C는, 그야말로 뒷방 늙은이 신세였다. 요즘 아내와 큰아이는 수시지원 때문에 스트레스가 극에 달했고, 괜히 날이라도 잘못 잡으면 경을 치기 일쑤였다. C는 퇴근할까 아니면 책이라도 좀 보다 들어갈까 고민했다. 요즘은 원래 싫어하던 회식이라도 있으면 좋겠다 싶지만, 평소 술 못 마시고 까칠하다는 소문이 난 그를 불러주는 사람은 없었다.

C가 옷을 갈아입자마자 아내의 하소연이 이어졌다. 내신부터 생기부, 학종, 자소서, 각종 입시전형 얘기를 총알처럼 뱉어냈다. 대학입시제도는 하도 복잡해서 들어도 자꾸 까먹었다. 이건 뭐 고시보다 더 어려웠다. 아내는 부모 속도 모르고 고집만 피우는 아이를 질타하다, 금수저를 물려준 걸로도 모자라 아빠 찬스를 뻔뻔하게 써대는 권세 있는 사람들과, 자율이라는 명분에 숨어 깜깜이 전형을 남발하는 대학 욕을 쏟아냈다. C는 아내 얘기를

• 김현, 《행복한 책읽기》, 문학과지성사, 1999.

한쪽 귀로 흘려들으며, 이제 정부 욕만 나오면 아내의 푸념이 끝나리라 생각했다. 가정에 무심한 자신에게 화살을 돌리지만 않으면 말이다.

그러나 이날은 아내도 호락호락하지 않았다. "당신, 내 얘기 듣고 있어?"라고 몇 번이나 주의를 줬다. "듣고 있지." "그럼 뭐라고 말 좀 해봐." "참, 입시제도 꼬락서니하고는… 쯧쯧." C는 어설프게 맞장구를 쳤다. 아내의 화는 누그러지지 않았다. 여전히 눈매가 사나웠다. "그래도 애가 열심히 하잖아. 다 잘될 거야, 너무 걱정하지 마." C는 다시 아내의 눈치를 살폈다. 눈꼬리가 2도쯤 내려갔지만 아직 부족했다. "당신처럼 입시제도도 잘 알고 지극정성으로 신경써주는 엄마가 없으면 도대체 어떻게 했겠어. 우리 애들은 참 복도 많아." 아내의 눈꼬리가 5도쯤 더 내려오는 걸 보고, C는 슬그머니 자기 방으로 갔다.

영배씨와 찬우씨의 첫 재판은 2주 뒤에 열렸다. 불구속 재판을 받는 찬우씨는 예상보다 씩씩했고, 구속된 영배씨는 생각보다 훨씬 침울했다. 피고인들이 대부분 그렇긴 하지만 영배씨는 고개를 푹 숙인 채 눈도 마주치지 않았다.

자백도 했고, 실형 사안도 아니라 바로 종결하고 2주 뒤에 선고할까 하다가, C는 도대체 왜 이 나이에 계속 자살을 시도한 걸까 궁금해졌다. 영배씨의 구속기간이 늘어나는 게 신경쓰였지만 출소한 뒤 또 자살을 시도하는 것보다는 낫다 생각하고, 보호관찰소에 판결 전 조사를 의뢰했다. 재판은 4주 뒤로 잡았다. 그런데 보호관찰소의 조사 업무 폭주로 두 번째 기일 전에 조사서가 도착하지 않았다. 기일은 다시 3주 뒤로 잡혔다. 조사서는 세 번째 기일 직전에야 도착했다.

두툼한 보고서에는 두 사람의 사연이 적혀 있었다.

스물아홉 영배씨는 1남 1녀 중 첫째로 태어났다. 영배씨가 초등학교 3학년 때 아버지는 생계도 돌보지 않고 외도를 했다. 그 일로 부모가 이혼을 하는 바람에 영배씨는 여동생과 아버지와 함께 할머니 집에서 살았다.

영배씨는 초등학교 때 전학을 네 번이나 했지만, 학교를 꼬박꼬박 잘 다녔다. 행동이 재빠르고 친구들과 사이좋게 지냈으며, 행실이 착하다고 칭찬도 받았다. 장래희망은 축구선수였다. 초등학교 5학년 때부터 축구부 생활을 했지만 아버지의 지원을 받지 못해 그만뒀다. 중학교 출결은 좋지 않았고, 성적도 떨어졌다. 장래희망은 축구선수에서 자동차정비사로 바뀌었다. 중학교 2학년 때는 이유 없이 혼내고 욕하는 아버지가 싫어 자주 가출했다. 그때부터 죽고 싶다는 생각이 들어 아파트 옥상에 오르곤 했다.

공고에 진학한 영배씨는 학교에 잘 적응했지만 "너 같은 새끼가 고등학교는 나와서 뭐 할래"라는 아버지 말에 상처받아 1학년을 마치지 못하고 자퇴를 했다. 여동생과 할머니가 마음에 걸렸지만 그냥 집을 나와버렸다. 영배씨가 열일곱 살일 때였다.

어머니를 찾아갔지만 어머니도 영배씨와 함께 살 형편이 아니었다. 어머니의 도움으로 고시원에 들어간 영배씨는 찜질방 종업원과 전단지 배포 일을 하다 열여덟 살이 되자마자 오토바이 면허를 따고 치킨집에서 배달을 했다. 와중에 검정고시에 합격해 자동차정비 관련 전문대에 진학하려 했지만 형편이 따라주지 않아 포기했다. 입대 직전까지 공장에서 일한 영배씨는 운전병으로 복무하다 만기제대했다. 제대 직후에는 휴대전화 명의도용 사기를 당해 빚을 진 채 힘겨운 사회생활을 시작했고, 이후 몇 년간 렌터카 업체 등을 전전하며 일했다.

영배씨가 의지할 가족이라곤 어머니와 여동생뿐이었다. 어머니는 이혼 후 다른 남자와 10년 정도 살았고 여동생은 일찍 결혼했다. 어머니는 어린 자식들을 데려오려 애썼지만 그럴 수 없었던 처지를 늘 속상해했고, 몸도 좋지 않았다. 15년 넘게 당뇨를 앓았지만 관리를 제대로 못해 일도 할 수 없었다. 어머니는 공장이나 김밥집 등에서 가끔 일했지만, 병원 신세를 지는 날이 더 많았다. 결국 어머니는 영배씨가 제대한 지 5년 만에 당뇨합병증으로 사망했다.

영배씨는 충격과 슬픔에 빠져 일을 그만두고 거의 6개월간 식음을 전폐하다시피 했다. 그동안 전깃줄로 목을 매기도 했다. 사정을 아는 친구들이 수시로 집을 찾아와 영배씨 상태를 살피고 돌아갔다. 겨우 심신을 추스른 영배씨는 현장 일용직으로 이곳저곳을 떠돌며 생활했다. 일한 지 1년쯤 되자 다시 우울감이 찾아왔고, 이 사건 직전에 두 번 자살 시도를 했다. 밥도 제대로 먹지 않고 하루에 한두 시간만 잤다. 줄담배만 피우며 괴로워하다 다시 자살 시도를 한 거였다.

덤프트럭을 몰던 서른다섯 찬우씨는 막내로 태어났다. 집안은 넉넉했고, 아버지의 권유로 중학교 2학년 때부터 개인레슨을 받으며 골프를 배웠지만 큰 흥미를 느끼진 못했다. 외박을 일삼다가 아버지에게 두들겨맞고 다시 가출하는 악순환이 반복됐다. 당연히 학교생활도 엉망이었다.

전문대에 입학했지만 흥미를 못 느낀 찬우씨는 1학기를 마친 뒤 자퇴했다. 육군 병장으로 만기제대한 후 취업을 했지만 몇 개월 만에 그만뒀고, 그 후 8년간 한량으로 지냈다. 결혼까지 생각한 여성과 잠시 동거를 했지만 헤어졌다. 보다못한 아버지가 경제적 지원을 끊자 친구들에게 손을 벌렸고, 여기저기 돈을 빌리다 대인관계도 나빠졌다. 30대가 되자 정신을 차린 찬우씨는 아버지의 도움을 받아 사업을 시작했지만 2년 만에 그만두고 덤프트럭을 몰았다.

찬우씨는 어느 해 봄 혼자 차에서 자살을 시도했지만 숨이 막혀 중단했고, 6개월 뒤 영배씨의 동반자살 글을 보고 같이 자살하기로 결심했다. 찬우씨는 당시 상황을 이렇게 전했다.

"셋이 모여 자살 도구와 맥주 피처 한 병, 소주 두 병, 컵라면을 사서 밤 10시쯤 여관으로 갔다. 치킨도 시켰다. 서로 어색해서 조촐하게 마지막 술자리를 가졌지만 모두 술을 싫어했다. 영배씨와 내가 소주 반병을 나눠 마셨고 음식은 대부분 남겼다. 자살 도구를 다 만들고 잠을 자려 했다. 쉽게 잠이 오지 않아 한참을 누워 있다 새벽 3시쯤 잠들었는데, 아침에 누가 깨워서 일어났다. 셋 중 누가 먼저 '이제 자살하자'라는 말을 했는지는 기억나지 않는다. 각자 자살을 시도했으나 막상 죽으려니 두려웠고, 생에 대한 미련이 남았다. 내가 쓰고 있던 비닐봉지를 벗고 이미 눈이 돌아간 동준씨의 비닐봉지를 찢은 뒤 119에 신고했다."

보고서를 다 읽은 C는 덜컥 겁이 났다. 두 사람이 자살을 다시 시도할 이유는 차고 넘쳤고, 뭔가 획기적인 전환점이 없다면 위험하다는 직감이 들었다. 특히 영배씨가 경찰서에서 한 말이 가시처럼 걸렸다. 경찰이 영배씨에게 왜 주위에 도움을 요청하지 않았냐고 묻자, "생명의 전화 같은 곳에 도움을 청해봤자 '힘내'라는 뻔한 충고가 전부일 거라 생각했다"고 말했다.

영배씨의 믿음에 따르면, 우리 사회는 타자의 불행을 철저히 개인의 문제로만 국한하고 축소시킨 다음, 외부로 드러나지 않게 밀봉해온 사회였다. 그러나 설령 한 개인이 열등하고 못나서 그와 같은 처지에 빠진 게 사실이라 해도, 그를 잘라내고 도태시켜서는 안 되는 것 아닌가. 개인의 능력 때문이든, 환경 탓이든, 그 어떤 이유에서든 스스로 해결할 수 없는 문제에 빠져 허우적대는 사람을 못 본 척할 순 없지 않은가. 사회적 존재로서 인간이 갖춰야 할 최소한의 생존 방식은 더불어 사는 건데, 몇몇 사람을 집어삼키는 블랙홀이 우리 주위에 존재한다면, 우리 모두 그곳으로 빨려들어가지 않으리라는 장담 역시 할 수 없는 것 아닌가. 이런 생각이 들자 C는 체하기라도 한 듯 가슴이 답답해졌다.

문득 예전에 읽은 기사가 생각났다.● 틱톡에서 "파스타를 먹었다", "샴푸와 헤어컨디셔너를 끝냈다"는 문구가 청소년들이 극단적 선택 충동을 암시하는 일종의 '암호'로 사용되고 있다는 내용이었다. 넷플릭스 시청 기한이 일주일 남았고, 최고의 파스타 레시피를 누군가에게 전해주지 못했고, 곧 마블의 새 영화가 나올지 모르고, 운 나쁜 날일지 몰라도 재수 없는 인생은 아니니, 오늘은 죽지 말라는 한나 데인스의 시(〈Don't Kill Yourself Today〉)에서 나온 말이라고 했다.

그 기사에는 이 문구를 본 틱톡커들이 "너, 모든 종류의 아이스크림 맛은 봤니?" "하늘에 뜬 별의 수는 세어봤고?" "네 웨딩케이크는 어쩌고?"와 같은 댓글로 자살을 만류했다고 쓰여 있었다. 죽기로 마음먹은 이유는 대개 비슷하지만 살아야 할 이유는 셀 수 없이 많다. 무엇보다 누군가의 절망 앞에서 계속 말 거는 이들, 그 다정한 사람들의 존재야말로 가장 살아야 할 이유가 아닐까 하는 생각이 들었다.

영배씨와 찬우씨의 세 번째이자 마지막 재판이 끝났다. C는

● 임선영, "'오늘 파스타 먹었어요' 평범한 이 말, 틱톡선 슬픈 암호다", 〈중앙일보〉, 2020. 7. 4.

선고기일을 3주 뒤로 잡았다. 사건이 결심結審되면 선고일 1~2주 전에 법정기록과 검찰의 증거기록을 더한 결심기록이 사무실로 올라온다. 검찰의 증거기록에는 자살 시도 직전 세 사람이 나눈 카카오톡 단톡방 대화가 있었다.

— 저도 어제 가불 땡기고 신불자 작업대출까지 해서 올인났네요ㅠㅠ
— 돈이라도 있어야 하는데, 죄송하네요.
— 어유 다 그렇죠, 돈 있으면 죽을 일 있나요 뭐. 다 돈 때문이죠.
— 네ㅠ
— 고생은요, 무슨. 기쁜 마음으로 갑니다.
— ○○중독 치사량 좀 알아볼 수 있나요? 암만 구글링해도 안 나오네요.
— 저도 그거 찾고 있어요, 찾으면 바로 알려드릴게요.
— 아침에 돈을 좀 썼는데 어찌어찌 6만 원을 만들었어요. 돈 구하기 진짜 힘드네요. 더 구해볼게요.
— 힘들죠.
— 도움이 못 돼서 죄송합니다. 제가 제일 미안해요. 멀리서 오시고, 차 준비해주시구ㅠㅠ
— 예전에는 몰랐는데 요즘은 급할 때 3만 원 구하기도 힘들더라구요. 참 쪽팔리고 서럽더라구요ㅠㅠ

— 맞아요ㅋㅋ

— 저는 2일 전에 치과 카드 선불 결제한 거 땡깡 부려서 현금 받아냈어요ㅋㅋ

— ㅋㅋㅋ우리 이번에 무슨 일이 있어도 좋은 곳으로 같이 가요.

— 꼭 그랬으면 좋겠어요 ㅎㅎ

— 네, 세 번째 실패해서. 하 지긋지긋하네요.

— 무슨 일 하세요? 저는 직업 없습니다.

— 저도 백수 3개월 차ㅋㅋ

— 너무 빨리 오신 거 아니에요?

— 전 집이 없어서요ㅋㅋ. 갈 데가 없어요. 방 보증금도 빼서 다 쓴 지 오래라. 모텔만 지겹게 있었네요.

— ㅎ 전 덤프 몰아요.

— 대단하시네요, 전 면허도 없는데.

— 인생 하빠리 운전이죠, 뭐.

— 제가 좀 생각해봤는데, ○○ 혹시 부족할 거 같으면 제 핸드폰 파는 거 어떠세요. 알아보니까 20만 원 정도 받을 것 같네요.

C는 ㅠㅠ와 ㅋㅋ와 ㅎㅎ 안에 이토록 극한의 슬픔과 절망이 담길 수 있으리라곤 상상도 하지 못했다. 쉴 새 없이 울리는 '까톡' 소릴 들으며 고통 없는 세상을 그렸을 세 사람의 모습이 떠올라 애잔한 마음을 가눌 길이 없었다. 사회에서 철저히 고립된 세 사람이, 전혀 일면식조차 없던 상태임에도 솔직하고 진지하

게 나눈 마지막 대화가 자살에 대한 것이고, 사심 없는 순수한 생의 마지막 호의가 죽음의 동행이라는 점이 역설적이었다. 죽기로 마음먹었을 때에야 비로소 서로 공감할 수 있는 현실. 인터넷이 사물에까지 연결되고, SNS로 촘촘히 연결된 이 시대의 고립감을 견딜 수 없어 자살을 결심했다는 사실.

제프 딕슨의 〈우리 시대의 역설〉이라는 시가 생각났다.

소비는 많아졌지만 더 가난해지고
더 많은 물건을 사지만 기쁨은 줄어들었다
전문가들은 늘어났지만 문제는 더 많아졌고
약은 많아졌지만 건강은 더 나빠졌다
너무 분별없이 소비하고
너무 적게 웃고
너무 빨리 운전하고
너무 성급히 화를 낸다
가진 것은 몇 배가 되었지만 가치는 더 줄어들었다
생활비 버는 법은 배웠지만
어떻게 가치 있게 살 것인가는 잊어버렸고
인생을 사는 시간은 늘어났지만
시간 속에 삶의 의미를 찾는 법은 상실했다
달에 갔다 왔지만
길을 건너가 이웃을 만나기는 더 힘들어졌다

원자는 쪼갤 수 있지만 편견을 부수지는 못한다
키는 커졌지만 인품은 왜소해지고
이익은 더 많이 추구하지만
사람과의 관계는 더 나빠졌다

이 시에 빗대 말하자면, 우리는 어떤 시대보다 서로 긴밀하게 연결되어 있지만, 너무 많이 연결되어 너무 많은 단절의 두려움을 느끼고, 세상과의 접촉은 쉬워졌지만 그로 인해 너무 많은 질병에 전염되고 너무 큰 상처의 위험에 직면해 있다. 다양한 정보가 넘쳐나지만 너무 많은 정보가 타인의 행복을 너무 많이 보게 해서 타인과 너무 쉽게 비교하게 만든다. 결국 우리는 너무 많이 절망에 빠지고 너무 많은 소외를 겪는다. 댓글과 좋아요, 구독자 숫자는 폭발적으로 늘었지만, 타인의 고통에 귀 기울이는 단 한 명의 진지한 청자聽者는 찾아보기 어렵다.

결심기록에는 영배씨 본인과 동생의 탄원서, 동료 재감인의 탄원서도 있었다. 영배씨는 반성문도 함께 보냈다.

"이곳에서 한 달 넘는 시간을 보내며 많은 것을 뒤돌아보고 제가 살아왔던 삶에 대해 깊이 반성하게 됐습니다. 저는 동생을 보살피며 정말 정직하게 살려고 노력했고, 나름 열심히 살아왔지만 어머니께서 돌아가신 게 너무 큰 충격이었습니다. 어릴 때부터 어머니의 보살핌이 많이 그리웠습니다. 어머니가 돌아가시고 동생도 결혼을 해 제 곁을 떠난 후에는 혼자서 모든 걸 감당하는 삶이 버거웠습니다. 어느 순간부터 제 의지를 꺾었고 잘못된 판단을 했습니다. ……구치소에 있는 동안 동생에게서 편지가 왔습니다. 며칠 전에는 면회 온 동생 얼굴도 봤습니다. 짧은 10분이 한 시간처럼 느껴졌던 건 아마 동생에게 이런 모습을 보여줘야 한다는 미안함 때문이었던 것 같습니다. 어쩌면 저를 부모라 여기며 살아온 동생에게 너무 미안해 마음이 많이 아픕니다. 이제는 좀 더 용기를 내고 앞으로 어떤 어려움도 우직하게 이겨내며 살아가겠습니다. 용서를 구하고 싶습니다. 이곳에서 나가 동생과 손 맞잡고 많은 이야기를 나누고 싶습니다."

영배씨 동생의 탄원서다.

"……저희 남매는 일찍이 둘만 남겨졌고, 풍족하진 않아도 의좋은 남매로 지냈습니다. 그러다 저는 결혼을 해서 예쁜 딸을 낳고 가정을 이뤘습니다. 주어진 시간들이 행복해서 오빠를 돌아보지 못한 채 그저 잘 지낼 거라 생각했습니다. 평소 오빠는 큰 욕심 없이 묵묵히 자기 일만 하며 바쁘게 살았습니다. 가끔 시간이 나면 저와 제 딸과 함께 보내려 했고, 전 그 모습이 전부라고 생각했습니다. 버팀목 역할을 해줬던 오빠가 홀로 힘든 시간들을 보냈던 걸 이제야 알게 되어 가족으로서 마음이 너무 아픕니다. 올바르지 못한 행동에 후회하고 반성한다며 제게 미안하다는 편지를 쓴 그날 밤, 오빠는 많이 울었을 겁니다. 판사님, 오빠가 다시 한번 열심히 살아갈 수 있도록 감히 용서를 빕니다. 가족을 방치했던 못난 동생인 저는 오빠와 함께 시간을 보내고 싶습니다. 늘 건강했던 오빠가 어린 저를 지켜줬던 것처럼, 이젠 제가 곁에서 오빠를 지켜주고 싶습니다."

동료 재감인의 탄원서다.

"저는 ××구치소에 수감 중인 ○○○입니다. 범죄자가 다른 수감자 탄원서를 적는 게 맞는 건지 모르겠지만, 김영배를 구치소 신입방에서부터 본방까지 옆에서 함께 지켜본 사람으로서, 인생의 선배로서 잘되길 바라는 마음에 탄원서를 올립니다. 저는 영배보다 이틀 먼저 구치소에 왔습니다. 당시 신입방에 열한 명 정도 있었는데, 어느 날 얼굴이 어두운 청년이 신입으로 왔습니다. 신입이 오면 이름과 나이, 죄명 이런 걸 물어보는데 영배는 자살을 시도하다 구속됐다고 했습니다. 저녁이 되어 한 어르신이 영배에게 자살하려 한 이유를 물었습니다. 영배는 어머니가 돌아가신 후 우울증으로 삶의 의지가 사라져 죽을 생각을 했다고 했습니다. 영배 얘기를 듣고 저 또한 제 불우한 가정사가 생각났습니다. 자살할 용기로 살면 뭐든 성공할 거라고 위로했습니다. 영배는 일주일 정도는 삶을 포기한 듯했지만, 같은 방에서 마음 맞는 사람들과 지내며 지금은 삶의 의지가 매우 강해졌습니다. 정말 영배가 잘되길 바라는 마음으로 범죄자지만 이렇게 염치없이 선처를 부탁드립니다."

기록을 꼼꼼히 다 읽은 C는 동준씨가 의식을 차리고 도주한 게 참 다행이란 생각이 들었다. 아무 피해가 발생하지 않아서 집행유예를 선고하는 데 무리가 없으니 말이다. 그러나 다시 가슴이 답답해졌다. 이런 사건에서 중요한 건 이들이 삶의 의지를 다잡는 거지만, 형사처벌은 거기엔 아무런 도움이 못 되는 절차라는 생각이 들었다. C는 영배씨와 찬우씨가 계속 살아갈 수 있도록 자신이 할 수 있는 일은 없을까 고민에 빠졌다.

그러다 몇 해 전, 도망치듯 떠나온 소년법정이 떠올랐다. 아이들의 잘못에 상응한 벌도 중요하지만 대부분 불우한 환경에 있던 소년범들에게 진정으로 필요한 건 지속적인 관심과 사랑이었다. 하지만 C가 줄 수 있는 건 법정에서의 몇 마디 말과 법이 정한 몇 가지 보호처분이 전부였다. 영배씨 사건을 보며 소년부 시절 느꼈던 슬픈 무력감과 함께 그 세월을 버티게 해준 글이 떠올랐다.

"한마디 말로 지옥과 천국을 경험할 수 있고, 절망과 희망 사이를 오갈 수 있습니다. 한마디 말이 비수가 되어 내 가슴을 찌를 수 있고, 한마디 말이 갓 퍼담은 한 그릇 쌀밥이 되어 감사의 눈물을 펑펑 쏟게 할 수가 있습니다."•

C는 소년부 내내 이 말을 끈질기게 놓지 않았다. 돌아보면 그건 희망이 아니라 암울한 상황을 버티기 위해 자신이 만든 진부한 자기최면이었을지도 모르지만, 뭐라 부르든 지금 그게 필요했다. 누군가에게 뻔한 말이 누군가에겐 변곡점이 되고, 누군가의 자기위안이 어떤 이에겐 희망이 되기도 하는 법이다. 사람을

• 정호승,《내 인생에 힘이 되어준 한마디》, 비채, 2006.

감옥으로 보내는 일 말고는 잘하는 게 없는 형사재판장이지만, 따뜻한 말 한마디와 법정에서 각인된 한순간이 영배씨와 찬우씨를 살리는 작은 계기가 될지도 모른다고 다시 한번 믿어보기로 했다. 사실 C가 할 수 있는 건 그것 말곤 딱히 없기도 했다.

선고기일이었다. C는 영배씨와 찬우씨를 앞에 두고 며칠을 고민하며 쓴 판결문을 천천히 읽어내려갔다.

"……공과금 몇만 원이 없어 단전된 싸늘한 월세방에서, 몇 달치 월세가 밀려서, 누군가에게 배신당해서, 사랑하는 이가 죽어서, 억울한 일을 당해서, 아무도 곁에 없어서… 누군가 생을 끝내는 이유는 차고 넘칩니다. 수많은 이가 무수한 이유로 스스로 목숨을 끊고 있는 이 순간에도, 우리는 그저 관성적으로 하루를 살고 또 하루를 죽습니다. 살인과 강간이 끊이지 않고, 매일 서너 명이 직장에서 집으로 돌아오지 못하고, 익명이라는 베일 뒤에 숨어 저주를 퍼붓고, 서로 무시하고, 외면하고, 홀대하고, 핍박하고, 착취하는 이 세상을 두고 차마 아름답고 살 만한 곳이라고 말할 자신은 없습니다.

우리가 이 모진 삶을 계속 이어나가는 이유는 세상이 아름다워서가 아닙니다. 세상이 부조리하고 엉망진창임에도 우리가 미련스럽게 살아가는 이유는, 거부할 수 없는 본능이기 때문입니다. 살아 있는 모든 것은 살고 싶습니다. 그 절대적이고 원초적인 욕망을 넘어설 수 있는 고통이, 이렇게나 도처에, 이처럼 자주 존재한다는 사실이 서글픕니다. 생활고로, 우울증으로, 세상에서 고립된 채 쓸쓸히 생을 마감하는 사람들이 도처에 존재하는 한 우리는 결코 잘 살고 있다고 말해서는 안 됩니다. 스스로 생을 마감한 누군가의 가족과 이웃이자 같은 시민으로서 우리의 책임과 역할이 무엇인지 자문해보지 않을 수 없습니다.

자살을 막으려는 수많은 대책과 구호가 난무합니다. 그러나 생을 포기하려 한 이의 깊은 고통을 우리는 제대로 공감조차 하기 어렵습니다. 이해하기 힘들지만 밖에서 보기에 별거 없어 보이는 사소한 이유들이 삶을 포기하게 만들듯, 보잘것없는 작은 것들이 또 누군가를 살아 있게 만듭니다. 삶과 죽음은 불가해한 것입니다. 어스름한 미명과 노을이 아름다워서, 누군가 내민 손이 고마워서, 모두가 떠나도 끝까지 곁을 지켜준 사람에게 미안해서, 이 힘한 세상에서 지금껏 버텨온 자신이 불쌍하고 대견해서 우리는 살아가고 있는지 모릅니다.

비록 하찮아 보일지라도 생의 기로에 선 누군가를 살릴 수 있는 최소한의 대책은, 그저 그에게 눈길을 주고 귀 기울여 그의 이야기를 들어주는 게 아닐까 하는 생각이 듭니다. 자신의 이야기를 들어줄 사람이 지상에 단 한 사람이라도 있다면, 그런 믿음을 그에게 심어줄 수만 있다면, 그는 살아갈 수 있을 겁니다. 그의 삶 역시 사회적으로 의미 있는 한 개의 이야기인 이상, 진지하게 들어주는 사람이 존재하는 한, 그 이야기는 멈출 수 없기 때문입니다. 사람이 사람에게 할 수 있는 가장 잔인한 일은, 혼잣말하도록 내버려두는 것입니다. ……이상의 이유로 형을 선고합니다.

피고인 김영배를 징역 10월에, 피고인 박찬우를 징역 8월에 각 처한다. 다만 이 판결 확정일로부터 각 2년간 형의 집행을 유예한다. 피고인들에게 보호관찰을 받을 것을 명한다."

선고가 끝났지만 C는 자리에서 일어나지 않고 다시 품에서 '피고인들께 드리는 당부'라 적힌 종이를 주섬주섬 펼쳤다.

"피고인들, 잠시 앉아보세요. 선고를 모두 마쳤습니다만, 앞으로 두 분을 법정에서 다시 볼 수 없다고 믿기에, 또 스스로 생을 마감하려 한 사연들이 너무 기구하고 안타까워 마지막으로 몇 마디 당부의 말을 전하려 합니다. 피고인들의 삶과 죄에 대한 이야기는 조금 전 형의 선고로 모두 끝났습니다. 이후의 이야기는 여러분이 각자 써내려가야 합니다. 남은 이야기가 아름답고 감동적이기를 기원합니다. 설령 앞으로 채워갈 여러분의 이야기가 애달프다 해도 이야기는 절대로 도중에 끝나서는 안 됩니다.

보르헤스라는 작가는 우주를 도서관에 비유한 적이 있습니다. 우주가 도서관이라면 우주를 구성하는 우리는 모두 한 권의 책입니다. 한번 시작된 이야기는 허망하게 도중에 끝나서는 안 됩니다. 이는 우주적 섭리에 반하는 것입니다. 한 사람이 생을 스스로 마감하기로 결정한 데에는 절박한 이유가 있을 겁니다. 외부에서 그 이유를 전부 알 수는 없겠지만, 가장 큰 이유는 아마도 자신의 사연을 들어줄 사람이 아무도 없다는 고립감 때문이 아닐까 싶습니다. 말하는 사람이 있는 한 듣는 사람이 있어야 마땅함에도, 우리 사회는 아직도 극심한 고통에 대해 혼잣말하는 사람이 너무도 많습니다. 이 사건 즈음 여러분의 삶도 그러했다고 생각됩니다.

  비록 늦었지만 이번 일을 계기로 여러분의 이야기를, 여러분의 가족과 동료 재감인들과 우리가 듣게 됐습니다. 우리가 여러분의 이야기를 귀담아듣게 된 이상 여러분은 이제부터 마음대로 이야기를 끝내서는 안 됩니다. 듣는 사람이 존재하는 한, 여러분의 이야기는 혼자만의 이야기가 아니기 때문입니다. 영배씨의 어머니는 돌아가셨지만 사랑하는 여동생과 조카가 오빠와 외삼촌의 이야기를 궁금해합니다. 이번 일로 우연히 구치소에서 만난 동료 재감인들도 영배씨의 남은 이야기를 궁금해합니다. 친구들과 주위의 관심은 사라졌지만 가족들이 찬우씨의 남은 이야기를 듣고 싶어 합니다. 저희 역시 그분들 못지않게 여러분의 못다한 이야기가 너무도 궁금합니다.

  저희는 기록을 통해 여러분의 삶이 대단히 고단하고 힘겨웠다는 사실을 알았습니다. 여러분의 극단적 선택에는 나름의 이유와 고충이 있었던 걸로 보입니다. 그럼에도 여러분이 스스로 생을 포기하려고 마음먹게 한 깊은 고뇌와 참담한 심정을 전부 다 이해하고 공감할 수는 없었습니다. 그러나 아무리 삶이 비루하고 세상이 엉망이어도, 그것이 생명을 버릴 이유는 될 수 없습니다. 여러분의 생명은 그 무엇보다 존귀한 것입니다. 또 그 생명은 여러분 자신들에게만큼이나 여러분이 관계 맺은 수많은 이에게도 소중한 것입니다. 좋지 않은 생각이 들 때마다 여러분의 갑작스러운 부재로 남겨지게 될 사람들의 고통과 슬픔을 떠올려봤으면 좋겠습니다.

나아가 우리 사회는 여러분과 같은 사람들을 돕기 위해 많은 노력을 기울이고 있다는 사실도 잊지 말기 바랍니다. 비록 지금까지 사회로부터 받은 상처가 클지라도, 고립감이 찾아올 때면 가까이 있는 보호관찰관을 비롯한 여러 사람에게 과감히 도움을 청하십시오.

외람되게도 인생 선배로서 여러분의 이번 판단이 착각이고 오해였다는 것도 지적하지 않을 수 없습니다. 확신합니다. 지금보다 더 좋은 날이 반드시 올 겁니다. 아직 오지 않은 날을, 앞으로 누릴 날을 생각하시기 바랍니다. 우리 모두는 그저 존재 자체만으로도 대체할 수 없는 존귀한 생명이지만, 특히 어린 시절 부모의 부재와 말도 못할 경제적 궁핍함 속에서도 범죄의 길로 빠지지 않고 꿋꿋하게 홀로 견디며, 여동생을 살갑게 보살피고 번듯하게 출가까지 시킨 훌륭한 청년은 우리 곁을 갑자기 떠나서는 안 됩니다. 한때 방탕한 생활을 했을지라도, 그 생활을 청산하고 덤프트럭을 몰며 나름대로 선하고 열심히 살아온 한 젊은이 역시 허망하게 스러져서는 안 됩니다.

저희는 이 사건을 두고 여러분이 스스로 생을 마감하는 결과를 막을 수만 있다면, 강제로라도 여러분을 장기간 구금해야 하는 건 아닌지 깊이 고민했습니다. 그러나 다행스럽게도 재판을 하며 여러분이 삶의 의지를 조금이나마 되찾았다는 긍정적 징후를 엿볼 수 있었습니다. 이런 이유로 상당기간 정신과 치료와 심리상담을 조건으로 여러분을 사회로 복귀시키는 결정을 했습니다. 재판부의 이 결정이 잘못된 판단이 아니기를 간절한 마음으로 기원합니다. 어쩌면 이 마지막 당부는 재판부가 피고인들께 드리는 간곡한 탄원입니다.

저희에게 선처를 호소했듯, 이젠 스스로 선처하고 아끼십시오. 잘 살아주십시오, 부디."

영배씨와 찬우씨에게 마지막 당부의 말까지 전한 C는 반성문과 탄원서 사본 그리고 책 두 권을 두 사람에게 각각 건넸다. 자살 도구를 마련하느라 휴대전화까지 처분한 영배씨를 위해서는 책에 20만 원을 끼워주었다. 차비하고 밥 사먹고 조카 선물이라도 사가라고 당부했다. 이제 C가 할 수 있는 일은 정말 아무것도 없었다. 영배씨와 찬우씨가 세상에 나가 별별 추한 꼴을 다 볼 때 이 순간을 기억해주기를, 세상에 맞서 당당히 싸워주길 바랄 뿐이었다.

그날 오후 영배씨는 석방됐다. C가 재판을 마치고 오후 늦게 사무실에 올라온 직후 실무관이 찾아왔다. 선고할 때 보호관찰 안내서 나눠주는 것을 깜빡했다고 했다. C는 전화를 해서 설명한 다음 두 사람 주소지로 안내서를 보내주라고 했다. 실무관은 그날 저녁 영배씨와 찬우씨에게 전화했고, 영배씨가 구치소에서 나오자마자 동생 집으로 갔으며, 그곳에서 동생과 저녁을 먹는 도중 자신의 전화를 받았다고 말해줬다. 그 소식을 듣고서야 C는 깊고 기쁜 한숨을 내쉬었다.

C는 홀가분한 마음으로 법원을 나섰다. 오늘은 어디 가서 술이라도 한잔하고 싶었지만 같이 마실 사람은 없었다. C는 집 근처 포장마차에 들러 어묵탕과 소주 한 병을 시켰다. 여동생은 영배씨를 따뜻하게 안아줬을까, 영배씨는 여동생과 밥을 먹으며 무슨 말을 했을까, 조카 선물은 사갔을까… 이런저런 생각을 하며 혼자 소주를 홀짝거렸다. 은근히 취기가 올라왔다. 입시 준비로 얼굴이 반쪽이 된 큰애 생각도 났다. 옆 테이블에서는 젊은 남자가 여자에게 한창 군대 얘기를 하고 있었다.

C는 시계를 흘낏 보고 10년째 살고 있는 아파트를 올려다보다, 자신도 모르게 "함께 있으면 됐지, 더 뭘 바라…"라고 중얼거렸다. 사장님이 "손님, 뭐 더 드릴까요?"라고 물었다. C는 혼잣말이라고 말하며 비틀비틀 일어섰다.

1년에 두어 번 술에 취해야만 말이 많아지는 C는, 그날 아내와 아이들을 호기롭게 불러모으고, 꺼칠한 수염을 수염 난 녀석들 뺨에 부비며, 고시 얘기와 박격포 얘기와 수능 얘기와 아파트 얘기를 하고 또 했을 것이다. 어쩌면 영배씨 얘기를 꺼냈을지도 모른다.

잠시 얘기를 들어주던 그들은 이구동성으로 '술도 못하면서 웬 술을 이리 마셨어, 빨리 들어가 잠이나 자, 내일 출근해야지' 라고 말했을 거다. 그렇게 침대로 가던 C가 '책이야, 책, 나도 책이라고' 궁시렁대면, 귀 밝은 아내는 C의 뒤통수에 대고 '뭐? 또 책 샀어? 읽지도 않으면서. 어휴, 그만 사고 이제 좀 갖다 버려' 라고 말했을 거다.

영배씨와 찬우씨 사건 이후에도 신건과 결심기록은 멈추지 않고 까톡까톡 올라왔고, C는 오탈자를 잡아내듯 범죄자들을 솎아냈다. C가 잘못을 확인해주면, 교정당국은 즉시 그들을 바로 잡았다. 그럴 때마다 C는 어쩌면 자신을 포함한 모두가 어떤 의미에서든, 얼마간은, 사회적 비문이 아닐까 싶었다. 동시에 '우린 모두 비문이지만 뭐 어때, 문법에 꼭 맞춰 사는 사람이 세상에 어디 있어. 비문투성이 책도 미완성보단 훨씬 낫잖아'라고 생각했다.

C는 사람이 사람을 단죄하고 교정한다는 일이 참으로 가당찮다고 느낄 때가 많았지만, 너무 심하게 틀린 문장은 사람이 직접 교정할 수밖에 없다는 점도 이해하게 됐다. 영배씨 사건을 처리하며 C가 찾아본 통계에 의하면, 2019년 303,100권의 책이 세상에 나왔고 295,100권의 책이 절판됐는데, 사라진 책 중 13,800여 권은 미완성인 채였다.

아내의 성화에도 C의 서가에는 여전히 많은 책이 꽂혔고, 집안 여기저기 책탑이 올라갔지만 두 권의 책만은 항상 잘 보이는 곳에 두었다. 채워야 할 페이지가 많이 남은 특이한 책이었다.

C는 가끔 이야기가 어디쯤 진행됐나 책을 펼쳐봤다. 핍진성이 떨어지거나, 몇 장 읽다 금방 잠들 만큼 재미가 없거나, 맞춤법이 다 틀리고 세상을 향한 각도마저 잘못되어 엉뚱한 탄착지점에서 헤매는 경우도 있었지만 상관없었다. 그때마다 C는 혼자 중얼거렸다. "그게 뭐 대수람. 하느님이 교정봐주실 텐데. 우리는 완성된 문장으로, 여백 없는 책으로, 우주라는 도서관에 나란히 꽂혀 있을 텐데. '자살방조미수' 챕터는 그들과 내 책에 함께 실려 있을 텐데."

세월이 흘러 아이들의 아이들이 단팥죽과 팥빙수를 특히 좋아하거나, 음악이나 책에 유난히 관심을 보이거나 라면에 환장할 때, 가끔 C라는 책을 기억해줬으면 좋겠다고 C는 생각했다. 특히 아이들이 자기 아이들 앞에서 궁상맞게 눈물을 흘리거나 변덕이 죽 끓듯 하거나, "누굴 닮아 수학을 이렇게 못해?"라는 말을 듣거나, 뭐라 변명하기 난처한 상황에 처할 때면, 그 모든 원인을 할아버지의 나쁜 유전자 탓이라고 둘러대며 자신을 인용해준다면 더할 수 없이 기쁘겠다고, C는 상상했다.

C가 최근 펼쳐본 두 책의 마지막 페이지다.

《김영배》(127쪽) ― 보호관찰 위반 없이 잘 지내고 있음. 한 달에 한 번 정신과 진료를 받고 치료내역을 보호관찰소에 보고함. 보호관찰 초반에는 수면장애가 심했으나, 정신과 치료를 받으면서 해소됐음. 여전히 잠을 길게 자기는 어렵지만 짧게 깊이 잠. 수면제는 약 처방에서 제외됐음. 배달대행 일을 하는 중임. 오후 12시에서 밤 10시 30분까지 일함. 직장에서 친구를 새로 사귀어 대인관계를 맺고 있음. 여동생 집에서 살다 코로나19가 유행해 어린 조카에게 문제가 생길까 봐 한동안 여인숙에서 기거했음. 지금은 여동생 집에서 함께 살고 있음. 술은 원래 좋아하지 않아 음주는 하지 않음.

《박찬우》(153쪽) — 밭일을 하고 있음. 정신과 치료는 3월까지 받았으며 병원에서 의사가 더는 치료하지 않아도 된다고 해 치료를 중단함. 경제적 어려움으로 너무 힘들어 자살까지 생각했으나 이제는 그런 생각이 전혀 없고, 삶을 부정적으로 바라보는 생각도 없다고 함. 얼굴에 반창고가 많이 붙어 있어 보호관찰관이 물어보니 기미가 많아 수술을 했다고 함. 보호관찰관이 집으로 가 찬우씨 어머니와 직접 면담했는데, 어머니는 더 이상 아들 걱정은 없고, 최근 누나가 몸이 많이 불편해 병원 치료를 받는데 함께 다니는 중이라고 전함.

마지막 호명

> 사랑이야말로
> 중력의 법칙을 부정할 만큼
> 강력한 단 한 가지 것이다.
> — 폴 오스터, 《달의 궁전》

다시는 그 전으로 돌아갈 수 없게 만드는 사건과 맞닥뜨릴 때가 있다. 인류에게 코로나19가 그랬다면, 내겐 아내와 아이들과의 만남이 그랬다. 이런 일을 겪은 사람은 반드시 새로운 삶을 살아야 한다. 형사재판에도 그런 사건이 있다. 단지 지켜보는 것만으로도 지옥의 언저리쯤 내팽개쳐진 기분이 드는 사건들이다. 이런 사건을 만나면 압도적 슬픔과 분노 때문에 사건을 처리하는 몇 달 동안 정말 몇 년은 폭삭 늙어버린다.

"미안해요, 엄마. 그런데 소풍 가고 싶어요."
2013년 일곱 살 소녀 서현이가 맞아죽던 날 아침에 마지막으로 남긴 말이다. A는 2009년경부터 서현이 아빠와 살면서 평소 서현이가 거짓말을 잘하고 물건을 훔친다며 손과 회초리로 서현이를 수시로 때렸다. 서현이가 여섯 살 때는 학원을 마치고 늦게 집에 왔다는 이유로 발로 차 허벅지뼈를 부러뜨렸고, 서현이 아빠와 다툰 날은 샤워기로 뜨거운 물을 뿌려 화상을 입히기도 했다.

그리고 소풍날 아침, A는 서현이가 식탁 위에 놓아둔 현금 2,300원을 훔쳤는데 거짓말을 한다는 이유로 35분 동안 주먹과 발로 서현이의 머리와 옆구리와 배 등 전신을 닥치는 대로 때렸다. 서현이가 맞으면서도 소풍을 가고 싶다고 애원하자, A는 비명을 지르며 주저앉는 서현이의 온몸을 다시 20분 동안 마구 때렸다. 서현이는 그날 오전 11시 집 화장실에서 다발성 늑골골절로 인한 양쪽 폐 파열(부러진 갈비뼈 16개 중 일부가 폐를 찔렀다)로 사망했다.

A는 주위 사람들에게 서현이의 친엄마라 말하며 각별한 애정을 갖고 서현이를 보살피는 것처럼 행동했으나, 정작 단둘이 있을 때는 사소한 핑곗거리만 있어도 잔혹하게 폭행했다. 서현이는 친엄마와 세 살 때 헤어진 후 A를 친엄마처럼 따르며 의존했다. 아빠가 자주 오지 않는 상황에서 학대와 폭력을 모면하기 위해 나이에 걸맞지 않게 위축된 생활을 했을 뿐, 누구에게도 도움을 요청하지 않았다. 서현이의 집에서는 A가 미리 사다놓은 회초리가 많이 발견됐다.

'울산 계모 사건' 또는 '이서현양 사건'으로 불린 이 사건은 전

국민의 공분을 불러일으켰다. 재판날이면 서현이를 기리고 A를 엄벌에 처해달라고 호소하는 사람들 때문에 법원은 발 디딜 틈이 없었다. 전국 각지에서 모인 젊은 엄마들은 법원에 A를 태운 구치소 호송버스가 들어서면, 차를 에워싼 채 경찰의 제지를 뚫고 버스를 두들기며 오열했다. 그중에는 서현이의 친엄마와 '하늘로 소풍 간 아이들(약칭 하늘소)' 모임 회원들도 있었다.

당시 울산지방법원은 지금 청사로 이전하기 전이라, 지원 시절 지어진 좁고 낡은 건물을 사용하고 있었다. 대법정이라 해도 좌석이 40여 석 정도에 불과했는데, 서현이 사건 재판이 열리는 날이면 법정은 만원 지하철처럼 사람들로 빼곡히 들어찼다. 당시 나는 울산지방법원에서 공보판사로 재직하며 중요 재판을 모니터링하고, 기자들에게 재판 진행 상황을 브리핑하거나 판결에 대해 논평했는데, 그때는 공보관인 나조차 간신히 인파를 뚫고 선 채로 재판을 지켜봐야 했다.

기록에서 참혹한 광경을 수없이 봤지만, 법정에서 서현이 사진을 봤을 때 충격은 잊을 수 없다. 증거조사가 시작되고 서현이의 처참한 모습이 스크린에 한 장 한 장 비춰질 때마다, 법정은 흐느낌과 욕설, 신음과 탄식으로 부풀어올랐다. 마치 거대한 짐승이 통곡하듯 법정 전체가 일시에 들썩였다. 그 일부인 나도 예외일 수 없었다. 사람들은 서로 껴안고 같이 흐느꼈다. 그저 방청객이라 생각했는지 누군가 나를 부둥켜안고 내 품에서 울었다. 내가 할 수 있는 거라곤 그저 같이 우는 일뿐이었다.

그때 나는 법정 벽에 기대 울며, 어떤 슬픔은 무한대에 가까워서 아무리 많은 사람이 나눠도 결코 작아지지 않는다는 사실을 처음으로 깨달았다. 아무리 절망적인 상황도 공감과 연대로 극복할 수 있고, 결국 더 나은 지점에 이를 거라는 믿음도 접었다. 세상에는 감당할 수 없는 슬픔과 고통이 존재하고, 그것들은 우리의 삶을 완전히 붕괴시키고 황폐하게 만든다는 사실을 인정하지 않을 수 없었다. 아동학대에 있어서만큼은 더 나은 세상 자체를 꿈꾸지 않아도 되는 세상이 오기만을 바랐다.

울산지검은 A의 죄명을 '상해치사'에서 '아동학대치사'로, 그러다 다시 '살인'으로 공소장을 변경했고, 아동학대사망 사건에서는 최초로 사형을 구형했다. 1심 재판부는 상해치사죄를 적용해 징역 15년을 선고했고, 쌍방 항소로 진행된 항소심에서 부산고등법원은 살인죄를 인정해 징역 18년을 선고했다. 별건으로 진행된 사건에서 서현이의 친아빠는 아동학대를 방임했다는 이유로 징역 4년형을 받았다. 항소심이 진행되는 동안 아동학대 근절을 바라는 많은 사람이 부산법원 앞에서 피케팅을 했고, 전국적인 서명활동이 이어졌다.

2000년 영국에서도 비슷한 사건이 있었다. 아프리카 코트디부아르 출신의 빅토리아 클림비Victoria Climbie(1991~2000)라는 소녀가 128군데에 상처를 입고 장기손상과 영양결핍 등으로 사망한 사건이었다. 수사 결과 클림비를 입양한 이모할머니와 그녀의 남자친구가 수년간 상상하기 어려운 학대를 지속했다는 사실이 밝혀졌다. 영국 사회를 충격에 빠뜨린 건 클림비가 처참한 몰골로 복지센터에 맡겨진 게 여러 번이었고, 그 과정에서 아동보호기관, 병원, 경찰이 클림비를 도울 기회가 최소한 10여 차례나 있었는데도 이를 모두 놓쳤다는 사실이었다.

영국 의회와 정부는 클림비의 죽음을 계기로 아동학대 방지 정책의 문제점과 개선 방안을 2년에 걸쳐 조사한 다음 400쪽에 이르는 보고서를 발간했다. 이게 바로 아동보호 프로그램의 바이블로 불리는 《클림비 보고서》다. 영국은 이 보고서를 토대로 아동법을 처벌이 아닌 예방 중심으로 개정하고, 아동학대 조기 발견과 지역사회의 참여를 이끌어내는 아동보호 프로그램을 개발하는 등 대대적인 제도 개선을 이끌어냈다. 서현이 사건을 계기로 국회와 민간단체 역시 진상조사위원회를 꾸려 이 사건의 경위를 상세히 조사한 후 2014년 국내 유일의 아동학대 보고서인 《이서현 보고서》를 발간했다. 이 보고서는 《클림비 보고서》의 한국판으로도 불린다.

《이서현 보고서》에 의하면, 서현이의 학대 사실이 확인된 건 사망 2년 전 유치원 교사의 신고에 의해서였다. 이 교사는 "1년 전과 두 달 전에도 학대 흔적을 발견했다"며 '지속적인 학대'가 있었다고 진술했다. 하지만 아동보호전문기관 상담원은 '원가정 보호조치'를 결정했다. 이 상담원이 서현이를 직접 만난 건 처음 신고가 들어온 직후 두 번뿐이었다. 이후 두 달간 학대 행위자인

A나 친부와는 전화 상담만 했다. 그런데도 그사이 서현이의 아동학대 위험성 점수는 꾸준히 하락했다. 아이를 보지도 않고 '보호자를 두려워하는 것이 나아졌다', '아동의 무표정이 사라졌다'고 평가했던 것이다.

서현이 가족이 울산으로 이사를 하면서 이런 개입조차 아예 끊어졌다. 그 후 초등학교에 입학한 서현이는 다리가 부러지고 양손과 발에 화상을 입어 입원까지 했지만 누구도 학대를 의심하지 않았다. 서현이는 숨질 때까지 국가의 도움을 전혀 받지 못했다.

형사단독재판을 하며 아동학대 사건을 여러 건 처리했지만, 형사합의부를 맡기 전에는 심각한 학대 사건을 직접 처리한 적이 없었다. 나 역시 끔찍한 아동학대 사건은 뉴스를 통해 접할 뿐이었다. 서현이 사건을 지켜본 이후 아동학대로 인한 사망 사건만큼은 정말 맡기 싫었다. 제발 내가 있는 동안은 그런 사건이 오지 않기를 간절히 빌었다. 그러나 형사합의부를 맡은 지 불과 한 달쯤 지나 첫 번째 아동학대치사 사건이 접수되며 바람이 무너졌다.

이 사건이 진행되는 동안 동반자살이라 불리는 '살해 후 자살' 사건이 접수됐다. 그해 11월 또 다른 살해 후 자살 사건이, 6개월 뒤에는 또 다른 아동학대치사 사건이 접수됐다. 다른 참혹한 사건이 많았지만 이 사건들만으로도 이미 형사합의부 시절은 지옥에서 보낸 한 철이었다. 나 역시 이 사건들을 다시 떠올리는 건 고통스럽지만, 또 다른 서현이들을 위해 판결문과 기억을 되짚는다.

아래는 지난 몇 년간 울산지법 형사합의부에 기소된 아동학대 사건들이다. 아이들 이름은 모두 가명이다.

B는 집에 컴퓨터 여러 대를 설치하고, 온라인게임 아이템을 채굴하고 판매하며 생계를 유지했지만 벌이가 신통치 않았다. 3,500만 원이나 되는 빚 때문에 강제집행이 들어와 휴대전화 요금과 가스비도 제대로 못 내는 지경이었다. 그 무렵 둘째 윤수가 폐렴으로 병원에 입원하며 예상치 못한 치료비가 나갔다. 아픈 윤수를 돌보느라 아이템 채굴이 어려워져 수입도 절반으로 줄었다. B는 두 아이의 육아와 가난 때문에 스트레스를 받으며 윤수를 원망했다.

어느 날 새벽 2시 윤수가 잠에서 깨 울기 시작하자 B는 윤수를 안고 달래주다 갑자기 화가 나 주먹으로 뒤통수를 1회 때렸고, 윤수를 침대에 눕힌 상태에서 다시 머리를 세게 때렸다. 열두 시간이 지난 그날 오후 윤수가 깨지 않고 눈 초점도 흐려지는 등 이상증세를 보이자 B와 B의 아내는 119에 신고했다.

당시 출동한 구급대원은 "전혀 학대를 의심하지 않았다. 부모가 놀라 몸을 떨고 있었고, 그 행동은 거짓이 아닌 것 같았다"고 진술했다. 이 사건을 처음 신고한 의사는 "위급한 심정지 상태로 병원에 후송되어 중환자실로 이송했다. 우유를 먹이다 바닥에 떨어뜨렸다는 부친 진술에 따라 검사한 결과, 머리와 갈비뼈 양쪽에 다발성 골절이 발견됐다. 심폐소생술로 인한 골절 이외 충격으로 생긴 골절 흔적이 확인됐고, 생후 2개월(71일)에 불과한 아기에게 생길 수 있는 골절이 아니라고 판단돼 신고했다"고 말했다. 윤수는 병원에서 머리 부위 손상으로 사망했다.

윤수가 폐렴으로 입원했을 무렵 B와 B의 아내가 나눈 카카오톡 대화 내용 일부다.

— 입원 확정. 폐렴 확정. 병원비에 2주일 입원이면 파산이다. 휴, 존나 살기 싫네.
— 돈 없어 죽겠구만.
— 진짜 우리 첫째는 효녀였어.
— 윤수가 너무 울어서 잘 못 자니 여보도 피곤해서 우짜노.
— 진짜 개망했다.

양형조사서에 의하면, B는 평범한 가정에서 태어났고 학창시절 모범적으로 생활했다. 군대 제대 후 잠시 직장을 다닐 때 결혼했다. 첫째딸이 태어나자 B의 아내는 음식점 서빙을 하고 B는 집에서 아이를 돌보며 게임 아이템 채굴 일을 시작했다. B의 아버지는 성격이 급하고 가부장적이며 가정폭력이 심한 편이었다. B는 초등학교 1학년 무렵부터 성인이 될 때까지 아버지에게 맞았다.

평소 동생인 윤수를 무척 귀여워한 첫째딸은 밝고 명랑한 성격으로, 유치원에 다니는데 동생이 몸이 아파 멀리 치료를 받으러 간 걸로 알고 있다. 경찰은 첫째딸에 대해서도 아동학대를 의심하고 조사했으나 학대의 흔적을 발견할 수는 없었다. B는 보호관찰관에게 "한순간 욱하는 감정으로 아들을 잃게 되어 한없이 가슴 아프고 슬픕니다. 어릴 때부터 아버지에게 많이 맞아봐서 폭력으로 인한 고통을 누구보다 잘 알고 있는데도 이런 짓을 저질렀습니다. 아들에게 미안합니다. 처음에 폭행 사실을 숨겼는데 꿈에 아들이 나올 정도로 죄책감에 시달렸습니다"라고 진술했다.

D는 남편 사업이 어려워지자 매일 부부싸움을 하는 등 심각한 가정불화를 겪다 우울증이 심해졌다. 사건이 일어난 그날도 남편과 심하게 다퉜다. D는 두 살배기 창호와 함께 자살하기로 마음먹었다. 아이를 안방으로 데리고 들어가 침대에 눕혀 재운 다음, 청테이프로 출입문과 창틀을 모두 막고, 휴대용 가스레인지로 번개탄에 불을 붙였다.
각방을 쓰던 D의 남편이 출근을 하려고 새벽에 일어났다 당시 상황을 목격했다. "알람이 울려 깼습니다. 번개탄 타는 냄새가 나 안방 문을 여는데 열리지 않더라고요. 방 안에서는 꺼억꺼억 하는 소리가 들리고요. 놀라서 억지로 여는데 테이프 뜯어지는 소리가 들렸습니다. 급히 안으로 들어가니 바닥에는 아기가 천장을 보며 누워 있고, 아내는 숨을 거칠게 쉬며 침대에 누워 있었습니다. 아들 얼굴에는 다크서클이 있고 발바닥에는 시커먼 게 묻어 있었어요. 가스를 먹고 돌아다니다 그렇게 된 것 같았습니다. 119에 전화하고 바로 심폐소생술부터 했습니다."

현장에 출동한 구급대원의 기록이다. "2층 주택의 1층 안방. 외부 침입 흔적은 발견할 수 없으며, 미닫이문의 문틈마다 테이프를 발라놓았음. 아기 침대가 있고 침대에는 아기 대신 커다란 펭귄 인형이 놓여 있었음. 아기는 나비넥타이를 한 호랑이 그림 셔츠를 입고 기저귀를 차고 누워 있었는데, 오른쪽 엄지발가락 쪽에 그을음이 있고 외상은 없었음. 안방 한편에 휴대용 가스레인지와 화덕, 완전 연소된 착화탄이 발견되었음. 서랍장 위에는 졸피뎀과 신경안정제가 물컵과 함께 있었는데, 수면유도제 캡슐 한 판은 빈 껍질 상태였음."

D는 의식불명 상태에서 곧바로 병원으로 옮겨져 3일 만에 의식을 회복했다. D가 드문드문 떠오른 기억을 토대로 한 진술이다. "……남편은 노가다, 일주일에 한 번꼴로 싸웠어요, 돈 때문에… 돈은 벌었는데… 수입이 너무 적어… 몇 번 죽으려고 했어요. 집 근처 마트에서 번개탄을 샀고, 화덕이랑 가스레인지는 집에 있는 걸로… 아들에게 자러 가자고 하면서 안고 들어갔어요. 재우고, 침대 위에… 약을 먹이진 않았어요… 아들에게 미안하고… 정말로 죽고 싶은 심정밖에는…"

D의 어머니와 계부는 이들 부부와 가까이 살며 창호를 끔찍이 아꼈다. 이 사건으로 충격을 받은 D의 계부는 자살했다.

　D는 남편이 D의 사망확인서에 서명을 앞두고 있을 때 의식을 회복했다. 빚을 내 창호의 장례를 치른 후였다. D의 남편은 "아내는 그때 깨어나지 말았어야 해요. 어쩌면 지금 기억이 없는 아내가 가장 행복한 사람입니다. 저와 장모는 고통으로 매일 술 없이는 잠을 못 자요"라며 눈물 흘렸다. 이어 "창호의 흔적이 남은 집에서는 도저히 살 수 없고 미칠 것 같아 이사를 했어요. 기억이 돌아온 아내가 혹시라도 뛰어내릴까 봐 1층을 택했고요. 괴로워서 놀이터에서 뛰노는 아이들을 도저히 못 보겠어요. 아내는 혼자 집을 찾아오지도 못하고 방금 일어났던 일도 몇 시간이 지나면 기억을 못해요. 바보가 다 됐어요. 그래도 어쩌겠어요, 제가 보살펴야죠"라고 자신의 처지를 하소연하며 D의 선처를 호소했다.

　재판이 진행되는 동안 D는 법정에서 어리둥절한 표정으로 앉아 있곤 했는데, D의 건강 상태에 대한 자료가 부족해 MRI 검사를 명하고 의사에게 자문을 구했다. 남편 말대로 D는 일산화탄소중독으로 인한 심각한 뇌 손상 후유증으로 중증의 기억장애와 인지장애를 겪고 있었다.

　E는 아홉 살 진희의 어머니였다. 진희는 자폐성 발달장애 2급으로 사회적 연령이 2세 5개월에 불과해 혼자서는 일상생활을

할 수 없었다. E는 진희에 대한 양육 부담과 경제적 어려움 등으로 극심한 스트레스를 받아 우울증으로 정신과 치료를 받고 있었다. 그러던 중 교통사고를 당했고 시어머니의 사망과 남편의 공황장애로 인한 휴직이 겹치며 극심한 생활고에 시달리자 자살을 결심했다. 자신이 죽으면 남겨진 진희를 돌볼 사람이 없고 남편에게도 부담이 된다는 생각을 한 E는, 어느 날 아침 신경안정제와 수면제, 항정신병제 등 다량의 정신과 약을 국그릇에 쏟아 부은 뒤 진희에게 억지로 먹여 살해했다. 사인은 급성복합약물중독이었다. 그 후 E 자신도 미리 처방받은 40일분 약을 한꺼번에 먹고 정신을 잃었다가 응급실에서 깨어났다.

현장에 출동한 구급대원의 기록이다. "E는 병원으로 후송되어 방 안에는 사망한 딸만 있었음. 변사자는 9세 여자아이로 분홍색 반팔 잠옷에 흰색 반바지를 착용한 채 방바닥에 누워 있었고, 입안에는 포말이 있었음. 침대 위에 개봉된 약봉투가 수십 개 있었는데, 아이 이름으로 처방받은 51일치 약이었음."

진희는 몇 년 동안 언어치료센터에 다녔지만 '~하고 싶어요' '~에 가고 싶어요' 등 간단한 말 정도만 할 수 있었다. 이 사건 당시 E와 남편은 진희의 치료비와 생활비로 상당한 빚을 져서 울산법원에 개인파산을 신청한 상태였다.

진희가 다니던 학교의 교감은 E를 위해 탄원서를 제출했다. "저는 특수교육 현장에 25년 이상 있었고 중증의 장애를 지닌 자녀를 양육하는 부모가 겪는 어려움이 얼마나 큰지 누구보다 잘 알고 있습니다. 사랑스러운 자녀가 태어났지만 자신의 아이가 남들과 다른 장애가 있다는 현실을 마음으로 받아들이기까지, 대부분의 부모님은 오랜 기간 고통의 시간을 보낼 수밖에 없습니다. 진희 어머님은 그렇게 힘든 시간들을 겪었음에도 좌절만 한 게 아니라, 자녀가 조금이라도 나아지기를 바라는 마음에 특수교육전문기관인 본교에 진희를 입학시키고, 최선을 다해 뒷바라지를 했습니다. 평소 진희 교육을 위해 백방으로 뛰어다니던 어머님 모습이 떠올라 지금도 그런 사건이 있었다는 게 믿기지 않고 가슴이 아픕니다. 장애가 있는 자녀를 키우는 어머님들의 어려움을 고작 몇 글자로 표현한다는 게 어찌 보면 가당치도 않은 일이라는 생각이 듭니다. 그렇지만 조금이나마 그 어려움을 헤아려주시고 진희 어머님의 남다른 자녀 사랑의 깊이도 잘 살펴 선처를 해주십사 간절히 호소를 드립니다."

진희를 담당했던 의사가 재판부에 제출한 탄원서다. "저는 진희의 치료를 맡아왔던 소아청소년정신과 의사입니다. E는 진희가 자폐증임을 알게 된 이후 엄마로서 할 수 있는 모든 일을 다 했습니다. 여러 치료시설을 거쳤고, 아이가 일반 학교에 다닐 때도 희망의 끈을 놓아본 적이 없었습니다. E는 최선을 다해 병원 진료를 빠짐없이 받게 했고, 자신의 모든 것을 진희의 치료와 훈련에 쏟아부었습니다. 정신적으로 무너지지 않기 위해 자신도 상담을 받았고, 늘 희망과 기대감을 안고 아이가 조금 더 나아지길 바라며 버텨왔습니다. 그러나 아이에 대한 엄마의 정성과 애정만으로 이런 아이를 키우는 건 너무 벅찹니다. 이게 현실입니다. 그들에겐 늘 장애아동을 이해하지 못하는 사람들의 따가운 눈총이 따라다닙니다. 제대로 된 시설이나 훈련 프로그램을 갖춘 교육기관은 손에 꼽을 정도입니다. 발달장애 아동을 위한 학교를 짓는다고 하면 동네 땅값 떨어지는 걸 걱정하는 주민들의 반대가 거세죠. 이런 아이들을 치료하며 늘 안타깝게 생각합니다만, 그 부모의 어깨에 내린 짐의 무게를 어찌 다 안다고 하겠습니까. 진희의 죽음은 어쩌면 우리 사회가 만들어낸 비극일지도 모릅니다. 한 부모에게, 한 가족에게만 자폐와 같은 발달장애 자녀를 책임지게 하는 건 똑같은 비극이 되풀이되는 것을 막지 못합니다. E를 단죄하기 전에 담당 의사로서 이분이 처한 상황을 충분히 들여다봐주실 것을 탄원합니다."

E는 경찰서에서 "헌신적으로 진희 뒷바라지를 했지만, 남편이 실직하고 빚이 늘자 자살을 결심했다"고 말했다. 이어 우리 사회의 자폐아 가정에 대한 처우는 변함이 없고 "막상 자신에게 닥치지 않으면 아무도 모른다"고 한탄했다.

이 사건 재판 도중에도 극심한 우울증으로 입원치료를 받던 E가 상담 과정에서 한 말이다. "그냥 살고 싶지가 않아서, 모든 게 답답하고 벗어나고 싶고, 나 혼자 가면 안 되니까… 같이 데려가려고… 돌봐줄 사람이 없으니까… 최근에 아이 양육하는 게 많이 힘들었어요. 불안하고 초조하고 잠을 설치는 일이 많았어요. 이유 없이 계속 샤워를 했어요. 아이에게 약을 먹일 때 아이가 약간 저항했어요. 아이가 스르르 잠들고 베개로 아이 얼굴을 눌러 호흡이 없는 걸 확인한 다음 저도 약을 먹었어요. 사실 기억이 잘 안 나요… 어제는 무지개를 세 번 봤어요. 그걸 보니까 약간, 아이가 잘 지내고 있다고 이야기하는 것처럼 느껴졌어요… 활동 도우미 없이 모든 걸 혼자 다 책임졌는데… 남편은 늘 제가 아이를 위해 모든 걸 다 태운다며 걱정했어요. ……좋아지는 듯했지만 늘 제자리였어요. 센터를 하루에 두 군데나 다니면서 제 생활이 없을 정도로 아이에게 올인했어요… 어제는 남편과 산책을 했는데… 거의 10년 만이었는데… 마치 제가 아이가 되어 처음 산책을 한 것 같은 느낌이 들어 신기했어요… 주위에서 한번씩 웃기는 얘기를 하면 나도 모르게 웃게 돼요. 이러면 안 되는데….″

E는 남편에게 유서를 남겼었다.

진희 아빠, 10년 동안 나 맞춰주느라 고생 많았어.
진희하고 나 없이도 잘 지낼 수 있을 거야.
자기 혼자 즐기면서 살아.
그동안 미안했고 고마웠어.
엄마 아빠께는 미안합니다.

서현이 사건을 계기로 2014년 '아동학대 범죄의 처벌 등에 관한 특례법'이 제정됐다. 이 법으로 신고가 급격히 늘어나긴 했지만 아동학대 사건은 여전히 끊이지 않고 발생한다. 사망자 수도 매년 30명 내외를 꾸준히 유지하고 있다. 법원과 수사기관 및 아동보호기관 등이 아동학대 범죄에 개입할 수 있는 근거가 마련됐고, 피해 아동에 대한 보호 서비스뿐 아니라 가해자 제재 조치에 대한 많은 규정이 있음에도, 2021년 아동보호전문기관에 접수된 아동학대 신고 건수는 총 52,083건이었고,• 확인 결과 아동학대로 밝혀진 사례는 37,605건이었다. 만 13~15세 아동이 전체의 23.1퍼센트로 가장 큰 비중을 차지했고, 만 10~12세가 23퍼센트, 만 7~9세가 19.2퍼센트였다.

학대 행위자와 피해 아동의 관계는 부모가 31,486건(83.7퍼센트)으로 가장 많았는데, 친부 16,944건(45.1퍼센트), 친모 13,380건(35.6퍼센트), 계부 702건(1.9퍼센트), 계모 340건(0.9퍼센트) 순이었다. 서현이 사건은 계모라는 A의 지위 때문에 폭발적인 반향을 불러일으켰지만 조사 결과에서 보다시피 이는 편견이다.

앞서 든 D와 E의 사례처럼 흔히 동반자살로 불리는 '살해 후 자살murder-suicide' 사건은 아동학대 통계로 잘 잡히지도 않는다. 〈국민일보〉 이슈&탐사팀이 2019년 10월 8일부터 10월 18일까지 쓴 '살해 후 자살'에 관한 일련의 기사에 의하면, 2009년부터 최소 279명(미수 포함)의 미성년 자녀들이 부모의 죽음에 동반됐

• 보건복지부, 〈2021 아동학대 주요 통계〉

다. 매달 2명꼴이다.

　자녀 살해 후 자살 사건 191건에서 드러난 살해 수법은, 번개탄 사용(66건, 34.5퍼센트)과 목조름(55건, 28.8퍼센트)이 가장 많았고, 흉기 사용은 22건(11.5퍼센트)이었다. 흉기 사용이 가장 많은 일반 살인범죄와는 차이가 있다. 191건 중 생활고 및 빈곤, 채무, 사업 실패 등 경제적 영역의 문제가 가해자의 스트레스 요인으로 확인된 사건은 97건(50.7퍼센트)에 달했는데, 일반 자살자의 자살 동기가 주로 정신과적 문제(31.7퍼센트)인 점과 확연히 구별된다.

　정세랑의 《피프티 피플》(창비, 2016)을 읽다 동생과 함께 자살한 엄마 얘기를 하는 다운이 꼭지에서 눈물을 한 됫박 쏟고 말았다. 슬픈 얘기였지만 소설보다 훨씬 참혹한 현실을 일상에서 보고 있기에 급작스러운 눈물이 이해되지 않았다. 생각해보니, 다운이 얘기를 듣기 전까지는 단 한 번도 살해된 아이의 진술을 듣지 못했다는 걸 깨달았다. 동시에 산 자와 죽은 자 모두를 호출할 수 있는 힘이야말로 문학의 위대함이라는 생각이 들었다.

　'동반자살'은 가해 부모의 언어다. 내가 들어보지 못한 윤수와 창호와 진희의 언어로 말한다면, 이는 '피살'이다. 법의 언어로 말하면 명백한 '살인'이다.

　사망이란 결과가 발생했을 때 개인에게 온전히 책임을 묻기 어려운 정신질환자 범죄의 경우에도 엄벌에 처해야 한다는 시각이 많음에도, 유독 부모라는 사정이 관대한 처벌의 이유로 거론되는 인식에 동의할 수 없다. 사람을 살해하는 행위는 그 어떤 경우라도 용납될 수 없는 중범죄다. 형사정책적으로 봐도, 자녀 살해 후 관대한 처벌을 노린 자살 시도와 구별하기도 사실상 쉽지 않다. 살해 후 자살은 가장 극단적인 형태의 아동학대 범죄다. 부모를 잃은 아이는 고아라 부르지만, 아이를 잃은 부모를 부르는 호칭은 없다. 그 슬픔이 헤아릴 수 없이 크기 때문이다. 얼마만큼 힘든 처지에 있든, 그 어떤 이유에서든, 아이를 잃은 부모는 절대 피고인으로 불려서는 안 된다.

21개월과 두 살, 아홉 살 아이들이 친부모에게 살해된 사건들을 처리하며 정말 참담하고 비통한 마음을 가눌 길이 없었다. 아이들의 돌이킬 수 없는 애석한 죽음을 앞에 두고도, 피고인들을 엄하게 단죄할 수만은 없는 여러 사정을 지켜보며, D나 E의 입장에 처해보지 않은 우리가 섣불리 이들을 비난할 수 있는지에 대해 숱한 의문이 들어 고심을 거듭했다.

고민 끝에 나는 개인의 불행이 아무리 견디기 힘들더라도, 아이를 살해하는 행위는 그 어떤 이유로도 용납할 수 없다는 결론에 이르렀다. 자기 자식의 목숨을 앗아가는 행위는 용납할 수 없는 범죄인 동시에 반자연적 행위다. 아이들에게 출생의 자유가 없다고 죽음마저 그러하다 말할 수 없다. 행복이 담보되지 않은 삶이라도, 불행의 그림자가 짙게 드리운 인생이더라도, 아이들의 미래와 생명은 그 누구도 좌우할 수 없다. 부모라도 마찬가지다.

생명을 부여하는 건 지극히 개인적인 선택일지라도, 일단 태어난 아이는 한 부모의 자식에만 그칠 수 없다. 윤수와 창호와 진희는 생물학적 부모인 피고인들의 아이만이 아니다. 우리가 사회적 부모다. 우리가 아들딸을 잃었다.

피고인들의 책임에도 불구하고 가해 부모에 대한 단죄만으로 이런 범죄를 막을 순 없다. 중범죄임을 선언하고 단죄함과 동시에, 당신이 아이를 키울 수 없다면 우리가 맡아 키우겠다고, 최소한 당신이 아이를 스스로 키울 수 있도록 우리도 최선을 다해 돕겠다고, 자신 있게 공표하고 팔을 걷어붙여야 한다.

살해 후 자살 범행에 대한 온정주의의 기저에는, 부모 없는 아이들, 극도로 궁핍한 아이들, 신체적·정신적 장애가 있는 아이들을 굳건하게 지지해줄 사회안전망이 없다는 불신과 자각이 깔려 있다. 이에 대해 정말 그런 거냐고 반문하지 않을 수 없다. 대한민국은 이들에게 최소한의 삶의 버팀목 역할도 하지 못할 만큼 형편없는 나라인가. 많은 노력에도 불구하고 이런 결과를 막지 못했고 계속 재발된다는 점에서 국가와 사회의 책임을 묻지 않을 수 없다. 피고인 개인을 비난하면서도 중벌에 처할 수 없는 이유는, 결과에 상응한 적정한 형벌과 실제 선고되는 형벌 사이의 차이만큼이 바로 국가와 사회의 잘못임을 인정하기 때문이다. 선고되지 않은 나머지 형이 우리가 받아야 할 비난의 몫이다.

아이들의 죽음 앞에서 우리가 할 수 있는 일이 그저 피눈물 흘리고 울음 삼키며 슬퍼하는 일•만은 아니라고 믿는다. 아동보호를 위한 제도와 사회안전망을 다시 한번 들여다보고 정비해야 한다. 나아가 사회안전망에 대한 일반의 신뢰를 회복해야 한다. 위험군 가정에 꾸준히 개입하고 감시하며, 이들을 배려하고 치료해야 한다.

무엇이 이들로 하여금 극단적 선택의 방아쇠를 당기게 했는지도 면밀히 조사해서 밝혀야 한다. 방아쇠를 당기게 만든 요인들을 찾아 없애야 한다. 사회 구성원으로서 우리가 이런 조치에 적극적으로 동참하기 어렵다 하더라도, 최소한 가난과 타인의 불행을 조소하거나 절망 위에 또 절망을 한 짐 부리는 짓만은 그만둬야 한다. 당장 공감하고 행동할 수 없더라도 가난과 불행을 혐오하고 조롱하진 말아야 한다.

〈한겨레〉 탐사기획팀의 다섯 기자는 2008~2014년 우리나라에서 학대로 사망한 아동의 실태를 꼼꼼하게 조사한 후 《아동학대에 관한 뒤늦은 기록》(시대의창, 2016)이라는 책을 펴냈다. 미국 연수 시절 우연히 이 책을 처음 읽은 뒤, 아동학대 사건 판결문을 쓸 때마다 꺼내 읽었다. 이 책에는 학대와 방임으로 인한 사망 외에, 신생아 살해, 동반자살이라는 이름으로 왜곡된 살해 후 자살로 사망한 아동이 263명이라고 쓰여 있다.

그 아이들은 "소풍 가고 싶어요" "마이쭈 먹고 싶어요"라고 말했다고, 식탐이 많다고, 자주 운다고, 대소변을 못 가린다고 부

- 허난설헌, 〈곡자哭子〉

모에게 맞고 학대당하고 방치되다 사망했다.

아이에 대한 사랑은 계약이나 법으로 치면 '편면적 강행규정 片面的 强行規定' 같은 것이다. 아이에게 조금이라도 불리한 모든 조항은 무효다. 아이가 못났다고 학대당해서는 안 되듯, 아이가 예쁘고 말 잘 듣고 착하고 공부 잘한다는 이유만으로 사랑받아서도 안 된다. 아이뿐만이 아니다. 진정한 사랑은 편면적 강행규정이다. 내가 준 사랑을 되돌려주기 때문에 당신을 사랑하는 게 아니다. 나는 내 사랑에 구속되지만 당신은 자유다.

〈한겨레〉의 다섯 기자는 아동학대의 참혹한 현실을 기록해 고발하고, 아동학대 방지를 위해 이들을 반드시 기억하자는 의미에서 아이들 263명의 이름을 일일이 호명했다. 민희, 태수, 민기, 시혁, 윤아, 승리, 재원, 지호, 준성, 재혁, 인영, 진우, 은율, 신, 지아, 지혜, 사랑….

나 역시 아동학대사망 사건을 선고할 때마다 죽은 아이들의 이름을 꼭 부른다. 부모들이 부족함 없이 잘 살라고 '윤택할 윤'에 '빼어날 수' 자를, 마음껏 꿈을 펼치며 살라고 '푸를 창'에 '넓을 호' 자를, 빛나는 사람이 되라고 '보배 진'에 '빛날 희' 자를 골라 이름 지어준 아이들, 윤수와 창호와 진희. 그 이름이 아동학대로, 동반자살이라는 명목으로 숨겨간 마지막 이름이기를, 나는 간절히 희망했다.

이름이 바뀔 때마다 그게 부질없는 기대였다는 걸 통절하게 절감했지만, 그럼에도 세상에는 끝까지 놓을 수 없는 희망이 있다. 지금보다 더 나은 사회, 최소한 아이들이 어른들의 잘못된 선택과 판단으로 쉬이 스러지지 않는 세상에 대한 희망만은 결코 포기할 수 없다. 얼마나 더 많은 아이가 죽어야만 그런 세상에 도달할 수 있을까. 우리의 무관심과 방임을 환기시키기 위해 얼마나 더 많은 아이가 살해돼야 하는가. 아이들의 목숨조차 온전히 지켜주지 못하면서 무슨 복지를 논하고, 어떤 이념을 따지며, 어떻게 정의를 입에 올릴 수 있는가.

형사재판은 사회의 문제점을 미리 막아내지 못한다. 이 지점이 항상 나를 힘들게 한다. 창호의 검게 그을린 발을 보며, 아기 침대에 창호 대신 놓인 인형을 보며, 호랑이 그림 티셔츠의 시커먼 자국을 보며, 진희의 입에 물린 거품을 보며, 분홍색 잠옷을 보며 비통해하고 또 비통해하는 이유는, 우리가 더는 창호와 진희를 구할 수 없기 때문이다. 그럼에도 이 참혹한 기록을 남기는 이유는, 우물가에 서 있는 또 다른 창호와 진희 때문이다. 가난하고 마음이 불안한 부모를 둔 아이들이 그 부모를 의지하기는커녕 두려워해야만 하는 이 끔찍한 현실을 통렬하게 비난하는 것 말고, 이제 와서 우리가 가장 먼저 할 일은 무엇인가.

IMF와 금융위기를 겪으며 보았듯, 세상이 힘들면 힘들수록 이런 범행은 급격히 증가한다. 최근 팬데믹으로 인한 경제의 급속한 붕괴는 우리에게서 또 얼마나 많은 아이를 앗아갈까. 반복되는 이런 범행을 볼 때마다 청테이프가, 번개탄이, 졸피뎀이,

수면유도제가, 감기약이, 찢어진 약봉투가, 빨랫줄이, 둥글게 말아쥔 손아귀가, 열려진 옥상 문이, 갑작스러운 고급 햄 반찬이, 분에 넘치는 장난감이, 예상치 못한 선물이, 계획에 없던 가족여행이, 혼자 남겨진 인형이, 발에 묻은 그을음이, 부러진 손톱이 두렵다. 우리의 망각과 무덤덤함이 무섭고 또 무섭다. 어떤 이의 평범하고 무료한 일상이, 누군가에게는 가닿을 수 없는 이상이 되는 현실은 얼마나 서글픈가.

　아이를 키우는 세상 모든 부모가 아이에게 할 말은 응당 이래야 한다. "……눈 올 때면 눈사람도 되어보고 / 비 올 때면 꽃잎마냥 비도 흠뻑 맞거라 / 고추잠자리 메뚜기도 따라 잡고 / 따끔따끔 쏠쐐기에 질려도 보려무나 // 푸르른 이 땅 아름다운 모든 것을 / 백지같이 깨끗한 네 마음속에 / 또렷이 소중히 새겨넣어라 / 이 엄마 너의 심장은 낳아주었지만 / 그 속에서 한생 뜨거이 뛰어야 할 피는 / 다름 아닌 너 자신이 만들어야 한단다 // 네가 바라보는 하늘 네가 마음껏 뒹구는 땅이 / 네가 한생토록 안고 살 사랑이기에 / 아들아, 엄마는 그 어떤 재간보다도 / 사랑하는 법부터 너에게 배워주련다……"●
　윤수와 창호와 진희가 됐어야 할 눈사람도, 바라보고 뒹굴었을 하늘과 땅도, 평생 심장에 품고 살았을 사랑도, 푸른 이 땅의

● 렴형미, 〈아이를 키우며〉

아름다운 모든 것도 아이들의 죽음과 함께 모두 사라졌다. 부모가 아이에게 건네는 마지막 말이 '약 먹어라', '문 꼭 닫아라', '자자, 좋은 곳으로 같이 가자'가 되는 세상은 얼마나 비통하고 또 비통한가. 누군가의 심장을 뛰게 할 순 있지만, 일단 뛰기 시작한 심장은 그 누구도 멈춰세울 수 없다.

나는 절벽 가장자리에서 뛰어내렸지만 마지막 순간에 뭔가가 팔을 뻗쳐 나를, 허공에 걸린 나를 붙잡아주었다. 나는 그것이 사랑이었다고 믿는다. 사랑이야말로 추락을 멈출 수 있는, 중력의 법칙을 부정할 만큼 강력한 단 한 가지 것이다.●

폴 오스터의 글처럼, 아무리 생각해봐도 타인에 대한 사랑 외에는 이처럼 극단적인 절망과 고통에 맞설 답이 떠오르지 않는다. 인간애로 서로 깍지 낀 두 손만이 최후이자 최선의 안전망이다.

● 폴 오스터, 황보석 옮김, 《달의 궁전》, 열린책들, 2000.

라 요로나

> 슬픔과 슬픔이 아닌 것,
> 그 모든 것이 나에게는 슬픔이야
> — 멕시코 민요 〈라 요로나〉

 판사 생활을 하는 동안 유독 형사재판과 인연이 깊었다. 그중에서도 특히 성범죄 재판을 많이 했다. 성범죄는 타인 사이의 범죄도 많지만 가족, 연인, 친구, 동료 등 가까운 사이에서 더 많이 발생한다. 특히 서로 사귀다 헤어지는 과정에서 벌어지는 사건이 많다. 형사합의부에서 내가 다룬 성범죄는 다양하다. 강간, 추행, 유사성행위, 성범죄를 목적으로 하는 주거침입, 신체나 성교 장면을 촬영하고 소지하거나 인터넷에 게시하는 행위, 성관계를 소문내거나 영상 또는 사진을 유포하겠다는 협박, 성매매를 알선하고 강요하는 행위 등이다.
 성범죄 중 상당수는 아동과 청소년을 대상으로 한 범행이다. 상상하는 것 이상으로 계부나 친부에 의한 성범죄가 많다. 전부 보도되지 않을 뿐이다. 어린아이들은 대부분 자신이 겪고 있는 상황을 정확히 인지할 수 없어 저항하지 못하고 혼란스러워한다. 지적장애 여성도 성범죄자의 손쉬운 표적이다. 아동이나 지적장애 여성을 대상으로 한 성범죄자들은 신체적 접촉이 친근함의 표시고, 자기 요구를 들어주지 않으면 가족의 불화나 불행한 결과가 생길 것처럼 이들을 그루밍하고 가스라이팅한다.

판결문 표지에 기재되는 죄명에는 실제 사건의 100분의 1도 담기지 않는다. 피해자의 눈물도, 고통도, 부서진 일상과 미래도, 더는 흐르지 않는 시간도 생략돼 있다. 피해자의 시간은 한순간에 멈춰 있다. 잠시 흐르는 듯하다가도 어느새 다시 그 지점으로 복귀한다. 가해에 대한 응징과 주변의 배려 없이는 그들은 다시 흘러가지 못한다.

성범죄의 주체나 객체에 성별 제한은 없다. 남성과 여성 모두 가해자와 피해자가 될 수 있지만 실제 성범죄 사건의 성비는 상상 이상이다. 2008~2018년 신상정보가 등록된 성범죄자를 조사한 결과 남성이 99.1퍼센트였다. 여성 피해자 비율은 93.9퍼센트(강간죄로 국한하면 98.3퍼센트)였다(〈2020 성범죄 백서〉).

이 통계는 내 경험치에도 부합한다. 내가 재판한 수많은 성범죄에서 가해자는 전부 남성이었고 피해자는 99퍼센트 여성이었다. 피해자가 남성인 1퍼센트 사건에서도 가해자는 남성이었다. 물론 성매매 알선이나 강요 같은 범행 중에는 여자 청소년이 공범인 경우도 더러 있었으나 여성만 피고인이었던 경우는 본 기억이 없다.

성범죄 성비에는 미치지 못하겠지만, 살인이나 폭력도 우발적 범행을 제외한 지인 사이 범행의 피해자는 여성이 압도적으로 많았다. 교제살인이나 데이트폭력 같은 경우다. 물론 내가 처리한 살인사건 중에는 남성 피해자도 있었고, 여성 피고인도 있었다. 그러나 동료나 지인 사이의 우발적 살인은 남성들 사이에서만 발생했다. 경험상 여성이 여성을 살해한 경우는 엄마가 아이를 살해한 경우가 유일했다. 그 외에는 가정폭력에 시달리거나 외도를 못 참고 남편이나 동거남을 살해한 경우였다.

성비나 범행동기의 차이 말고도 성범죄나 여성을 상대로 한 범죄에는 다른 범죄에서 나타나지 않는 특징이 한 가지 있다. 바로 2차가해다. 경미한 성범죄라도 피해자는 2차가해로 훨씬 더 심한 타격을 입는다.

직장 동료를 추행해 약식기소된 한 피고인은, 추행 사실을 다투면서 국민참여재판을 신청해 기어코 피해자를 배심원 앞에 불러냈을 뿐 아니라, 피해자의 전과, 회사에서의 행실과 평판, 다른 동료와의 고소·고발 등 불화 사실을 들춰내며 집요하게 공격했다.

소규모 사업장에서 일하던 50대 여성은, 남성 외국인 노동자가 바지를 내리고 성희롱하는 걸 문제 삼았다가 직장에서 이상한 사람 취급을 당했다며 무척 억울해했다. 성희롱은 사과만 받으면 그냥 넘어갈 수도 있는데 자신에게 문제가 있는 것처럼 대하는 사장과 간부 때문에 너무 힘들다고 했다. 사장은 법정에 나와 피고인의 눈치를 보며 일 잘하고 성실한 직원이라면서 그를 두둔하기 바빴다. 허드렛일하는 아줌마 한 명 때문에 공장에서 가장 숙달된 근로자를 잃기 싫다는 내색이 역력했다.

실제 피해 현장에서 벌어지는 이런 2차가해는 셀 수 없이 많다. 피해자는 수사기관으로 가기도 전에 벌써 회사 내에서부터 질려버린다. 2차피해 때문에 공개적인 문제제기를 꺼리고, 주위에 도움 요청하기를 포기한다.

설령 용기를 내 고소하고 수사기관으로 가더라도 산 너머 산이다. 그때부터는 입증과의 싸움이다. '목격자나 다른 증거도 없이 두 사람 사이에 있었던 일을 어떻게 증명할 수 있나'라는 수사관의 질문에 적절히 답할 수 없으면 기소는 물 건너간다. 이런 이유 때문에 형사재판까지 오는 성범죄 사건은 실제보다 훨씬 적을 거라 추측한다. 드러나지 않은 '암수범죄'가 엄청나게 많다는 말이다.

수사기관에서부터 재판에 이르기까지, 피해자는 끊임없이 자신을 입증해야 한다. 피해자에게 부과된 입증의 정도는 강간 사실에 그치지 않고, 여성에 대한 편견과 혐오에까지 확장된다.

중국계 미국인 샤넬 밀러는 스물두 살이던 2015년 캠퍼스 파티에 갔다가 술에 만취한 상태에서 스탠퍼드대 재학생 브록 터너에게 길바닥에서 강간당했다. 재판에서 그의 가명은 '에밀리 도'였다. 증거가 널렸지만 에밀리 도는 피해자로서 자신을 끝없이 증명해야 했다. 뭘 입고 있었나요? 파티광이라고 말한 적 있죠? 바람피운 적 있나요? 주량은 얼마나 되나요? 소변은 어디서 봤나요? 살면서 필름이 몇 번이나 끊겼나요? 남자친구와는 독점적 관계인가요?

피해자 의견 진술서에서 에밀리 도가 한 말이다. "'문란함'이라는 말로 강간을 물타기하려는 시도는 대단히 모욕적입니다. 강간의 정의는 문란함의 부재가 아니라 동의의 부재입니다."•

모든 피해자가 샤넬 밀러처럼 당당히 싸우는 건 아니다. 내가 본 대부분의 피해자는 어느 지점에 이르면 피해 사실을 알린 것을 후회하거나 자책하며 자신의 잘못을 복기한다. '왜 내게만 이런 일이 생긴 거지? 평소 너무 웃고 친절하게 대했나? 내 성격에 문제가 있는 건가? 나는 왜 세상 물정을 이리도 몰랐지?' 그러다 결국 세상과 타협하고 싸움을 포기한다. '미친 개한테 물렸다 치자.'

그러나 포기한다고 상황이 깔끔하게 마무리되는 것도 아니다. 이미 독이 몸 여기저기 퍼진 상태다. 부당하고 억울한 기억은 완전히 잊히지 않는다. 성범죄 피해를 문제 삼은 적이 있다는 사실만으로 인생은 점점 수렁으로 빠진다. 때론 지위의 역전까지 발생한다. 무고와 명예훼손으로 고소당하고, 손해배상 청구까지 당해 피해자가 가해자로 변한다. 무고 혐의는 대개 벗어나지만 명예훼손과 손해배상에서 면책되는 건 장담하기 어렵다. 우리는

• 샤넬 밀러, 황성원 옮김,《디어 마이 네임》, 동녘, 2020.

사실을 있는 그대로 말해도 명예훼손이 될 수 있기 때문이다.

성범죄 사건을 많이 처리한 나조차 놀란 사건이 있다. 간추린 범죄 사실이다.

중고등학교 동창이거나 동네 선후배인 20대 초반 피고인들이 경남 일대에서 성매매 알선업으로 유명한 40대 피고인 A를 찾아갔다. 그들은 10대 가출청소년들을 협박해 성매매를 시키기로 했다. A는 '조건만남' 애플리케이션으로 성매수남을 가장해 가출청소년들에게 접근한 뒤 성관계를 가졌고, 피고인들은 그 현장을 갑자기 덮쳤다.

피고인들은 '미성년자가 조건만남 해도 되냐, 경찰에 넘겨버릴까'라고 위협하다 '잘 곳을 제공해주고, 조건만남도 보호를 받으면서 편안하게 할 수 있도록 해주겠다'고 회유했다. 이들은 14~19세인 여자 청소년과 지적장애 여성 7명을 이른바 '조건사냥' 방식으로 확보한 다음 원룸과 오피스텔에 합숙시켰다. 여성들이 합숙소에서 도망가지 못하도록 관리하면서 두세 달에 걸쳐 총 256회 성매매를 알선하고 성매매 대금 총 3,840만 원 중 33퍼센트가량인 1,280만 원을 보호비 명목으로 뜯어냈다.

이들은 성매매를 게을리 하는 여성들을 때렸고, 일부 여성이 합숙소를 탈출하자 울산까지 쫓아가 찾아냈다. 한 여성이 "더는 성매매하기 싫다"고 하자 휴대전화로 얼굴을 찍어 인터넷 라이브방송에 올릴 것처럼 위협한 뒤 가족에게 알리겠다고 협박했다. 성매매 알선과 별도로 '조건만남' 애플리케이션을 통해 10대를 유인한 후 성폭행하고 나체 상태로 학교와 이름을 크게 말하라고 한 뒤 그 장면을 촬영하기도 했고, 지적장애 피해자에게 대출을 받게 하거나 휴대전화를 개통하게 해 가로채기도 했다.

이 사건 피고인은 12명이었고, 한 매체에서 '오프라인 N번방'이라 명명하기도 했다. 판결문에 적힌 이들의 죄명은 총 21개였다. 아동·청소년의 성보호에 관한 법률 위반(강간), 성매매 알선 등 행위의 처벌에 관한 법률 위반(성매매 강요 등), 성폭력 범죄의 처벌 등에 관한 특례법 위반(카메라 등을 이용한 촬영), 폭력행위 등 처벌에 관한 법률 위반(공동감금), 특정범죄 가중처벌 등에 관한 법률 위반(보복협박 등)… 가, 나, 다 순서로 매겨지는 죄명이 타, 파, 하가 되도록 끝이 나질 않아 거, 너, 더, 러, 머, 버, 서까지 갔다. 죄명만 두 장이었다. 성범죄를 일상으로 처리하는 나조차 처음 보는 죄명이었다.

이런 사건을 볼 때면 성매매 현실에 먼저 말문이 막힌다. 성매매 알선·강요의 토양이 되는 성매수 자체가 끊이질 않는다. 직장에서, 학교에서, 관공서에서, 사업장에서, 낮에는 멀쩡하고 평범하게 살아가는 사람들이 밤만 되면 성을 산다. 모두 아동·청소년을 대상으로 한 성범죄에 극도로 분개하지만, 지금 이 순간에도 무수한 남성이 여성과 아동·청소년을 성적 욕구의 해소 수단으로 삼으려 혈안이 돼 있다.

이들은 철저히 이중적이다. 자신의 아내와 딸에게는 상상조차 하지 않을 짓이지만, 남의 아내와 딸은 상관없다. 내 가족은 안 되지만 남은 그저 욕망을 채워주는 살아 있는 '리얼돌'일 뿐이다. 파렴치한 위선과 이기심이 판을 친다. 채팅창에서 오고가는 그 낯 뜨겁고 노골적인 표현들과 성에 대한 우리 사회의 이중적이고 위선적인 태도는 아무리 많은 사건을 처리해도 적응하기 어렵다.

우리는 지금 진지한 성교육이나 건강하고 깊이 있는 성담론은 공론의 장에서 실종된 반면, 음험한 욕망은 무한히 분출되는 이상한 나라에 살고 있다. 성매매 자체에 내재된 몰인간성도 끔찍하다. "1980년대 후반 하루에 나오는 현금이 수억 원에 달해 은행이 자갈마당에 지점을 냈었다고 한다. 2002년 대구여성회가 조사했을 때는 대구에서 가장 큰 백화점 매출이 부럽지 않다고 했으며, 1990년대에는 업주가 여성 한 명에게 벌어들일 수 있는 수입이 방적기 네 대에 견줄 정도라는 말이 있었다."• 대구의 유명한 집창촌에 대한 기사다. 성매매 산업의 규모나 인간이 방적기에 비교된다는 사실이 도저히 믿기지 않는다.

성매매는 돈을 지불하고 일정 시간 타인의 몸을 구매한다는 점에서 한시적 노예제와 다를 바 없다. 실제 성범죄자들은 성매

- 최은경, "'갈비뼈 부러져도 계속' 사라진 대구 자갈마당의 아픈 기억", 〈중앙일보〉, 2019. 7. 13.

매 여성 혹은 성범죄 피해 여성을 '노예'라 부르기도 했다. 이 사건에서도 대상 청소년들을 '사냥'한다고 표현하기도 했다.

도대체 왜 이럴까? 근본적으로 우리 사회의 성매매에 대한 관념 자체가 대단히 왜곡돼 있는 것으로 보인다. 물건을 사고팔듯, 성매매를 여성적 자원(몸)과 남성적 자원(돈)이 교환되는 자유로운 거래라고 보는 것이다. 그러나 몸은 거래 대상이 될 수 없을 뿐 아니라, 성매매에서는 그 대가가 등가적이지도 않다.

사람을 사물화하는 이런 거래를 일컬어 경제행위라고 부를 수는 없다. 몸은 소박하지만 누구나 갖고 있는 최소한의 자본이다. 그럼에도 노동을 살 수는 있지만 몸 자체를 거래할 수는 없다. 몸은 재화가 아니고 서비스도 아니다. 몸을 사고파는 것은 인간을 사고파는 것이고, 인간성을 부정하는 것이며, 한 사람의 인격을 짓밟는 짓이다. 우주에는 단 하나의 신전이 있는데, 그건 바로 인간의 몸이다(노발리스). 타인의 몸을 흥정에 붙이고 거래하는 행위는 인간의 존엄성을 침해하고, 신의 전당을 파괴하는 범죄다. 돈으로 살 수 없는 것이 있다. 아니, 결코 사서는 안 되는 게 있다.

성매매를 자유로운 거래로 인식하는 측에서는, 누가 시켜서 억지로 하는 건 아니지 않냐고 반박한다. 실제 성매매 알선·강요 범죄를 보면 그런 양상을 보이는 경우가 흔하다. 피해 여성들이 스스로 성매매를 결정했고, 감시도 허술해서 마음만 먹으면 도망갈 수 있다. 그러나 성매매 피해 여성들의 상황과 처지를 자세히 들여다보면, 성매매로의 진입도 탈퇴도 결코 자유롭지 않다. 성매매가 합법적인 국가에서조차 성매매 여성들은 자신들이 자발적 노예와 다름이 없다고 주장한다. 불평등한 사회구조에서 선택권이 없었다는 말이다.

성매매에 나선 여성들은 어쩌면 사회 최하층에 속한 사람들이다. 중력조차 감당하지 못해 제 한 몸 건사하기도 버거운 피라미드 최하층 약자들은, 가혹하게도 피라미드 상부의 무게까지 고스란히 떠안아야 한다. 소수자에게 적용되는 물리법칙은 중력 더하기 권력 더하기 폭력이다. 성매매에 나서는 청소년들과 여성들은 대부분 가난으로, 폭력과 보호자의 부재로 떠도는 사람들이다. 이들을 대상으로 한 성범죄나 성매매 알선·강요 범죄는 사회적 최약자들에게 타고난 삶의 무게 위에 극한의 고통까지 짊어지게 한다는 점에서도 용서받을 수 없다.

가해자들은 피해자의 학교나 집주소, SNS 계정 같은 신상정보를 잘 알고 있고, 음란 영상 같은 약점을 쥐고 있는 경우가 많다. 예전 포주들처럼 성매매 여성을 굳이 방에 감금하고 감시하지 않아도 된다. 아동·청소년이나 지적장애 여성은 판단능력이 부족해서 특히 취약하다. 사소한 위협과 회유만으로 쉽게 성매매에 나서고 빠져나갈 엄두도 내지 못한다. 상황이 이렇다면, 아무리 여성들이 적극적으로 호응한 외관이 있다 하더라도, 그런 사정이 곧바로 형을 감경하는 이유가 될 수는 없다.

순수한 자발적인 성매매는 없다. 모든 성매매 여성은 피해자다. 이런 맥락에서 최근 개정된 아동·청소년의 성보호에 관한 법률은, 성매매의 대상이 된 아동과 청소년도 '피해 아동·청소년'으로 포함시킨 바 있다.

앞서 언급한 가출청소년 성매매 강요 사건은 처음부터 엄중한 사안으로 봤음에도, 피해 청소년들 중 일부가 합의를 했고, 피해 감정이 크지 않았으며, 피고인들에 대한 선처를 바랐기 때문에, 기존의 양형 논리로 무거운 형을 부과하는 데 한계가 있었다.

일부 피해 청소년들은 법정에 나와 강압이 없었다고 증언하며 일부 피고인에게 연민의 감정을 보이거나, 성매매 자체를 대수롭지 않게 여기는 태도를 보이거나, 증인 여비를 받고 좋아서 소리까지 지르는 등 상식적으로 납득하기 어려운 행동을 하기도 했다. 나는 이들의 심리를 정확히 이해할 수 없었다.

적절한 양형을 위해 청소년 성매매의 특성이나 디지털 네이티브Digital Native 세대라 불리는 10대들의 사고방식을 먼저 알아야 했다. 관련 연구자료를 뒤졌다. 청소년 성매매의 가장 큰 특징은 '랜덤채팅' 애플리케이션을 매개로 이뤄진다는 점이다. 이용자가 자신의 신분을 정확하게 드러내지 않고 접근하기 매우 편리한 방식이다. 가출청소년들은 당장 필요한 생계비를 쉽게 마련할 수 있다는 유혹에서 자유롭지 못하고, 또래집단의 유대관계를 중요시하므로 주변 친구들의 권유나 알선행위를 주도하는 선배들의 강요에 쉽게 빠져든다.

이런 형태의 성매매는 성매매 집결지 등으로 대변되는 산업형 성매매와 달리 청소년을 보호해줄 수 있는 마땅한 장치가 없다. 성매매 금액, 대가 선지급, 콘돔 사용, 성행위 시간 및 방법 설정 등 처음 협의한 성매매 조건을 무시하는 성구매자가 비일비재하다. 상대 남성이 함정수사를 하는 수사관일지도 모른다는 심리적 불안감 또한 청소년을 위축시키는 요인으로 작용한다. 그 결과 이 사건처럼 또래 (남성) 포주 또는 (성인) 알선업자 등이 등장해 탈성매매를 저해할 뿐만 아니라, 하루에 달성해야 하는 성매매 할당량 강요, 성매매 대금의 불공평한 분배 등의 형태로 더욱 심각한 착취에 빠지게 된다.•

디지털 네이티브란 태어나면서부터 PC, 스마트폰, 인터넷 같은 디지털 환경을 접하고 사용하는 세대로, 디지털 언어와 장비를 특정 언어의 원어민처럼 자유롭게 구사하는 이들을 뜻한다. 이들의 SNS 계정을 살펴보면, 몇 학년 몇 반인지, 어디에 사는지, 누구와 친한지 금방 드러나고, 사진도 쉽게 얻을 수 있다. 가해자들은 이런 정보를 바탕으로 접근해 그루밍하고 협박한다.

디지털 네이티브 세대는 가해자가 되기도 쉽다. '엄마 몰카'라는 말이 있듯, 같은 반 친구, 학교 선생님, 명절에 만난 사촌동생 등 주위 사람들 사진을 찍어 SNS에 올린다. 클릭 몇 번으로 유

• 박찬걸, 〈랜덤채팅을 통한 청소년 성매매의 효과적인 대응 방안〉, 《소년보호연구》, 2017, 30(1).

튜브에 올려 조회수가 나오면 푼돈을 벌기도 한다. 다운로드도 쉽다. IP를 한 번만 우회하면 포르노 사이트에 들어갈 수 있다. 이 모든 행동이 익명으로 이뤄지기 때문에 가해자가 느끼는 죄책감이나 문제의식도 희박하다. 피해 영상을 단순한 '야동'이라 생각하고 그걸 보는 것은 인간의 본능 중 하나라고 당당하게 말한다.●

청소년 성매매와 디지털 네이티브의 특성을 알고 이 사건을 바라보면, 피해 청소년들이 성매매에 나선 사정이나 피해감정이 크지 않았던 이유가 상당부분 납득된다. 또 이런 특성을 교묘하게 이용한 청소년 대상 성범죄가 얼마나 위험하고 비난 가능성 큰 범죄인지도 잘 알 수 있다.

청소년들이 자발적으로 조건만남에 나섰다고, 스스로 나체 사진과 음란 영상을 찍어 전송했다고 아이들을 탓하거나 가해 남성들의 죄책을 줄여주는 것은 합당하지 않다. 피해자들이 강요된 성매매로 고통스러웠다고 하소연하지 않는다고 해서 피고인들의 죄책이 가벼워질 수도 없다. 성범죄 피해 여성이나 성매매 여성의 반응이 모두 같을 수 없고, 지금 당장 그 폐해가 발현되지 않을 수도 있다. 성범죄 피해나 성매매 경험은 평생을 따라다니며 이들의 삶을 피폐하게 만든다. 성을 매수한 남성은 아무 문

● 모진만남(법원 젠더법연구회 웹진), 〈디지털 이주민이 법정에서 디지털 네이티브를 만난다면—디지털 성폭력 톺아보기〉

제 없이 살아감에도, 성을 판 여성은 평생 낙인이 찍힌 채 온전한 사회인으로 생활하는 데 큰 장애를 겪는 것이 현실이다.

나는 아동·청소년이 가해자가 되거나 피해자가 되는 수많은 사건을 처리했다. 그런 사건들을 볼 때면, 아이들 중 상당수는 어른들이 쳐놓은 거미줄에 걸려 신음하는 것이 아닌가 하는 생각이 들 때가 많다. PC방, 인터넷, 스마트폰, 게임, 폭력물과 음란물, 거리마다 넘쳐나는 술집과 숙박시설, 별다른 죄책감 없이 조건만남에 나서는 수많은 어른, 외모지상주의, 돈이면 안 되는 게 없다고 생각하는 천박한 상업주의까지, 어른들이 쳐놓은 이 촘촘한 거미줄을 아이들이 무사히 통과하는 것이 과연 가능할까 하는 의구심을 지울 수 없었다. 자제력이 떨어지는 어린 청소년들에게 왜 이런 거미줄에 걸렸냐고 탓할 수 있을까. 거미줄을 걷어내는 노력이 절실하다.

고민 끝에 우리 재판부는, 가출청소년 성매매 강요 사건 피고인 전원에게 징역형을 선고하면서 평소 양형보다 더 무겁게 처벌했다. 징역형의 합계가 102년이었다. 판결문을 쓰기 위해 관련 논문 7개를 참고하고 인용했다. 이 판결은 디지털 네이티브 세대를 최초로 언급하고, 청소년 성매매의 특성을 이해한 이례적인 판결로 보도됐다. 선고 이후 판결의 내용과 의미를 두고 논쟁도 있었다.

이런 여파를 어느 정도 예상하면서도 과감하게 판결문을 쓴 데는 이유가 있다. 이 판결 직전에 N번방 사태와 손정우 사건이 있었고 법원의 성범죄 양형에 대한 비판이 봇물 터지듯 쏟아졌다. 성범죄 처벌이 약하다는 얘기는 새삼스러운 게 아니었지만, 두 사건으로 나를 포함한 판사들 모두 큰 충격을 받았다. 법원이 디지털 성착취 범죄의 심각성을 너무 몰랐다는 자각과 함께 국민과 법원의 양형 괴리가 돌이킬 수 없을 만큼 벌어졌다는 우려 때문이었다.

2021년 6월 국제인권단체 휴먼라이츠워치(Human Rights Watch, HRW)는 한국의 디지털 성범죄에 대한 보고서에서 "한국 정부와 사법부의 인식이 안일하다. 한국이 급속한 경제 성장과 기술적 발전에 비해 성평등은 그만큼 빠른 속도로 발전하지 못했다. 정부와 기업이 인권 중심적인 보호장치를 충분히 제공하지 않는 상태에서 기술적 혁신이 어떻게 젠더폭력을 조장하는지 보여준다"고 분석했다.•

나는 법원이 이제라도 여성주의 시각에서 성 관련 사건을 바라보는 움직임이 있다는 메시지를 사회에 던질 때가 됐다고 생각했다. 가해자나 남성중심사회에 강력하게 경고하고, 여전히 굼뜨고 소극적인 법원에서 누군가 선제적으로 위험을 경고하는 사이렌의 역할을 해야 한다고 생각했다. 그 역할을 내가 하게 될

• 조성은, "내 인생은 당신의 포르노가 아니다… 국제인권단체 '디지털 성범죄 선두 국가 한국'", 〈프레시안〉, 2021. 6. 16.

줄은 몰랐지만 내게 그런 사건이 온 이상 피하지 말자고, 이런 범죄의 맥락을 환기하고 여전히 소수자의 지위에 머물러 있는 여성의 목소리를 내는 스피커가 되자고 생각했다.

그렇다면 도대체 왜 이렇게 성범죄는 줄지 않고 성범죄 처벌은 약한 걸까? 가장 근본적인 문제는 우리 사회 구성원 상당수가 여전히 왜곡된 성문화에 젖어 있고, 사회 전반의 성인지감수성이 떨어지기 때문이라고 생각한다. 판사 역시 예외가 아니다. 다만 판사는 이런 범죄를 정죄하고 막아야 하는 사람이므로 성인지감수성이 떨어지면 문제가 심각해진다.

강간문화rape culture로 지칭되는 왜곡된 성문화가 형을 낮추는 주요 원인인 점은 부인할 수 없지만, 그것이 온정주의의 결정적 원인이라 결론내리는 것 역시 단편적 시각이다. 성범죄 양형이 가벼운 이유를 이렇게 단순화하는 것은 경계해야 한다. 성범죄 재판부를 전원 여성 법관으로 교체하거나 무성無性인 AI에게 재판을 맡기는 것이 해답이 될 수는 없다. 법정형이 무겁고, 양형기준에서 제시된 형이 높음에도 판사들이 사회적 비난을 감수하고 무겁게 처벌하지 않을 이유가 있을지 잘 모르겠다. 형이 가벼운 다른 많은 사정과 맥락이 있다. 비틀린 성인식을 바로잡는 것과 동시에 제도적·사회적·구조적 원인도 손봐야 한다.

변명처럼 들릴까 봐 걱정스럽지만, 오랜 기간 실무에 있으면서 내가 느낀, 성범죄 형이 약한 또 다른 이유는 이렇다.

첫째, 법정형 자체가 낮거나 비동의 간음 같은 법의 사각지대가 있을 수 있다. 이는 당연히 입법의 영역이다.

둘째, 성범죄는 법 해석이 어려운 지점이 굉장히 많다. 유무죄 판단이 어려우면 형을 과감히 높이기 어렵다. 무죄라면 무고한 사람을 장기간 구금시키는 결과가 되기 때문이다. 법 해석이 불분명한 경우 역시 입법으로 해결하는 것이 깔끔하지만, 모든 경우를 법률에 규정할 수는 없으므로 안희정 지사 사건의 '위력' 개념처럼 해석으로 포섭 가능한 범위에서 최대한 사건의 실체에 맞게 해석하도록 노력해야 한다.

셋째, 동일한 죄명의 범죄라 하더라도 사건의 구체적 모습은 매우 다양하다. 이는 성범죄뿐 아니라 모든 범죄의 양형 일반의 문제이기도 하다. 사건의 스펙트럼은 정말로 넓다. 강간이나 강제추행으로 포섭되긴 하나 합의로 볼 여지도 있는, 즉 유무죄의 경계에 있는 애매한 사건이 부지기수다. 전후사정과 맥락을 모두 제거하고 강간, 추행이라는 결론만을 담은 기사로만 이런 사건을 접할 경우 양형 차이를 이해할 수가 없다. 중한 사건과 맥락을 달리하는 사안이 있어 다소 예외적인 형을 선고할 경우 판결문에 상세한 양형 이유를 기재해서 오해가 없도록 해야 한다.

넷째, 살인죄 양형이 발목을 잡는 경우가 많다. 살인을 징역 18년 선고했는데 강간을 20년 선고할 수는 없지 않은가. 이런 생각이 들 때가 많다. 그래서 살인 같은 중범죄 양형부터 현격하게 상향해야 한다는 주장도 일리가 있다.

다섯째, 형사재판부가 늘 겪는 일인데 일관된 양형과 양형의 형평 측면이다. 형사합의재판부는 보통 일주일에 평균 4~8건을 처리한다. 성범죄를 포함한 수많은 사건을 처리하다 보면, 재판부 자체의 양형 일관성을 고려하지 않을 수 없고, 다른 범죄와 양형 비교를 안 할 수가 없다. 지난주에 유사한 성범죄 사건을 5년 선고했는데, 그사이에 법감정의 변화가 있었고 재판부도 사안의 중대성을 새롭게 인식했다고 해서 갑자기 10년으로 올릴 수 있는가 하는 문제다. 이런 일이 반복된다.

이 고민을 확장하면 재판부 사이의 양형 편차로 이어진다. 옆 재판부나 다른 법원의 하급심 양형이 대개 3년인데, 성인지감수성이 특별히 높다는 이유로 유독 내 재판부만 10년을 선고할 수 있는가 하는 문제다. 이는 법적 안정성과도 연결된다. 양형 편차가 심할 경우 당사자는 억울할 뿐 아니라 자신의 형을 도저히 납득할 수 없게 된다. 양형이 절대적으로 옳은가를 떠나 오랜 기간 누적된 양형 실무와 상급심의 양형을 생각하지 않을 수 없기 때문에, 혼자 유별난 양형을 하기 어려운 부분이 있는 것이다.

또 설령 하급심에서 과감한 양형을 해도 보편적 양형과 차이가 많다면 상급심에서 깨질 확률이 굉장히 높다. 상급심 눈치를 본다는 말이 아니라, 무용한 항소와 절차를 반복할 우려가 있다는 것이다. 그 결과 성범죄뿐 아니라 대개 범죄의 양형이 일정한 양형군(대체로 낮은 쪽)에 근접·수렴하는 경향이 있는 것 같다.

결국 성범죄의 양형을 올리려면 법률이 없을 경우 입법하고,

디지털 성범죄의 양형 기준을 강화한 것처럼 양형 기준을 상향해 특정 재판부만의 유별난 양형이 아닌 점을 공식화해야 한다. 넓은 양형 기준 내에서도 과감하게 무거운 형벌을 부과함으로써 관성적 해석이나 답습의 고리를 누군가는 선도적으로 끊어 내야 하고, 그런 선례들이 쌓여야 한다. 법관들의 성인지감수성 제고는 두말할 나위가 없다.

피카소의 〈우는 여인weeping woman〉처럼 멕시코에는 〈라 요로나La llorona(우는 여인)〉라는 민담을 소재로 한 민요가 있다. 스페인 남자와 결혼하기 위해 자식까지 죽이지만, 남자에게 배신당한 후 자살한 원주민 여인에 대한 노래다(내용이 조금 다른 버전도 있다). 영화 〈코코〉와 〈프리다〉에 삽입될 정도로 유명한 곡이다. 멕시코의 국민가수 차벨라 바르가스Chavela Vargas가 부르는 〈라 요로나〉는 편안히 감상하기 힘들다. 바르가스가 요로나의 사무친 한을 담아 통곡하듯 노래하기 때문이다.

변호사와 판사로 일하며 참 많은 사람을 본 내게, 재판 하면 가장 먼저 떠오르는 이미지는 단연 '우는 여인'의 모습이다. 내가 처리한 형사사건에는 한 많은 요로나가 등장하지 않은 적이 없다. 그들 역시 요로나처럼, 아이를 죽여 울고 아이가 죽어 울었다. 맞아서 울고 강간당해 울었다. 피해자로, 때론 피고인으로, 때론 그들의 가족으로 울었다. 그들의 눈에서는 헝클어진 머리카락처럼 눈물이 치렁치렁 흘러내렸다. 내가 만난 모든 요로나에겐 슬픔과 슬픔 아닌 것, 그 모든 것이 눈물이었다.

　피카소의 그림을 보거나 바르가스의 노래를 들으면, 그 처연한 아름다움에 가슴이 죄여온다. 그럼에도 단지 관객에 불과한 나는 그림과 노래 속 우는 여인을 위해 아무것도 할 수 없다. 하지만 법정의 나는 다르다. 판사인 나는 내 법정에 선 요로나의 울음을 멈추게 할 수 있다. 피해자 비난victim blaming을 부정하고, 피해자를 존중하되 피해자의 고통과 슬픔에만 매몰되지 않고, 그의 멈춰버린 시간을 다시 흐르게 할 수 있다. 마음만 먹으면 당신도 그럴 수 있다. 이젠 정말 활짝 웃는 요로나가 보고 싶다.

가난이 모르는 것들

제 목을 조이는 것은
돈이 아니라 사람들이에요.
— 도스토옙스키, 《가난한 사람들》

"교도소에 오래 계셨는데 기술 배우신 건 없습니까?"
"이발이랑 제과제빵 배운 적 있습니다."
"그 기술로 생활이 안 됩니까?"
"안 됩니다. 써주는 곳이 없습니다."
"기관에서 일자리 주선 같은 건 안 해주나요?"
"있는 것 같긴 하던데, 잘 모르겠습니다. 지금은 허리를 다쳐 일도 못합니다."
"아무리 그래도 자립의지만 있다면 재기하실 수 있습니다."
"휴… 판사님, 정말 뭘 모르시네요. 저는 이제 끝났습니다."
"우리 사회가 그 정도로 형편없진 않습니다. 도움 주실 분들이 분명 계실 겁니다."
"그렇지 않습니다. 판사님, 교도소로 좀 보내주세요."

"꼭 들어가야겠습니까?"

"보증금도 다 까먹었고… 지금 안 들어가면 저 죽습니다."

시장을 돌며 빈 점포에 들어가 음식을 훔쳐먹거나 잔돈푼을 훔친 혐의로 잡혀온 피의자의 구속 전 피의자심문(영장실질심사) 때 나눈 대화 내용이다.

영장재판은 평일에는 영장판사가 전담하지만 주말에는 당직 개념으로 모든 판사가 돌아가며 처리한다. 형사소송법 제70조는 주거부정(일정한 주거가 없는 때), 증거인멸, 도주 우려를 구속사유로 정하고 있다. 간혹 영장재판을 할 때마다 나는 구속사유 중 주거부정에 대해 의문이 들곤 했다. 가난하니 가두겠다는 말과 별반 차이가 없다고 느껴졌다. 경제적 형편이 어려워 고시원이나 여관 같은 임시거처를 전전하는 게 어떻게 구속사유가 될 수 있는지 여전히 잘 납득이 되지 않는다.

어쨌든 그는 꼭 교도소에 가야 된다고 했는데, 구속하지 말아달라는 영장심사는 왜 청구했나 싶었다. 그는 체크를 잘못했다고 했다. 변호인도 멋쩍은 표정으로 앉아 있었다. 들어가 살겠다는 사람을 풀어달라고 변론할 순 없는 노릇이니까. 나는 주거부정에 체크하고 구속영장을 발부했다.

L은 이제 돌봐줄 사람도, 돌봐야 할 사람도 없다. 생계는 막막하고 몸은 여기저기 아프다. 밥 먹고 돌아서면 다음 끼니가 걱정이다. 날은 추워지는데 모텔 달방은 몇 달치가 밀렸다. 달방 이

옷들 중 이미 거리로 나앉은 사람도 꽤 된다. 몇 번 가본 적 있는 노숙인쉼터도 생각해봤지만 거긴 정말 가기 싫다. 장기적인 대책도 아니다. 모텔에서 쫓겨나면 역이나 공원 벤치를 떠돌다 302호처럼 객사하거나 교도소로 들어가거나 둘 중 하나다. 결단을 내릴 때가 됐다.

L의 수중엔 두 가지만 남았다. 목숨 아니면 자유. L이 세상에 치를 수 있는 마지막 지불 수단이었다. 생계의 대가로 목숨을 내놓을 순 없다. 이는 형용모순이다. 비루하게라도 살고 싶은 L은 교도소에 가기로 마음먹는다. 무슨 죄를 저지를까 곰곰이 생각해본다. 무전취식, 업무방해, 절도도 해봤지만 벌금이나 집행유예 정도였다. 2년 전에는 큰맘 먹고 과도 하나 달랑 들고 편의점 강도짓도 했다. 물론 그때도 돈이 목적은 아니었다. 당시 L은 얼굴도 가리지 않은 채 CCTV 앵글에 최대한 잘 찍히도록 주의했다. 예상대로 1년 6개월 실형을 살았다.

또 물건을 훔치면 몇 개월 실형은 가능할지도 모른다. 그러나 그 뒤는 어떡할 건가? L은 이번 기회에 몇 년은 들어가 있으면 좋겠다고 생각했다. 어중간한 죄는 안 된다. 확실히 들어갈 수 있는 중범죄면서 사람은 다치지 않을 범죄가 무엇일까 궁리했다. 방화다. 현주건조물방화는 워낙 위험해서 형이 무거운 범죄다. 지난달에 쫓겨난 305호도 방화로 교도소에 있다고 들은 것 같다. L은 모텔 보일러실에 있던 20리터 등유 말통을 들고 나와 주택가 담벼락에 불을 지르고 곧장 119에 신고했다. 예상보다

소방차가 빨리 오지 않았다. 너무 놀란 L은 "불이야" 소리치며 미친 듯이 불을 껐다.

70대 중반 K에게는 아내와 세 딸이 있다. 딸들이 십시일반 돈을 모아 구해준 1억 5천만 원짜리 전셋집에서 아내와 단둘이 산다. 보증금은 딸들 명의다. 20년 전까지 옷감 수출 사업을 하다 망한 뒤 특별한 직업 없이 지냈다. K가 가진 재산은 100만 원과 착한 세 딸이 전부다. K는 아내와 자신의 기초연금 각 20만 원과 딸들이 보내주는 용돈으로 생활했다. 늙은 내외라 지출은 매달 60만 원 정도였다.

20년째 그랬듯 그날도 K는 별생각 없이 〈교차로〉 구인란을 보고 있었다. 평소 못 보던 구인광고 하나가 눈에 띄었다. "수금원 구함. 전국 출장 가능한 자. 월 300 보장. 매일 일당 지급." K는 호기심에 문자를 보냈다. 답이 왔다. 열심히만 하면 고액 임금이 보장되고 나이도 상관없다고 했다. 속는 셈치고 직접 전화를 걸었다. 민 팀장이라는 사람이 상냥하게 받았다. 주민등록초본, 가족관계증명서, 이력서, 주민등록증 사본을 보내보라 했다. K는 큰 기대 없이 PC방 김군의 도움을 받아 휴대전화 팩스 애플리케이션으로 서류를 보냈다.

30분 뒤에 민 팀장에게서 전화가 왔다. "어르신, 내일 일이 있는데 한번 해보시겠습니까?" K는 감격했다. 늙은이를 써준다는 것만도 고마웠는데, 들어보니 일도 별로 어렵지 않았다. 몸이 아직 건강하다는 사실에 감사했다. 친절한 민 팀장은 텔레그램이라는 애플리케이션을 깐 뒤, 다음 날 자기가 지시하는 곳으로 가 연락을 기다리라고 했다. K는 텔레그램이 뭔지 몰라 PC방 김군에게 부탁해 애플리케이션을 깔았고, 다음 날 민 팀장의 지시대로 돈을 받아 계좌로 송금했다. 약속대로 즉시 13만 원이 입금됐다. 민 팀장은 '어르신, 수고하셨다'며 별도로 교통비와 식대까지 챙겨줬다. K는 '세상에, 이런 사람이 다 있네' 생각했다. 다음 날도 일은 비슷했고 수당도 어김없이 들어왔다.

그다음 날은 지시대로 몇 군데를 돌아다녔지만 만날 사람을 못 만나 돈을 송금하지 못했는데도 수당을 줬다. 당뇨로 고생하던 아내는 매일 아침 환한 얼굴로 K를 배웅했다. 아내는 사람을 대하는 일이니 행색이 깨끗해야 한다며 제일 좋은 옷을 골라 정성껏 다림질해줬다. K는 20년 만에 가장 노릇을 하게 돼서 말할 수 없이 기뻤다. 딸들을 쏙 빼닮아 착한 손주들에게도 이제 할애비 노릇을 할 수 있겠다고 생각했다.

그날도 K는 민 팀장의 텔레그램 메시지에 따라 약속 장소로 가 정중히 돈을 건네받았다. 그날은 일이 좀 많으니 송금 후 다시 이동하라는 연락이 왔다. 집에서 눈이 빠져라 기다리고 있을 아내를 생각하니 마음이 급하긴 했지만 힘든 줄도 몰랐다. 민 팀장이 마지막 건만 처리하면 수당도 두둑하게 준다고 했기 때문이었다. K는 무사히 돈을 송금했고 수당을 50만 원이나 받았다.

늘 지나치기만 했던 동네 정육점에 들러 소갈비를 샀다. K는 오늘은 참 운수 좋은 날이라고 생각했다. 약국 어귀쯤 이르렀을 때 갑자기 두 사람이 달려와 K의 팔을 양쪽에서 꽉 움켜잡았다. 그중 한 사람이 '체포', '변호사 선임' 어쩌고 말을 했다. '멋진 남편'을 20년째 기다려준 아내와 소갈비는 어쩌나 하는 생각만 들 뿐 무슨 말인지 전혀 귀에 들어오지 않았다. 경찰서로 끌려가며 K는 '좋은 일에는 마가 낀다더니, 이게 무슨 날벼락이야. 오늘은 정말 일진이 좋았는데, 뭔가 오해가 있는 게 분명해. 집사람이 많이 기다릴 텐데'라고 걱정했다. 경찰서에서 조사를 받고 나서도 무슨 상황인지 잘 실감이 나지 않았다. 늘그막에 이게 무슨 꼴인가 부끄러워 소갈비처럼 얼굴이 벌겋게 달아올랐다. 유치장에 갇힌 신세가 처량해 자신도 모르게 눈물이 났다.

어느 날 한 노인이 보이스피싱 수금책으로 체포돼 영장실질심사를 받으러 왔다. 행색은 전혀 범죄자 같지 않았다. 유행에 맞진 않았지만 깨끗한 양복에 잘 다린 셔츠, 나름대로 멋을 부린 스카프 차림이었다. 은퇴한 대학교수라 해도 믿을 수 있을 것 같았다. 말도 무척 점잖았다. 그게 K였다.

K는 정말 보이스피싱인 줄 몰랐다고 통사정을 했다. 형사들이 물은 내용을 나도 물을 수밖에 없었다. "아니, 영감님. 이게 보이스피싱인 줄 모르셨단 말이에요?" "판사님, 저는 정말 꿈에도 몰랐습니다." 나는 그 말이 '꿈에도 그렇게 생각하고 싶지 않았습니다'로 들렸다. '소설에도 현실에도 운수 좋은 날은 없나 보다'라고 생각했다. K의 처지가 너무 딱해 구속할까 말까 고민하다

결국 영장을 발부했다.

보이스피싱은 갈수록 지능화되고 피해는 걷잡을 수 없이 늘어나는데, 주범은 잡히지 않아 공범에 대한 처벌이 가파르게 높아지고 있는 추세다. 설령 당장 구속을 면한다 하더라도, 최종재판에서 실형이 선고될 가능성이 충분해 보였다. 차라리 미리 구금되면 최종적으로 집행유예가 가능할지도 모른다고 생각했다(실제로 K는 6개월 정도 구속됐다가 징역 8월에 집행유예 2년으로 석방됐다).

생계형 범죄는 드문 편이 아니었지만 최근에 부쩍 늘었다. 칠순을 훌쩍 넘긴 고령의 단순 절도범이 많이 늘었고, 자동차세를 못 내 번호판이 영치되자 종이에 번호판을 인쇄해 딱풀로 붙이고 장사를 다니다 법정에 서는 사람도 있었다. 예전에도 더러 그랬지만 요즘 특히 영장실질심사나 본안 재판에서 교도소로 보내달라는 진풍경이 자주 벌어진다.

범죄의 원인을 피고인 개인에 초점을 맞춰 보면 대개 탐욕 때문이다. 생계가 어려운 사람들이 모두 범죄로 나아가지는 않는다. 모든 가난한 집 아이가 비행을 저지르는 것도 아니고, 형편이 어려운 부모가 전부 아이들과 자살하는 것도 아니다. 그러나 분명히 경제적 궁핍 때문에 범죄에 빠지는 사람들이 있다. 생존을 위한 범죄를 탐욕 탓으로만 돌리긴 어렵다. 인간이 욕망의 총화인 건 사실이라 해도 범죄의 사회적 원인을 무시할 순 없다.

자살론으로 유명한 프랑스 사회학자 에밀 뒤르켐은, 인간의 사회문제를 생물학 혹은 심리학적 관점으로만 해석하지 않고, 사회구조적 요인에 초점을 맞춰 사회적 실재는 개인이 아닌 집단에 있다는 주장을 폈다. 그의 견해는 범죄사회학의 효시가 됐다. 범죄사회학은 범죄 행위의 발생 요인을 범죄자가 속한 사회적 환경이나 맥락 측면에서 조명하며 범죄 현상을 설명한다.

이론가가 아닌 실무가로서 범죄사회학에 공감하는 지점이 많다. 생계형 범죄는 난감하다. 범죄의 주된 원인이 피고인 개인에게 있지 않음이 명백하고, 그 점만 해결되면 발생하지 않을 가능성이 높은 범죄라는 측면에서 양형이 주저된다. 구속되려는 사람과 구속하지 않으려는 판사 사이의 실랑이가 우습게 보일 수 있지만, 유감스럽게도 법정에 있는 나는 조금도 웃기지 않았다. 법정에서 본 가난 중 웃기는 가난은 단 한 건도 없었다. 가난은 멀리서 보면 비극이지만, 가까이서 보면 더욱 참담한 비극일 뿐이다.

"헤겔은 역사는 두 번 반복된다고 말한 적이 있다. 그러나 그는 다음과 같이 덧붙이는 것을 잊었다. 처음에는 비극으로, 다음에는 소극으로." 마르크스가 《프랑스 혁명사 3부작》(소나무, 1990)에 남긴 말이다. 가난의 역사에 국한해 말하면 이 말 역시 틀렸다. 가난은 처음도, 그다음도 항상 비극이다.

어려운 형편에 의대에 합격한 후 아웃백 랍스터를 앞에 두고 가족 모두 펑펑 울었다는 글이 기사화되어 화제가 된 적이 있다.

그 기사를 읽고 많은 사람이 가슴 뭉클해했다. 형편이 아주 어려웠던 건 아니나 나 역시 궁핍으로 상처받은 기억이 있다. 청소년기의 그 상처는 생각보다 깊어 지금도 트라우마로 남아 있다. 아직도 나는 너무 고급스럽고 화려한 곳에 가거나 비싼 음식을 앞에 두면 주눅이 들어 쭈뼛거린다. 나이프와 포크가 여러 개 놓여 있으면 식은땀이 줄줄 흐른다.

가난만 생각하면 1.5인분 면발이 담긴 1인분 우동과 초라한 모자가 설렁탕 투가리를 부딪치는 소리가 가장 먼저 떠오른다. '우동' 이야기는 구리 료헤이의 소설 〈우동 한 그릇〉으로 잘 알려져 있다. '투가리' 이야기는 이렇다. 가난한 모자가 설렁탕집에 들렀다. 어머니는 국물이 짜다며 주인에게 국물을 더 청하고 주인 몰래 아들의 투가리에 고깃국물을 부어준다. 아들은 어머니의 뻔뻔함이 난처하다. 아니, 가난이 부끄럽다. 아들은 그런 어머니가 미워 어머니의 투가리를 자신의 투가리로 밀쳐내지만, 사실 미운 건 무능한 자신이다. 푹 고아낸 사골국물에는 온갖 감정까지 우러나 있다. 주인은 그 광경을 못 본 척하며 깍두기를 푸짐하게 또 내온다.•

나는 함민복의 시를 읽으며, 모자가 설렁탕 국물을 두고 실랑이하며 부딪치는 투가리 소리가 세상에서 가장 슬픈 소리, 아니 가장 아름다운 소리로 들렸다. 고깃국물 한 사발이라도 더 먹이

• 함민복, 〈눈물은 왜 짠가〉, 《모든 경계에는 꽃이 핀다》, 창비, 1996.

려는 가난한 어머니의 마음과 어머니의 구차함에 목이 메는 다 큰 아들의 당혹스러움, 끝까지 모른 체하지만 누구보다 이들을 신경쓰는 식당 주인의 세심한 배려가 눈물겹고 아름다웠다.

사실 이 이야기의 주제는 가난이라기보다는 공감과 연대다. 그래서 매우 희망적이고 감동스럽지만, 그럼에도 나는 이 장면을 떠올릴 때마다 슬프다. 투가리 소리가 난처한 건 가난한 처지를 남들에게 들켰기 때문이다. 가난은 구멍난 양말이나 찢어진 '난닝구' 같은 것이다. 걸을 때마다 발가락이 구멍에 걸리지만 그 구멍은 나만 알고 싶다. 그럼에도 불구하고 가난은 감출 수가 없다. 얼굴에 핀 마른버짐처럼 아무리 침을 발라도 지워지지 않고, 자신만 모를 뿐 구취가 코를 찌른다.

가난한 이들은 간혹 식구들을 밖에서 우연히 만나면 울컥할 때가 있다.● 그런 감정을 정확히 설명하긴 어렵다. 집에서 보는 모습보다 초라함이 더 도드라져 보여서인지, 아니면 세상에 섞여 가족을 위해 고군분투하는 모습이 측은하고 안쓰러워서인지 잘 모르겠다. 가난한 부모를 둔 자식들은 대개 비슷한 경험이 있다.

나 역시 어린 시절 친구들과 길을 가다 남루한 차림의 어머니를 보고 부끄러웠던 적이 있다. 어머니의 그 초라한 입성이 부끄러웠던 것인지, 잘사는 친구들에 비해 가난한 우리집 형편이 서러웠던 건지 여전히 잘 모르겠다. 아마 둘 다였을 것이다. "가난

● 김영승, 〈반성 673〉,《반성》, 민음사, 2007.

한 이의 목을 조이는 것은 돈이 아니라, 일상생활에서 느껴지는 불안감, 사람들의 수군거림, 야릇한 미소, 비웃음이다."• 가난하면서 의연하기란 무척 어렵다. 가난 앞에서 당당한 이도 있지만 그건 그 사람이 대단한 거다. 가난을 부끄러워하는 감정 자체는 수치스러운 것이 아니다. 우리가 부끄러워한 건 가난이지, 어머니가 아니었다.

대학 다닐 때쯤이었다. 어머니와 대구 교동에 있는 유명한 돈가스집을 간 적이 있다. 옆 테이블에 아주 초라한 행색의 부자가 앉아 있었다. 엄마 없이 둘뿐이었다. 한눈에 봐도 아빠는 일용직 노무자 같아 보였고 아이는 너덧 살쯤 됐던 것 같다. 포크를 빨고 침을 꿀꺽거리며 연신 고개를 두리번거리는 아이가 너무 귀여웠다. 종업원이 옥수수프를 먼저 갖다줬다. 아빠가 후추를 뿌려주며 어서 먹으라고 했다. 아이는 수프를 한참 바라보다 잔뜩 실망한 표정으로 아빠에게 물었다. "아빠, 이게 돈가스야?" 나는 별생각 없이 웃었는데, 그 아빠는 웃는 나를 흘낏 쳐다보고는 말로 표현하기 어려운 심란한 표정을 지었다. 가난이 참 슬픈 건 돈가스가 뭔지, 아웃백 랍스터가 어떻게 생겼는지 모를 정도로 세상에 무지하다는 점이다.

가난은 모르는 게 너무 많다. 가난은 돈가스를, 장난감을, 패밀리레스토랑을, 여름휴가를, 펜션을, 신상을, 제철 옷을, 저녁

• 표도르 도스토옙스키, 석영중 옮김, 《가난한 사람들》, 열린책들, 2007.

있는 삶을 모른다. 때론 가족 간의 대화를, 심지어 제대로 된 가족조차 모른다. 그렇기에 가난은 끊임없이 결핍을 대체한다. Nice가 Nike를, Geuss가 Guess를 대신한다. 가난은 어머니를 보기 힘들게 하고 아버지는 너무 자주 보게 한다. 어쩌다 함께 보는 두 사람은 항상 싸운다. 가난한 아이들은 생물학적 부모가 없는 경우도 많다. 가족마저 대체된다. 소년재판을 할 때 무수한 한부모가정, 조손가정을 보았다. 가출팸이라는 가족도 드물지 않았다.

그러나 때론 이들이 부모보다 훨씬 뛰어난 경우도 있다. 가족의 핏줄 안에는 같은 피가 아니라 조건 없는 사랑이 흐르기 때문이다. 소년재판 당시 숱한 조손가정을 보며 나는, 할머니는 단지 엄마나 아빠의 생물학적 엄마가 아니라는 사실을 깨달았다. 할머니는 엄마보다 만 배쯤 강화된 버전의 그냥 엄마였다. 한 가지 안타까웠던 건 할머니의 배터리 잔량이 얼마 남지 않았다는 점이었다. 오늘도 많은 슈퍼맘이 아이의 아이에게 밥을 먹이고, 빨래를 하고, 숙제를 도와주고, 선생님을 만나고, 법정에도 섰을 것이다. 조금 남은 배터리로 '열일'을 한다.

가난한 이의 대용품은 대체로 기발하고 짠내 나는 것이지만, 요즘 내가 보는 대용품들은 몸서리쳐진다. 법정에서는 청테이프, 과도, 망치, 커터칼, 드라이버, 빨랫줄, 수건 같은 사물들이 본래 용도로 등장하는 경우가 절대 없기 때문이다.

가난이 먼저 알게 해주는 것도 있다. 가난은 라면을 끓이고 밥물 맞추는 법을, 담배를, 술을, 모텔을, 섹스를 빨리 알게 한다. 가난만이 독과점하는 것도 많다. 불행이 대표선수다. 뒤로 자빠져도 코가 깨진다는 머피의 법칙 역시 십중팔구 빈자의 법칙이다. 억수와 태풍은 가난한 마을만 골라 지나고, 질병도 영양부족의 몸뚱이를 기가 막히게 찾아낸다. 범죄도 그렇다.

가난은 그 자장磁場 안의 모든 시간을 왜곡시킨다. 가난한 부모에게 노년은 없다. 그들은 임시계약직 경비원으로, 파출부로, 캐셔로, 식당 이모로, 빌딩 청소부로, 매일 새벽 6411번 버스를 타고 죽을 때까지 똑같은 강도의 노동에 시달린다. 물론 마음대로 늙지도 못한다. 가난은 아이들의 시간마저 앗아가 아이들을 강제로 성숙시킨다. 가난한 집 아이들은 대부분 웃자란다.

가난이 가장 잔인한 건, 인간답게 살기 위해 인간다움을 내려놓아야만 한다는 점이다. 2019년 다르덴 형제의 영화〈로제타〉가 20년 만에 국내에서 개봉됐다. 칸에서 황금종려상을 받은 영화다.

열여덟 살 로제타는 알코올중독인 엄마와 트레일러에서 산다. 영화의 도입부는 해고를 인정할 수 없는 로제타의 격렬한 저항으로 시작된다. 영화는 구직을 위한 로제타의 처절한 노력과 암담하고 단내 나는 일상을 시종일관 핸드헬드 카메라로 집요하게 쫓는다. 어린 노동자의 삶은 카메라만큼 흔들린다. 아니, 로제타의 불안한 삶이 카메라를 마구 흔든다. 누군가에겐 너무나 쉽고 흔해빠진 일상이 누군가에게는 매순간 고통이다.

로제타는 늘 침울하고 조용하다. 절대 웃지 않고 울지도 않는다. 아예 감정이 없는 것 같다. 그러나 자신의 일자리를 뺏기면 발악을 한다. 일자리를 뺏으려고 유일한 친구마저 배신한다. 제 한 몸 건사하기 버거운 사람에게 가족은 잔인한 농담이다. 로제타에게 엄마는 그런 존재다. 보호자의 위치가 역전된 것도 모자라 값싼 술 한 병에 숱한 남자들과 잠자리를 하는 엄마는 로제타의 한계상황이다.

로제타가 트레일러로 돌아가는 길조차 험난하다. 버스에서 내려 고속도로를 건너고 숲을 지난다. 숲속 배수구에 숨겨둔 장화로 갈아신고, 트레일러까지 진흙탕 길을 건넌다. 로제타의 삶도 질척거린다. 가난을 견디려면 멀티태스킹이 필요하다. 로제타는 구직하는 내내 엄마를 돌보고, 물고기를 잡고, 약초를 캐고, 집도 수리한다. 헤어드라이어는 로제타가 생리통을 견디는 유일한 대용품이다.

가난은 쓸데없는 잡념을 없앤다. 가난이 궁금한 건 오직 잘 곳과 먹을 것이다. 가난은 모든 행위에 목적을 부여한다. 가난한 이에게 목적 없는 행위는 사치다. 섹스에도 다 목적이 있다. 가난은 친구조차 없다. 위로와 다짐도 혼자 해결해야 한다. 로제타는 잠자리에 누워 스스로 묻고 답한다. "네 이름은? 로제타. 내 이름은? 로제타."

로제타는 엄마를 모질게 타박한다. 곧 이사할 건데 작물은 왜 심나고, 엄마는 창녀가 아니라고 나무란다. 가난은 처음엔 일상의 작은 희생을 요구하다 점점 큰 대가를 내놓으라고 한다. 대가는 시간과 노력이었다 몸이 되고, 결국 인간성이 된다. 엄마는 가난의 요구에 일찌감치 무너졌지만 로제타는 끝까지 저항한다. 친구를 배신할지언정 불법적인 일은 하지 않겠다고 버틴다. 가난에겐 로제타의 저항이 가소롭다.

 로제타는 깃털 하나 더 얹을 수 없는 상태가 되어 결국 주저앉고 만다. 최선을 다해 인간답고 존엄하게 살려 했지만 거기까지였다. 인간으로서 존엄을 지키면서 인간으로 살 순 없었다. 로제타는 친구에게 뺏은 일자리를 스스로 그만둔다. 그토록 갈구했던 일자리를 내놓는다는 건 삶을 놓겠다는 뜻이다.

 술에 취해 진창에 널브러진 엄마를 옮겨눕힌 뒤 로제타는 달걀을 삶고 가스를 튼다. 달걀도 하나만 삶는다. 로제타는 죽으려는 순간마저도 소박하다. 마지막 성찬도 없다. 가스가 떨어진다. 아이러니하게도 궁핍한 삶이 로제타를 살린다. 가난은 죽음마저 조롱한다. 로제타는 새 가스통을 옮기다 쓰러지고 처음으로 운다. 배신감에 로제타를 쫓아다니며 괴롭히던 리게가 로제타를 일으켜세운다. 위로는 없다. 로제타는 눈물어린 눈으로 리게를, 아니 세상을 바라본다. 거기 배신당한 친구가 서 있다.

 청년실업을 다룬 이 영화의 여파로 벨기에 정부는 2000년부터 특정 규모 이상 기업의 경우 고용 인원의 일부를 청년으로 채워야 하는 '로제타 플랜'을 시행하고 있다.

 같은 사회주의 계열의 사실주의 작가임에도 켄 로치에 비해 다르덴 형제는 잔인하다. 켄 로치나 다르덴 형제 모두 자본이나 부자에게는 일말의 기대도 없다. 그럼에도 켄 로치가 가난한 이들의 연대를 통해 희망을 제시한다면 다르덴 형제는 그마저도 없다. 지독하다. 그들의 또 다른 영화 〈내일을 위한 시간〉도 그렇다. 임금을 나눠 실직한 동료를 구할 것인가, 동료를 버리고 오랫동안 고대해온 보너스를 탈 것인가 갈등하게 만든다. 다르덴 형제의 영화는 그렇게 모서리에 서 있거나 꼬리칸에 들어찬 사람들의 밀도 꽉 찬 이야기다.

내가 보기엔 낭만적인 켄 로치보다 잔인한 다르덴 형제가 더 현실에 가깝게 느껴진다. 그래서 이들의 영화는 훨씬 더 고통스럽다. 로제타가 들고 가던 가스통을 보며 흐르는 눈물을 주체할 수 없었다. 인간답게 살기 위해 친구를 짓밟아야만 하고, 인간으로 살기 위해 주어진 선택지가 인간성을 포기하거나 인간 자체를 포기하는 길 둘뿐이라는 사실이, 그 상황을 겪는 이가 10대 소녀라는 현실이, 견딜 수 없을 만큼 슬펐다.

〈로제타〉나 인도의 불가촉천민을 다룬 〈슬럼독 밀리어네어〉, 절대빈곤 아동의 참혹한 현실을 다룬 〈가버나움〉 같은 영화를 불편해하는 시선들이 있다. 가난을 상업화하는 '빈곤 포르노'라는 것이다. 나 역시 이런 영화나 글을 볼 때마다 목도하기 어려운 고통과 참혹하고 어두운 현실을 들춰내는 게 너무 과한 건 아닌지 의문이 들 때가 있다. 공감과 연대라는 선한 목적을 명분으로 가난과 고통을 지나치게 과장하거나 상업적으로 이용한다는 지적은 이 책을 비롯해 현실을 고발하는 모든 작품이 진지하게 생각해볼 부분이지만, 나는 이런 지적에 조금도 동의할 수 없다.

포르노의 본질은 돈벌이를 위해 한 가지 소재(성)나 주제(성욕자극)에만 초점을 맞춰 이를 극도로 부각시키고, 실체를 왜곡하는 거라고 생각한다. 그런 기준에서 본다면, 동정과 연민을 자극하기 위해 한 가지 소재(가난)만을 극도로 승압한 것 역시 비슷한 측면이 있긴 하지만, 이 작품들은 포르노가 아니다. 포르노는 일상의 단편만을 뽑아 과장해 보여주지만, 24시간이 전부 섹스로만 가득 차 있는 사람의 삶을 담는다면 그건 포르노가 아니라 리얼리즘 그 자체다. 가난한 이의 고통은 짧은 섹스 장면이 아니다. 가난한 상태만을 크롭crop해서 잘라내는 게 아니란 말이다. 그들은 24시간 365일 주야장천 가난하고 비참하다. 가난이나 고통을 다룬 작품을 포르노라고 매도하는 비판에서는 가난을 감추고 고통을 마취시키려는 불순한 의도가 읽힌다.

진짜 포르노와 달리 가난이나 고통 같은 이야기가 포르노인지 아닌지는, 그 이야기를 꺼내는 사람의 의도와 무관하게 전적으로 관찰자의 시각에서만 판단이 가능하다. 단지 '이런 별난 사람도 있네'라고 즐기고 넘기는 순간, 그건 포르노다. 나체 핍쇼peepshow를 보고 그저 넘어간다면 그건 포르노지만 핍쇼를 본 후 포주를 고발하고 그 속에서 고통받는 여성을 구한다면 그건 포르노가 아니다. 다큐를 예능으로 보고 재미로만 배설하는 게 포르노다. 포르노 여부를 결정하는 건, 오직 당신의 시선이다.

빈곤은 가변적인 재정 상황에 따라 대응 기조가 결정되는 사회정책적 현안이 아닌 전 국가적 어젠다고, 다른 어떤 의제보다 최우선 순위에 두고 노력해야만 하는 제1의 헌법 문제다.• 그럼에도 2000년대 이후 한국 사회의 양극화는 갈수록 심해져 일산 짬뽕값조차 9,000원짜리와 2,300원짜리로 양극화되어 있다(김훈). 저출산, 고령화 문제도 심각하다. 해고 노동자나 비정규직 같은 신빈곤층, 청년실업, 중장년층의 조기 퇴직, 자영업자의 몰락, 가정 해체, 전월세 대란이나 부동산 가격 폭등으로 인한 주택문제, 교육문제 등 각종 사회적 난제가 우릴 괴롭힌다.

절대적 빈곤에 시달리는 기초생활수급자 외에도 출산, 양육, 실업, 노령, 장애, 질병 등 각종 사회적 위험으로 언제 추락할지 몰라 불안해하는 사람이 많다. 빈곤은 이런 모든 양상의 원인 또는 결과로 빠짐없이 등장한다. 빈곤의 종착점은 범죄와 자살이다. 상대적으로 취약한 노인, 여성, 아동 등이 빈곤에 의해 무수히 희생된다. 빈곤으로 계속 범행을 저지르다 어느덧 노령에 이른 고령 범죄자 문제도 심각하다. 2023년 전체 피의자 중 51~60세 비율은 20.8퍼센트로 가장 높았다.

경미한 사건을 다루는 형사단독재판을 하다 보면, 명백히 몇백만 원 벌금 사안인데도 징역형에 집행유예를 선고해달라는

• 이덕연, 〈헌법으로 본 빈곤(사회양극화)문제와 예산 과정〉, 《공법연구》, 2011, 39(3).

피고인을 많이 본다. 징역형에 집행유예는 분명 무거운 처벌이지만, 벌금을 낼 형편은 도저히 안 되고 벌금을 내지 못하면 교도소로 가 벌금만큼 노역을 살아야 하기 때문이다(벌금이 200만 원이면 대개 1일 10만 원으로 쳐서 노역장에 유치하므로 20일 동안 구금돼야 한다).

징역형에는 인정되는 집행유예가 그보다 상대적으로 가벼운 형벌인 벌금형에 인정되지 않는 건 비합리적이라는 비판이 꾸준히 제기됐고, 생계형 경미범죄자인 '장발장'들을 위해 벌금형에 대한 집행유예 제도가 2016년 도입됐다. 제도 도입 이전에도 벌금 300만 원 이하면 사회봉사로 벌금을 대체할 수 있는 제도가 있었는데, 지금은 500만 원 이하 벌금형에 대해 아예 형 집행을 유예할 수 있도록 한 것이다. 이 제도는 '장발장'을 단기간 구금하는 걸 막는 효과가 있지만, 생계형 범죄의 근본 대책은 아니다.

범죄자나 비행청소년을 교도소나 소년원 등 수용시설 내에서 교정하는 대신 사회에서 보호관찰관 등의 지도와 원호를 통해 교정하는 제도인 '사회 내 처우community treatment'는 생계형 범죄자들의 재범 방지와 재사회화를 위해 대단히 중요한 제도다. 담장 없는 교도소라 불리는 '중간처우 교정시설'에서 출소한 전과자가 재복역하는 비율은 일반 교도소보다 현저하게 낮은 것으로 나타났다. 그러나 안타깝게도 범죄자 수에 비하면 이런 시설은 여전히 터무니없이 부족하다.

노동에 대한 의지를 접은 채, 짧은 사회생활과 긴 감방생활을 무한 반복하는 수많은 전과자를 보며 '피고인을 징역 8개월에 처한다'가 아니라, '피고인에게 용접기술 1급 또는 조리사 자격증을 취득할 것을 명한다'는 주문을 내고 싶은 적이 한두 번이 아니었다. 형벌이나 처분의 종류 못지않게 우리 형사사법 시스템에서 특히 곤혹스러운 점은, 일단 최종선고를 한 이상 판사는 집행에 전혀 관여할 수 없다는 것이다.

재범 방지와 재사회화를 위해서는 형벌 외에 별도의 제도를 만들고 형벌과 이원화해야 한다. 법원과 집행기관, 지역사회가 힘을 합쳐 이들을 함께 관리해야 한다. 생계형 범죄자들에게 구금을 반복하는 건 무의미할 뿐 아니라 지극히 비경제적이다.

돌이켜보면 내게 가난은, 15평 아파트에 다섯 가족이 살고, 혼자 있고 싶을 때면 집을 나와야만 하고, 철 지난 옷이나 몸에 맞지 않는 옷을 입고, 빗물이 잘 스며드는 신발을 신고, 자주 이사하고, 성적이 아닌 장학금에 맞춰 진학하고, 하숙·자취·입주과외·기숙사·고시원 등 온갖 거주 형태를 전전하고, 반지하 습기에 늘 젖어 있거나 옥탑방 열기에 익어가는 정도였다. 요약하자면, 내가 겪은 가난은 부끄럽고 불편한 거였다. 그 시기를 지나니 가난은 어느새 자랑스러운 훈장 같은 것으로 변해 있었다.

그러나 형사재판을 하는 지금 내게 가난은 두려운 존재다. 법정에서 내가 마주치는 가난은, 정훈씨를 추락시키고, 가정을 해체하고, L을 담벼락에 불지르게 하고, 70대 노인 K를 보이스피싱의 성실한 수금책으로 만든다. 가난은 수많은 '로제타'의 손에 가스통을 들리고, 가스통을 들지 않은 로제타들을 '로리타'로 만들어 매일 밤 모텔로 실어나른다. 나는 그런 가난이 몸서리쳐지게 싫다. 죄는 미워하되 사람은 미워하지 말라는 말을 믿지만 가난만큼은 용서가 안 된다. 가난은 밉다. 절대적 빈곤은 절대적으로 밉다.

아동학대범이나 성범죄자의 터무니없는 양형과 극적으로 비교하기 위해 라면 몇 봉지 훔친 '장발장'들이 자주 기사에 소환된다. 장발장이 불쌍한가? 그럼 대한민국 장발장들도 '빵 한 개 훔쳐 징역 1년을 받았다'까지의 서사에서 머물지 않을 수 있게 해야 한다. 법원의 양형에 관심을 가지는 것처럼 행형行刑과 범죄자들의 사회 내 처우에도 관심을 가져야 한다. 어쩌면 이게 훨씬 더 중요하다.

어떤 부고

> New father(Israel Sauz, 22세)
> ― 〈뉴욕타임스〉 부고 기사 중

판사는 재판의 당사자가 아닌 절차의 주관자다. 민사재판의 당사자는 원고와 피고, 형사재판의 당사자는 피고인과 검사다. 민사와 달리 형사재판에는 숨은 당사자가 있다. 피해자다. 민사재판에서 피해자가 곧 원고인 것과는 다르다. 역사적으로 형사사법은 범죄자, 즉 피고인의 인권을 중심으로 발전해왔다. 범죄 피해자는 오랫동안 잊힌 존재였다.

20세기 초에 이르러 범죄를 제대로 이해하려면 피해자를 알아야 한다는 인식이 생겨났다. 이와 동시에 범죄로 고통받는 개인에 대한 인권 보장, 형사소송참여권 확대, 피해자 구조 등에 대한 논의도 활발해졌다. 그 결과 20세기 중반 피해자학 victimology이 독자적 학문 영역으로 자리 잡았고, 1980년대 접어들어 피해자의 권리가 각국의 헌법과 법률에 인간의 존엄과 가치 측면에서 등장했다. 우리나라도 1987년 헌법에 처음으로 피해자진술권(헌법 제27조 제5항)과 피해자 부조(헌법 제30조) 조항을 규정한 이래 범죄피해자보호법, 형사소송법, 기타 여러 개별 법률에 피해자 보호 조항을 두고 있다.

치안공백으로 발생한 범죄가 아닌 한, 범죄는 누구나 맞닥뜨릴 수 있는 불운한 사건으로 볼 수 있다. 그럼에도 국가와 사회가 막대한 재정 부담을 떠안으면서 범죄 피해자를 보호해야 하는 까닭은 무엇일까?

여러 이유가 있겠지만 한 가지만 들라면, 국가가 사적 보복을 막아놓았기 때문이다. 묻지마 폭행으로 홀어머니를 잃은 후 "법은 구멍이 나 있다. 내가 그 구멍을 메운다. 널 풀어준 법을 원망해라"라고 말하며 잔혹한 범죄자들을 직접 응징하는 경찰대생 김지용*이나, 자기 돈 들여 악인을 처벌하고 고담시를 정화하는 배트맨 같은 자경단vigilante은 현실에서 용인되지 않는다. 국가는 자력구제를 금지하고 형벌권을 독점하는 대신 범죄자를 벌하고 피해자를 보호해야 할 의무를 진다. 따라서 피해자는 적극적으로 국가에 피해 구제를 요청할 권리를 갖는 것이다.

큰 병을 얻거나 갑작스러운 사고를 당하면 장기적인 전망이 얼마나 부질없는 일인지 깨닫게 된다. 20년, 10년 뒤는 고사하고 1년, 한 달, 심지어 내일조차 명확하게 그릴 수 없다. 생전 들

• 김규삼 작가의 웹툰 〈비질란테〉의 주인공.

도 보도 못한 이름의 약물을 검색하고, 환우 카페에 가입해 절박한 심정으로 정보를 샅샅이 훑는다. 지난밤까지 멀쩡히 카톡을 주고받던 아이의 죽음이 사고로 인한 것인지 누군가의 잘못 때문인지를 밝히기 위해, 생업을 포기하고 충혈된 눈으로 사건 현장과 경찰서, 검찰청과 법원을 유령처럼 배회한다.

질병이건 사고건, 예상치 못한 인생의 돌부리는 극심한 통증과 함께 지금까지 꿈꿔온 삶의 모습을 일순 허물고 극적으로 바꾼다. 회귀할 수 없는 안온한 일상, 당신 없는 여생, 나 아닌 다른 삶의 모습으로 다가오는 피해의 첫인상은 항상 같은 얼굴이다. 피해자는 회복 불가능한 상실을 견디는 사람들이다.

특히 사랑하는 이를 잃는 것은 인생에서 가장 견디기 힘든 비극이다. 영화 〈로그 원: 스타워즈 스토리〉에서 "네가 없는 고통이 너무 커서 일을 그르칠까 봐, 내가 가장 강할 때만 널 그리워했다"는 극중 아버지(매즈 미켈슨)의 말처럼, 사랑하는 이의 부재는 가장 강할 때조차 버티기 어렵다. 결국 비극의 본질은 사랑하지만 각자 다른 시간을 사는 것, 즉 시간차다. 죽음이 두려운 건 불시성 때문이지만, 죽음이 슬픈 건 시차 때문이다.

몸은 한 사람만의 것도 아니다. 물건은 대개 누군가의 전속적 소유지만, 삶은 항상 공동 소유다. 한 사람이 죽으면 그 삶을 공유했던 누군가의 일부도 죽는다. 아니, 사랑하는 사람 사이의 삶은 지분으로 나뉘지 않는 총유總有다. 연인의 죽음은 n분의 1의 상실이 아니라 전부의 소멸이다. 기형도 시인은 "사랑을 잃고 쓴다"고 했지만, 내 경우엔 사랑이 비어버린 자리에 채울 글이 없었다. 나는 사랑을 잃고 쓴 걸 지웠다. 빠져나간 건 너였지만, 부재한 건 나였다. 너를 잃었는데, 내가 죽었다.

 재판을 하면서 너무 많은 피해자를 봤다. 그동안 내 법정에는 온갖 이유로 살해된 사람들, 이유를 모르는 죽음들, 시신조차 수습 못한 유족들, 중력처럼 힘의 우열을 타고 약자를 향해 꾸물꾸물 흘러내리는 질기고 비열한 폭력들, 그 아래에서 맞고 강간당하고 학대받는 여자들과 아이들, 잊을 만하면 떨어지고 잘리고 끼이는 노동자들이 있었다.
 재산을 은닉한 후 고의부도를 내고 임금을 체불해 근로기준법 위반으로 온 사업주의 재판에는 눈 밑이 시커먼 노동자 10여 명과 그 가족들이 참석했는데, 사업주가 구속되면서도 끝내 임금을 주지 않고 버티자 생활고에 시달리던 한 노동자의 아내가 자살하는 일도 있었다. 성매매 강요에 두세 달을 매춘에 시달리다 만신창이 몸으로 간신히 탈출한 후 극도의 불안 상태가 지속되어 집 밖으로 한 걸음도 나오지 못하는 여고생이 있었고, 노후를 위해, 결혼자금을 마련하려고, 퇴직금이나 직장생활 내내 저축한 돈을 투자했다 사기당하고 떠도는 사람들도 있었다. 보이스피싱으로 평생 모은 돈을 날린 할머니도 있었고, 음주운전 차량에 아이를 잃은 부부도 있었다. 피해의 양상은 천차만별이지만, 삶은 걷잡을 수 없이 피폐해지고, 아무리 발버둥쳐도 사건 이전으로 돌아갈 수 없다는 점에서 피해 이후 모습은 한결같았다. 다음 칼럼은 피해자의 심정을 잘 드러낸 글이다.

"몇 년 전 살인사건 공판을 담당하던 중 피해자 어머니가 하신 말씀이 아직도 귀에 맴돌고 가슴이 아리다. 사귀던 피해자가 만나주지 않자 칼로 찔러 살해한 사건이다. ……재판이 끝나고 피해자 어머니는 '교도소에 있는 피고인을 찾아갔었다. 살인사건 재판을 받고 있는 피고인의 어머니가 너무나도 부럽다. 교도소에서 평생을 살아도 자식 얼굴을 볼 수 있지 않냐. 나는 딸을 볼 수 없다. 차라리 내 자식이 살인자였으면. 왜 착하게 살라고 했는지, 후회스럽다'고 말씀하셨다."•

살인자의 어머니를 부러워하는 사람은, 피살자의 어머니뿐이다. 피해자를 더욱 힘들게 하는 건 피해에 대한 몰이해다. 2017년 친구의 아내를 강간한 사건에서 피해자 진술의 신빙성이 의심되어 1심과 2심에서 무죄가 선고됐다. 이후 대법원이 "강간 피해자의 대처 양상은 피해자의 성정이나 구체적 상황에 따라 달리 나타날 수밖에 없는데, 피해자의 진술이 대체로 일관되고 구체적이다"라는 이유로 원심을 뒤집었다. 그러나 피해자 부부는 이 판결을 듣고 기뻐할 수 없었다. 이미 사망했기 때문이다.

• 권현유 검사, "차라리 내 자식이 살인자였으면!", 〈법률신문〉, 2021. 5. 10.

피해자 부부는 1심이 강간 혐의를 무죄로 판단하자 함께 목숨을 끊었다. 유서에는 "친구의 아내를 탐하려고 모사를 꾸민 당신의 비열하고 추악함, 죽어서도 끝까지 복수하겠다"는 내용이 담긴 것으로 전해졌다. 이 재판은 당시 떠들썩하게 보도됐고, 결과가 워낙 충격적이라 1심 판결을 찾아 꼼꼼히 읽어봤다. 하급심 모두 무죄로 판단할 만큼 법리적으로 굉장히 어려운 사건이었는데, 나는 법리를 떠나 이 사건을 통해 피해 이후 법적·사회적 평가가 피해자들에게 얼마나 큰 심리적 압박감을 주는지 좀 더 이해할 수 있었다.

수사나 재판 과정에서의 2차피해 역시 심각하다. 가명조서, 증인지원관과 피해자 변호사 제도의 도입, 증인신문 시 진술조력인이나 신뢰관계인의 동석, 비공개 심리, 영상녹화물에 의한 증언 대체, 공소장이나 판결문의 비실명화 및 피해자 정보 누설 금지 등 각종 조치를 취하고 있으나 피해자들이 수사 및 재판 과정에서 겪는 고통은 가볍지 않다. 형사재판장으로서 나는 그런 모습을 수없이 목격했다. 사기사건에서 피해자의 어리석음을 탓하는 피고인도 보았고, 폭행사건에서 "그러게 왜 맞을 짓을 했는가"라며 따지는 변호인도 보았다.

특히 성범죄 피고인 측의 증인신문에 의한 2차피해는 우려스러울 정도다. 노래방 도우미로 모텔까지 따라갔다가 무수한 폭행과 변태적 추행에 이어 강간까지 당한 피해자를 앉혀놓고, 음부에 손가락이 몇 개 들어갔는지 정확히 봤냐고 두 번 세 번 따져묻는 변호인이 있었고, 강간 피해자에게 난데없이 그 언니의 문란한 사생활을 들먹거리며 추궁하는 변호인도 있었다. 성년이 되어 아동 시절 추행 피해를 밝힌 피해자에게, 성적 상상이 담긴 고교 시절 일기를 찾아내 공격하는 변호인도 보았고, 아빠나 친척에게 장기간 성폭행을 당한 아동들에게 "왜 싫다 하지 않고 자는 척했냐"고 압박하는 변호인도 드물지 않았다.

무리한 합의 시도나 피해자에 대한 원망과 비난으로 피해자를 괴롭히고, 결국 사건이 주변에 알려지는 바람에 가해자가 아닌 피해자가 생활근거지를 떠나는 경우도 부지기수였다. 재판장으로서 나는 쟁점과 무관함에도 단지 피해자를 흥분시켜 진술을 흔들려는 수많은 질문에 맞서 이를 최대한 저지했지만, 완전히 봉쇄할 수는 없었다. 2차피해로부터 피해자를 보호하는 것 못지않게 피고인의 방어권 보장이 중요하기 때문이었다. 피해자 진술이 증거의 대부분인 성범죄에서 이 두 가치를 훼손하지 않고 적절하게 조화시켜 재판을 진행하는 건 정말 힘든 일이다.

나는 신문 과정에 적절히 개입해 사건과 다소 무관한 말을 건네며 피해자들의 긴장을 최대한 풀어주려 했다. 특히 증인이 나이 어린 성범죄 피해자인 경우, 몇 학년인지, 무슨 과목을 좋아하는지, 공부 말고 관심 있는 건 뭔지, 좋아하는 아이돌이나 연예인은 누군지, 누구와 같이 왔는지, 학교 다니기 힘들지 않은지, 졸업하면 뭘 할 건지 등을 종종 묻곤 했는데, 증인들 대부분은 경직된 채 최소한으로 대답할 뿐이었다.

또 증인신문이 끝나면, 반드시 피해자들에게 마지막으로 하고 싶은 말을 자유롭게 할 기회를 주었는데, 한번은 이런 피해자도 있었다. 강제추행을 당한 지적장애 여성이었다. 비장애인보다 다소 떨어지는 인지력과 표현력 때문에 길고 힘들게 증언을 마친 그는, 내가 하고 싶은 말이 있으면 편하게 해보라고 하자, 갑자기 자리에서 벌떡 일어났다. 그는 눈을 부릅뜨고 두 주먹을 불끈 쥔 채, 차렷 자세로 꼿꼿하게 서서 울먹이며 큰 목소리로 천천히 또박또박 말했다. "어릴 때 가까운 사람에게 성폭행을 당했습니다. 그때는 그저 참았습니다. 그런데 또 이런 일을 당했습니다. 정말 이제는 참지 않겠습니다. 용서하지 않겠습니다. 저 사람을 꼭 처벌해주십시오, 판사님." 말투는 어눌했으나 고통과 진심만큼은 그 어떤 웅변보다 더 명확하게 전달되었다.

그러나 가해자를 엄벌해달라는 짧은 말 외에 격정적으로 피해를 호소하는 피해자는 생각보다 많지 않았다. 피해의 심각성에 부합하지 않는 피해자들의 미적지근한 반응을 보고 이들의 심리를 어떻게 해석해야 할지 몰라 한동안 혼란스럽기까지 했다. 그러나 재판을 계속하면서 피해자의 반응과 모습은 천차만별이고, 피해자를 일반화하는 건 무의미하다는 사실을 거듭 깨달았다. 스테레오타입을 벗어난 피해자는 얼마든지 있었다.

판사는 법정에서 피해자의 눈물과 분노로 떨리는 미세한 숨소리마저 보고 듣는다. 피해자에게 몰입되는 것을 피할 수 없다.

어느 날 오후 재판이었다. 청소년에게 성매매를 알선·강요하고 강간까지 한 사건이었다. 증인의 심리적 안정을 위해 신뢰관계인으로 엄마를 증인석 뒤에 앉히고 신문을 시작했는데, 아이가 피해 진술 도중 손을 덜덜 떨며 힘들어했다. 물을 좀 마시라고 했더니 혼자 생수병을 돌려 따지 못하고 날 보며 슬프게 미소 지었다. 10분간 휴정을 명했다.

재판부 모두가 휴정 동안 있을 곳인 법정 뒤 법관대기실로 가는데, 방금 증언을 하던 아이와 엄마가 증인대기실 앞 컴컴한 복도에서 부둥켜안고 울고 있었다. 엄마도 힘든지 아이를 안은 채 벽에 간신히 기대 있었다. 그래도 법원이라 울음소리는 내지 않았다. 법정 밖 복도에는 순식간에 고통과 슬픔이 차올랐다. 그 높고 깊은 파고를 헤치고 법관대기실로 가는 발걸음이 어찌나 힘들던지.

10분 뒤 간신히 마음을 수습한 아이를 데리고 증언을 마쳤는데, 공교롭게도 그다음 사건이 거의 똑같은 내용이었다. 힘들게 증언하는 아이를 쳐다보기 버거워 잠시 고개를 돌렸는데, 언제나 쾌활한 우배석판사조차 눈가가 젖은 채 얼굴을 찡그리고 있었다. 순간 나는 다시 증인 쪽으로 고개를 돌리며, '다 같이 무너지면 안 된다. 특히 부장인 내가 무너지면 안 된다'고 마음을 다잡으며 간신히 재판을 마쳤다.

나는 형사합의를 처음 하는 배석판사들에게 내가 배석 시절 부장에게 들은 것처럼 "영혼에 상처받지 않도록 마음 단단히 먹읍시다"라고 당부하곤 했는데, 경험이 가장 많고 험한 사건을 가장 많이 본 내가, 심리적으로 제일 심하게 동요했다는 사실이 무안했다.

나를 더욱 심란하게 했던 건, 피해 청소년에 대한 검찰신문을 마칠 때까지만 해도 아이가 너무 불쌍해 보이다가, 변호인이 이런저런 내용으로 반대신문을 하자 곧바로 그 아이가 이상하게 보였다는 것이다. 합리적인 지적들이 일부 있어서였다. 판사는 직업상 그런 부분을 놓치면 안 된다.

그 재판을 마치고, 직업적 고통이 새삼스레 크게 다가왔다. 판사는 타인의 고통과 눈물마저도 그대로 받아들일 수 없고 끊임없이 의심해야 하는 직업이라는 사실을 잘 알고 있으면서도, 유독 그날은 그 사실이 이상하리만치 심정적으로 잘 납득이 되지 않았다. 성범죄 피해를 다시 떠올리며 힘들게 증언하는 10대 아이마저 의심해야만 하는 내 처지가 답답했다.

한번은 계부에게 장기간 추행당한 아이가 증인으로 나왔다. 변호인은 "이 사건 몇 달 전에 아동학대로 경찰에서 조사받을 때, 그 자리에서는 왜 성추행 얘기를 안 했죠?"라고 추궁했다. 그때까지 생글생글 웃으며 대답하던 아이가 갑자기 표정이 어두워지며 "키우는 강아지가 있는데요… 이상한 말 하면 강아지 내다버린다고 해서…"라고 말했다. 소중한 친구를 지켜주고 싶은 아이의 마음이다.

또 한번은 역시 계부로부터 성범죄 피해를 입은 여고생이 증인으로 출석했다. 피고인이 합의에 의한 성관계라 주장해, 자칫하면 신문 도중 심각한 2차피해가 발생할 수 있었다. 그러나 피해자는 변호인의 공격을 버티면서 차분하게 증언했다. 10대가 감당하기 어려운 일임에도 의연하게 대처하는 증인을 보면서 얼마나 스스로를 다잡고 갈무리했기에 저런 태도를 취할 수 있을까 하는 생각이 들어 가슴이 아팠다. 그래서 증언이 끝난 뒤 몇 마디 말로나마 증인을 위로하고 싶었다.

"조서에 고3으로 돼 있던데, 수능은 봤나요?"

"네, 판사님."

"우리 애도 고3인데 어려웠다 그러던데, 시험 잘 봤어요?"

"예, 제가 원하는 학교에 갈 수 있을 것 같아요."

"아, 잘됐네요. 그런데 대학 가려면 돈이 제법 들 텐데, 누구 도와주는 분이 계시나요, 친척들이나?"

"아뇨, 판사님. 집 나오면서 엄마하고 연락 완전히 끊었고, 도와주는 친척도 없어요."

"그럼 어떻게 해요? 대학 가면 지금 있는 쉼터에서도 나와야 하지 않나요?"

"아뇨, 1~2년은 더 있을 수 있대요. 쉼터에서 지원을 좀 해준다 하고, 또 제가 장학금 받고 알바 뛰면 될 것 같아요."

"대학 졸업하면 뭘 하고 싶은데요?"

"공무원이요!"

"아, 공무원… 나도 공무원인데, 공무원 좋~아요. 안정적이고….".

"맞아요, 판사님. 그래서 저도 공무원이 되고 싶어요!"

"마지막으로 증인한테 꼭 해주고 싶은 말이 있는데요."

"네, 판사님."

"음… 강한 폭력이 없었음에도 의붓아버지 요구에 응한 부분에 대해 혹시라도 자책하거나 자학하지 말아요. 누구나 성적 욕망이 있고 그건 지극히 자연스러운 거예요. 나를 포함해 법정에 있는 모두가 그래요. 그 자체가 잘못된 일은 아니에요. 아직 이성적이지 못한 청소년을 교묘하게 길들여 성적 욕망을 채운 어른이 잘못된 거예요. 이 재판은 그걸 따지는 거고요. 물론 피고인은 현재 범행을 다투고 있고 아직 선고도 남아 있어요. 여러 증거와 증인의 진술을 종합해 우리가 꼼꼼히 살필 거예요. 경우에 따라서는 무죄가 날 수도 있고요. 그러나 어떤 경우건 그건 법적 판단일 뿐이에요. 나는 증인이 한 말이 사실임을 전제로, 증인이 겪은 고통이 진실이라고 믿어요. 다시 한번 말하지만, 앞으로 살다가 이번 사건이 떠오를 때, 절대 자기 탓 하면 안 돼요."

"알겠습니다, 판사님."

"열심히 공부해서 꼭 공무원 되세요."

"고맙습니다."

형사재판장이 피해자를 직접 말로 위로하는 건 보기에 따라 위험한 행동이다. 피해자 측에 경도되어 유죄의 심증을 가진 것으로 비춰질 수 있기 때문이다. 그래서 나 역시 법정에서는 이런 말을 좀처럼 하지 않았다. 그러나 성범죄 사건이나 피해가 심각한 형사합의 사건을 진행하면서 어느 순간부터 마음을 고쳐먹었다. 피해자들의 진술이 사실임을 전제로, 피고인이 유죄임을 전제로, 나는 내가 할 수 있는 선에서 피해자들을 위무하려 노력했다. 당신의 고통을 이해한다고. 비록 법적 평가가 달라질 수 있다 하더라도 당신의 고통만큼은 진실임을 믿는다고. 오늘 당신이 여기에 선 건 피고인의 잘못된 행동 탓이지, 당신 탓이 결코 아니라고. 절대 자책하지 말고, 치료 잘 받고, 꼭 건강하게 회복하라고.

내가 진심을 담아 당부해도 피해자들 반응은 대부분 무덤덤했다. 그러나 나중에 증인을 안내하는 증인지원관에게 전해들으니, 내 말을 들은 피해자들 중 상당수가 법정 밖으로 나와 그렇게 서럽게 한참을 운다고 했다. 힘든 처지의 사람들에게 건네는 공감과 위로의 말의 가치는 언제나 상상 이상이다.

나는 형사판결문을 쓸 때마다 가능한 한 양형 이유에 피해자의 심경을 남겨보려 했지만, 적절한 표현을 찾는 데 매번 실패했다. '극심한', '말할 수 없는' 기껏 이런 단어 따위로는 피해자들의 고통을 제대로 묘사할 수 없었다. 극한의 상실과 고통은 말과 글의 표현 영역이 아니라는 사실만 깨달았다. 표현은 차치하고 그들의 고통을 정확히 이해할 수조차 없었다. 상상 역시 언제나 못 미쳤다. 나 같은 국외자들이 피해자들의 고통에 몰입하는 것을 방해하는 원인은 무엇일까? 너무 많은 사건, 타성, 공감능력의 점진적 소진을 들 수 있을 것이다. 그러나 그 못지않게 정보의 부족이 중요한 원인이라는 생각이 든다.

형사재판에서 피해자가 겪는 정신적 고통을 가늠해볼 수 있는 자료, 예컨대 트라우마나 외상 후 스트레스 장애 같은 정신과적 진료 기록이 나오는 경우는 흔치 않다. 객관적 자료는 고사하고 사적 자료조차 많이 나오지 않는다. 간혹 유족이 사진과 함께 피해자의 성정, 꿈, 직업 따위를 소상히 적어내는 경우가 있는데, 이 정도 정보라도 피해자를 이해하는 데 도움이 된다.

그나마 성범죄는 피해자 변호사 제도가 생겨 이들이 피해자를 대변하지만 여전히 그 수가 부족한 편이다. 간혹 피해자 측이 사적으로 변호인을 선임하기도 하지만 극히 일부 사례에 지나지 않는다. 양형에 참고할 목적으로 피고인에 대해 실시하는 양형조사에서 피해자 측 사정이 간접적으로 전해지는 경우 말고는, 피해자 본인이나 주변 사람들이 피해자 측 사정을 재판부에 알려주지 않는 한, 판사가 이를 알기는 어렵다.

피해자의 자유롭고 충분한 진술과 피해자에 대한 여러 자료로 뒷받침되는 정보들을 통해 알 수 있는 피해자 서사의 부재는, 결국 피해자를 형사절차 밖으로 몰아내버린다. 잘 모르니 언급할 수 없고, 잘 모르니 함께 아파할 수 없다. 서정은 서사의 그림자일 뿐이다. 서사가 풍부하고 넓을수록 서정도 크고 짙어진다. 결국 우리가 먼저 할 일은 묘사할 수 없는 서정을 상상하고 표현하는 것이 아니라, 묻혀 있는 수많은 서사를 추적하고 발굴하는 일이다. 그런 뒤에야 우린 다 함께 울 수 있을 것이다.

피해자 보호를 위한 여러 법률과 제도가 마련되고, 피해자에 대한 사회적 관심이 높아졌음에도, 실무에서는 여전히 피고인 중심 사고가 만연해 있다. 아래는 동거 중인 피해자가 다른 남자를 만나고 모욕적인 말을 하자 칼로 찔러 살해한 사건의 양형이유 중 일부다.

유리한 정상: 피고인은 어려운 집안형편에도 아르바이트를 하면서 학업에 정진해 대학에서 우수한 성적을 거둬 장학금을 받기도 했고, 대학 졸업 후 회사에 입사해 피해자와 동거하기 전까지 성실하게 직장생활을 했다.
피해자는 이미 다른 남자와 혼인신고를 하고 아이까지 낳았음에도 피고인에게 직업과 가족관계를 속였고, 피고인과 사건 이후에도 여러 명의 다른 남자들과 만나면서 거짓말을 반복했다. 그럼에도 피고인은 피해자를 진심으로 사랑하고 믿어줬던 것으로 보이고, 가족들의 반대에도 피해자와 같이 살기 위해 집을 나와 직장까지 그만두게 되었으며, 거짓된 이유를 들며 돈을 빌려달라고 요청하는 피해자에게 대출까지 받아가며 상당한 금액의 돈을 빌려주기도 했다.

피고인은 모든 사정을 알게 된 이후에도 피해자에게 기회를 주려 했던 것으로 보이나, 피해자가 계속하여 거짓말과 외박을 반복하는 한편, 피고인을 신경쓰지 않고 무시하는 태도까지 보이자 마음의 상처와 그로 인한 피해자에 대한 분노가 통제하기 어려운 수준까지 커졌는데, 피해자가 사건 당일 매우 모욕적인 말을 하자 격분하여 이성을 잃고 피해자를 살해하게 된 것으로 보인다.

살인죄 양형 기준상 감경 사유인 '피해자 유발'을 기계적으로 적용해 피해자의 부도덕함이나 나쁜 행실을 적는 경우가 많다. 나 역시 별생각 없이 위와 같은 식의 판결문을 많이 썼다. 그러나 지금 나는 위 판결이 대단히 잘못된 설시로 보인다. 피해자가 피고인과 동거 중 다른 남자를 만나고, 거짓말하고, 모욕적인 말을 했다는 건 살해의 동기에 불과하다. 피해자를 윤리적으로 비난할 수 있을지는 몰라도, 피해자의 도덕성을 피고인의 죄책을 줄이는 '유리한 정상'으로 언급할 순 없다.

의도하지 않았을지 몰라도 위 양형 이유에는, 대단히 착하고 성실한 남자가 행실이 아주 나쁜 여자를 만나 불운하게도 살인에 이르렀다는, 위험하고 편향적인 시선이 담겨 있다. 전형적으로 가해자에게 감정을 이입한 설시다. 도대체 칼에 스물네 번 찔려 죽는 데 합당한 피해자의 잘못은 무엇인가?

아직도 이런 판결이 많다. 피해자가 비난받을 짓을 하면 피해자 탓을 하며 형을 깎는다. 성범죄나 교제살인, 데이트폭력 사건 등에서 이런 양형 이유가 자주 등장한다. 가해자는 평범한 직장인, 학생, 유대관계 분명한 남성인데 이상한 여성을 만나 불행하게도 살인까지 이르렀다는 서사가 흔하다.

말도 안 된다. 범행의 동기와 양형을 혼동해선 안 된다. '피해자 유발'은 '피해자의 장기간 가정폭력'처럼 명백한 사유에 한해 최대한 좁게 양형에 참작해야 한다. 여성을 살해하든, 남성을 살해하든, 좋은 사람을 죽이든, 나쁜 사람을 죽이든, 살인은 똑같이 비난받아야 한다. 피해자의 윤리성에 따라 형벌에 차이가 있을 수는 없다. 사망 혹은 가해의 원인을 밝히는 데는 피해자의 서사가 꼭 필요하다. 그러나 피해자의 서사는 가해를 옹호하거나 정당화하는 그 어떤 이유로도 사용돼선 안 된다. 보통 사람보다 어리석어 거액을 사기당했다고, 중한 강간에도 피해자가 밝고 꿋꿋하다고 형을 감해줄 순 없다.

모든 가해는 오직 가해자의 의지와 그 의지에 가공한 누군가의 조력, 그렇게 강화되고 확립된 그들 범의의 산물일 뿐이다. 범죄는 그와 같이 결정되고 실행된 것이다. 가해자가 해를 입힐 수밖에 없는, 가해하지 않고는 견딜 수 없는 필연적 가해란 존재하지 않는다. 가해를 용이하게 만드는 데 조금이라도 협조한 피해는 없다. 피해자가 어떻든 가해자가 결의하지 않으면 범죄는 없다. 그렇기에 나는 내 법정의 모든 피해자에게 "당신의 잘못은 1도 없다"고 말할 수 있는 것이다.

지금 우리는 한 번도 겪어보지 못한 부고의 시대를 살고 있다. 사람이 죽은 일로 재판을 하고, 그 사람을 떠올리며 판결문을 쓸 때면, 판결문이 부고 같다는 생각이 들곤 한다. 죽은 자를 기억하며 산 자를 재판하는 나 같은 사람에게 부고는 익숙한 소식이다. 그럼에도 연일 쏟아지는 무수한 부고 앞에서 나는 결코 단련되지 않는다. 조금씩 부서질 뿐이다.

우린 모두 죽지만 각자의 삶이 그랬듯, 죽음의 질감과 무게 역시 모두 다르다. 죽음에 대한 사회적 반응은 불공평하다. 어떤 죽음은 크게 보도되지만, 어떤 죽음에는 단 한 줄의 지면도 허락되지 않는다.

아래는 2020년 1~6월 산업재해로 판정된 사망자 1,101명 중 야간노동자 148명에 대한 부고기사 일부다.●

아파트 경비원 이모씨는 2018년 12월 28일 오전 7시 48분 서울 은평구의 한 아파트에서 심정지 상태로 발견됐다. 그는 이듬해 1월 7일 숨졌다. 75세. 고인은 사망 당시 체감온도 영하 19.3도의 한파가 발령됐을 때 좁고 추운 초소에서 3~4시간 취침했다. 고인은 재계약 연장 여부를 놓고 극심한 스트레스를 받았다.

전남 광주 택시기사 임모씨는 2019년 12월 13일 오전 2시 30분 승객을 내려준 직후 노상에서 쓰러졌다. 61세. 고인은 고정 야간근

● "아무도 쓰지 않은 부고", 〈서울신문〉, 2020. 11. 11.

무자로 매일 평균 12시간 운행했다. 그의 사망 직전 일주일간 타코미터 기록으로는 총 95시간 39분을 일해 고용노동부 고시 만성과로 기준치를 30시간 이상 초과했다.

배달노동자 오씨는 2020년 3월 6일 밤 10시 20분 세종시에서 치킨을 배달하던 중 버스와 충돌해 숨졌다. 27세. 사고 한 달 전 배달일을 시작한 고인은 매일 오후 6시부터 자정까지 일하며 하루 25건의 치킨 배달을 했다. 사고 당일은 일주일 중 치킨 주문이 가장 많은 금요일이었다.

서울의 대형마트 홈플러스 계산원인 이모씨는 2019년 9월 9일 근무 중 고객으로부터 "여기서 일하는 주제에…"라는 폭언과 욕설을 들었다. 고인은 이날 퇴근 후 오후 8시 10분 자택 화장실에서 쓰러졌다가 9월 19일 숨졌다. 58세.

부고 하면, 1851년 9월 18일 창간호부터 주로 유명인의 부고 기사를 실어온 〈뉴욕타임스〉가 유명하다. 《뉴욕타임스 부고 모음집》*이라는 책으로 나오기도 했다.

불과 몇 달 사이에 코로나19 사망자가 10만 명을 넘어섰던 2020년 5월 27일, 〈뉴욕타임스〉는 미국 전역에 실린 부고를 모아 천 명의 부고 기사를 냈다. 피해자는 압도적으로 고령의 노인이 많았고, 의료진도 다수 있었다. 5세 아이부터 108세 할아버

* 윌리엄 맥도널드 엮음, 윤서연 외 옮김, 인간희극, 2019.

지까지, 그 천 명의 부고를 천천히 주의 깊게 읽었다. 기억에 남은 부고를 소개한다.

바삭한 베이컨과 해시브라운을 좋아한 프레드 할아버지(Fred Walter Gray, 75세)

미스터리 소설을 좋아한 페기 할머니(Peggy Rakestraw, 72세)

세 아이의 자랑스러운 싱글맘 루베니아(Louvenia Henderson, 44세)

남편 품에서 사망한 응급실 의사 프랭크(Frank Gabrin, 60세)

여섯 아들의 엄마 노마 할머니(Norma Hoza, 101세)

두 번의 암을 이긴 아자드(Azade Kilic, 69세)

해마다 개학 첫날 손자들에게 노래를 불러준 클라라 할머니(Clara Louise Bennett, 91세)

가족을 부양하기 위해 주로 공장에서 일했던 피터 할아버지(Peter Kafkis, 91세)

아내를 사랑했고 "응, 자기Yes, dear"라는 말을 많이 한 마커스 할아버지(Marcus Edward Cooper Jr., 83세)

아침마다 아이들을 학교에 데려다주던 마리아(Maria Garcia-Rodelo, 52세)

홀로코스트에서 살아남은 마르기트 할머니(Margit Buchhalter Feldman, 90세)

가족 행사에서 막춤으로 악명 높았던 필립 할아버지(Philip A. Scardilli, 91세)

가족을 하나로 묶는 바위 같았던 메리 할머니(Mary E. Mack, 84세)

헌신적인 간호사였던 조세핀(Josephine Tapiru, 56세)

코로나19 환자 치료에 자원한 일반외과의 배리(Barry Webber, 67세)

미시간주 최연소 희생자 스카일라(Skylar Herbert, 5세)

남편을 보내고 이틀도 안 돼 사망한 주디 할머니(Judy Therrian, 80세)

갓난아이를 잃은 엄마 데벨레(Wogene Debele, 43세)

바다 위로 떠오르는 보름달을 좋아했던 노먼 할아버지(Norman Leslie Jenkins, 91세)

누구도 홀로 죽기를 원치 않아 야간근무 중에도 항상 깨어 있던 마거릿 할머니(Margaret Busha, 89세)

바이러스 퇴치를 돕기 위해 뉴욕으로 운전해온 구급대원 폴(Paul Cary, 66세)

마지막 근무일까지 바이러스 감염자들을 위해 일했던 시나(Sheena Renee Comfort Miles, 60세)

전염성 있고 장난스러운 웃음으로 모두가 그리워하는 덜린 할머니(Durlene Clontz Shuffler, 85세)

생애 마지막 말로 "감사합니다"를 남긴 코닐리아 할머니(Cornelia Ann Hunt, 87세)

그중에서도 같은 날 사망한 토미 할아버지(Tommie Brown, 82세)와 도리스 할머니(Doris Brown, 79세)의 부고는, "당신은 곧 여든두 살이 됩니다. 키는 예전보다 6센티미터 줄었고, 몸무게는 겨우

45킬로그램입니다"라는 문장으로 시작하는 프랑스 철학자 앙드레 고르의 《D에게 보낸 편지》(임희근 옮김, 학고재, 2007)를 연상시켰다. 2007년 9월 22일 고르는 "세상은 텅 비었고, 나는 더 살지 않으려네"라는 말을 남기고 죽음을 앞둔 아내 도린과 동반자살 했다. 두 사람은 1947년에 만나 58년을 함께 살았는데, 처음 만난 날 이후 서로가 없는 세상은 단 하루도 살지 않았다.

또 슬펐던 부고는, 헤밍웨이의 여섯 단어 소설 "For sale: Baby shoes. Never worn(아기 신발 팝니다. 신은 적 없어요.)"을 연상시키는 한 청년의 부고였다. "New father(Israel Sauz, 22세)."

질병과 재난, 사고와 범죄는 연령과 성별, 직업과 사회적 지위를 가리지 않는다. 그 무차별적이고 압도적이며, 맹목적이고 격렬한 가해 앞에 우린 속수무책으로 연약하다. 슬프지 않은 죽음이 없지만, 피해자가 이제 막 아빠가 된 스물두 살 청년이라는 사실을 알게 되면, 충격과 슬픔은 걷잡을 수 없이 커진다. 왜 죽었을까? 지병이 있어서? 운이 나빠서? 특이체질이라서? 단 두 마디 부고에는 그 어떤 내용도 없다. 히스패닉계로 보이는 이름과 살인적인 미국의 의료비로 미루어 추측컨대, 돈이 없어 치료를 제대로 못 받았던 건 아닐까?

이스라엘의 부고가 특히 슬픈 이유는, 부고 뒤에 어른거리는 남은 가족 때문이다. 우린 두 마디 부고와 나이만으로도 남겨진 아내와 갓난아이를 떠올린다. 이것이 바로 죽은 이를 기록하는 일이 사회적으로 중요한 이유다. 죽은 이를 통해 남은 사람의 존재를 환기시키고 염려하게 만든다. 나아가 그를 죽게 만든 원인을 궁금하게 한다. 그 원인이 의료와 같은 사회 시스템이라면, 그 체계에서 무엇이 잘못되었는지 따져보게 한다.

이스라엘의 부고를 보고 나 역시 자연스럽게 그의 사연을 검색해봤다. 내가 구글에서 확인한 바에 의하면, 이스라엘은 편의점 직원이었고, 고등학교 영어 수업에서 아내 크리스탈Krystal Sauz Lopez을 만나 2019년 2월 결혼했으며, 사망하기 한 달 전 태어난 딸 조시아Josiah의 아빠였다. 그는 최초 증상 발현 후 여러 차례 병원에 갔으나 격리 지시만 받고 검사가 늦어져 확진과 치료도 늦었는데, 중환자실 입원 후 일주일쯤 되어 상태가 호전되는 듯하다 사망했다. 당시 이스라엘이 살던 오클라호마주의 예방조치는 다른 주에 비해 늦었던 것으로 밝혀졌다.

그의 사후에 유족을 위한 모금운동이 펼쳐졌고, 크라우드펀딩 사이트인 고펀드미Gofundme를 통해 49,438달러가 모금됐다.

우린 모두 수시로 타인의 죽음을 목격하거나 전문傳聞하고, 각자의 자리에서 자기만의 부고를 계속 쓰고 있다는 생각이 든다. 모든 피해의 기억이 중요하지만, 특히 부고가 중요한 이유는 망자는 말할 수 없기 때문이다. 피해자를 기리며 가슴 아프게 쓴 부고야말로 가치 있다.

정인이 사건을 보며 누군가의 죽음을 알리는 일의 중요성을 다시 깨달았다. '생후 16개월 아이가 학대받다 죽었다'는 소식을 제대로 알리지 않았다면, 나아가 그 소식을 들은 많은 이들(기자,

응급실 의사, 부검의, 청원에 동참한 시민들 등)이 '그 아이는 입양아고, 이름은 정인이고, 웃음이 정말 예뻤고, 건강하고 착하고 사랑스러운 아이였으나, 말도 못할 고통 속에서 무참히 죽어갔다'는 각각의 부고를 보태주지 않았더라면, 1심 재판과 같은 결론(살인죄 기소, 무기징역 선고)은 절대 없었을 거다. 오클라호마주 브로큰애로에 살던 스물두 살 청년의 사망 소식은 언제 들어도 안타깝지만, 그 이름 앞에 'New father'라는 두 마디를 덧붙임으로써, 그와 남은 가족에 대한 궁금함과 걱정으로 그 죽음의 질감이 달라졌듯 말이다.

뉴스가 없으면 문제도 없다. 서현이, 정인이, 김용균, 이스라엘의 죽음을 헛되게 하지 않기 위해 가장 먼저 할 일은, 그들의 죽음을 기록하고 알리는 것이다. 사회적 공분도, 적절한 처벌도, 법률과 의료 시스템의 개선도 그 후 뒤따라온다. 4·19혁명이나 6월민주항쟁 같은 역사적 사건도 김주열, 박종철, 이한열의 죽음을 알리고 호명한 사람들의 부고에서 촉발됐다. 부고는 종이에 쓴 묘비이자, 각자의 가슴에 새긴 비명碑銘이다. 학대로 숨진 16개월 입양아, 22세 New father라는 부고는, 절절한 추도사이자 가장 강력한 고발이다.

언젠가 코로나19도 어떤 형태로든 수습되고 세상은 안정을 되찾을 것이다. 그러나 인류가 존재한 이래 범죄는 종식되지 않았다. 코로나19가 외부 바이러스에 의한 공격이라면, 범죄는 인간 DNA에 내재된 특성이다. 코로나19 시대 이후에도 많은 사람이 살해되고, 학대받고, 강간당할 것이다. 인류라는 바이러스가 몰고 오는 범죄의 팬데믹에서 살아가는 우리가 취할 최선의 태도는, 꼼꼼히 기록하고 같이 아파하는 것이다. 그 과정에서 기록과 공감이 소수에게만 집중되도록 해선 안 된다. 그 소수는 반드시 무감해지거나 부서지기 때문이다.

내가 아는 한, 매번 뜨겁게 공감하면서 굳건히 버틸 수 있는 사람은 없다. 고통과 공감은 나눠야 한다. 모두가 함께 아플 순 없다. 그래서도 안 된다. 단, 돌아가며 골고루 아파야 한다.

2장

세상은 매일매일 더 좋아지고 있는가

뷰티풀 보이

광기의 은유에는 두려움과 혐오가 가득 배어 있다.
그 은유들은 인간 사회가 수세기에 걸쳐
정신질환자를 비은유적으로 박해하도록 유도했다.
— 론 파워스, 《내 아들은 조현병입니다》

피고인, 마지막으로 하고 싶은 얘기 있으면 해보십시오.
…모르겠습니다.
뭐라고요?
…아무것도 모르겠습니다.
구치소 안에서 약은 먹습니까?
예.
여기가 어디예요?
모르겠습니다.
왜 여기 와 있어요?
그것도 모르겠습니다.
…변론 종결하겠습니다.

재즈와 펑크를 넘나들며 기막힌 기타 리프를 연주하던 청년 A는 스물한 살 생일을 일주일 앞둔 어느 날 자기 집 창고에서 목을 맸다. 책을 즐겨 읽고 심성이 곱던 스물두 살 B는 칼로 자기 어머니의 가슴과 목을 43회 찔러 살해했다.

A는 퓰리처상 수상 작가이자 《내 아들은 조현병입니다》를 쓴 론 파워스의 둘째 아들 케빈이고, B는 존속살해로 기소되어 징역 7년과 치료감호를 선고받은 사건의 피고인이다. 앞의 대화 내용은 B와 내가 법정에서 나눈 마지막 대화였다.

B의 어머니는 50대 초반의 평범한 가정주부였다. 대기업에 다니는 B의 아버지는 유순한 성향에 자식들이 원하는 건 뭐든 들어주는 사람이었다. 어머니 역시 '아픈 손가락'인 B에 대한 원망이나 포기 없이 '어쩌면 좋나'라며 한탄하는 정도였다. 두 사람은 모범적인 형과 B를 차별하지도, 편애하지도 않았다.

B는 초등학생 때부터 '입냄새가 난다, 답답하다, 행동이 느리다'는 이유로 왕따를 당하며 교실이나 화장실에서 거의 매일 맞았지만, 엄마와 선생님이 걱정할까 봐 아무 말도 하지 않았다. 중학교에서도 왕따였던 B는 중학교 졸업 후 대안학교에 진학했으나, 선배의 말 한 마디에 겁을 먹고 자퇴했다.

이후 B는 수년간 집에 틀어박힌 채 방에서 인터넷 게임을 하거나 게시판에 댓글을 달며 지냈다. B의 부모는 사람을 꺼리고 외출을 거부하는 B를 위해 인적이 뜸한 곳으로 이사도 했다. B

의 아버지는 해외에 근무하며 몇 달에 한 번 집에 왔고, 형 역시 타지에 있는 대학에 진학해 2주에 한 번꼴로 집에 왔다. 이 사건이 있기 전 약 1년 정도 B는 어머니와 단둘이서 생활했다.

B는 중학생 때 우울증과 회피성 성격장애 진단을 받았으나, 자신이 정신과 환자라는 사실을 인정하지 않고 약물치료를 거부했으며 꾸준히 약을 먹이려는 어머니와 지속적인 갈등을 빚어왔다. 평소 겁이 많고 대인기피 증세가 심해 상대의 눈을 똑바로 쳐다보지 못하며 폭력성이라곤 전혀 없던 B는, 이 사건이 일어날 즈음 '모든 문제는 엄마 때문이다'라는 원망의 말을 하곤 했다.

사건이 있기 2주 전 욕설이나 이상한 말을 하며 공격적인 모습을 보이던 B는 사건 당일 억지로 약을 먹이려는 어머니를 살해했다. 사건 직후 칼로 목을 긋고, 베란다 밖으로 뛰어내리려 했으나 두려워서 실제로 하지는 못했다. 112에 자신이 엄마를 죽였다고 신고한 B는 출동한 경찰에게 문을 열어주고 범행을 시인하며 체포됐다.

B는 체포된 후에도 사건에 대해 제대로 진술하지 않고 엉뚱한 얘기를 하긴 했지만, "약을 먹으면 이상해질 것 같았다. 엄마를 죽이지 않으면 내가 죽는다는 생각에 매우 무서웠고, 순간 엄마가 적으로 보이고 배신감이 들어 찔렀다"고 진술했다.

국립법무병원(치료감호소) 정신감정서에 의하면 B는 피해망상, 조종망상, 환청, 현실 판단력 저하 등 정신병적 증상을 뚜렷하게 보이는 조현병 환자로 진단됐다. 정신감정을 한 의사는 "꾸준한

약물치료, 면담치료, 증상 약물 교육 및 병식 교육 등 입원치료 수준의 정신과적 전문 치료가 반드시 필요하며, 완치를 기대하기는 어려우나 지속적인 정신과적 치료로 조현병 증상의 조절과 재발 방지, 사회적 기능 유지를 기대할 수 있다"고 진단했다.

B의 아버지와 이모 등 가족들은 모두 선처를 호소했다. 누구도 B를 탓하거나 원망하지 않았다. B의 아버지가 재판부에 제출한 탄원서의 일부다.

"믿을 수 없는 청천벽력 같은 사고로 제 가슴은 갈기갈기 찢겨졌고, 지옥 한가운데로 내동댕이쳐진 심정입니다. 저는 지금 세상에서 가장 사랑하는 두 사람을 동시에 잃어버린 무능하고 초라하기 짝이 없는 가장으로 서 있습니다. 아직도 이 사고가 믿기지 않습니다. 꿈이길 간절히 바라지만 엄연한 현실이며, 제게는 어떤 희망도 보이지 않는 고통스러운 삶을 짊어지게 했습니다.

제 아들은 어릴 때 항상 밝고 부모님 말 잘 듣는, 저희 부부에게는 정말 소중한 아이였고, 천사 같은 존재였습니다. 중학생이 되면서 말도 잘 하지 않고 학교에 다니기 싫으니 전학을 보내달라고 계속 요구했습니다. 당시에는 단지 공부하기 싫어 투정하는 거라 생각하고 무시했는데 그게 돌이킬 수 없는 실수였습니다. 나중에야 학교폭력으로 학교생활을 많이 힘들어했고 학교에 적응하지 못했다는 것을 알았습니다.

지금까지 엄마와의 관계도 좋았고, 엄마를 많이 의지하며 지냈습니다. 폭력적인 성향을 보이지 않았기 때문에 안이하게 대처한 건 사실입니다. 병원 관계자나 경찰은, 최근에 복용하던 약을 중단하면서 상태가 악화된 걸로 보고 있습니다. 아직까지 정신 상태가 100퍼센트 정상이 아닙니다. 그러나 안정된 상태에서는 자기가 너무나 큰 실수를 저질렀다고, 당시에는 너무 무서워 엄마를 알아보지 못했다고, 엄마가 너무 보고 싶다고 울먹였습니다. 그리고 아빠를 비롯한 가족들에게 자기로 인해 피해가 가지 않았으면, 행복했으면 좋겠다고 얘기했습니다.

제 아들에게 재기할 수 있는 기회를 주시고, 절망의 구덩이에 빠져 허우적거리고 있는 초라하고 못난 이 아비에게는 조금이라도 희망을 느낄 수 있도록 아량을 베풀어주십시오. 제 아내도 하늘나라에서 아들의 큰 실수를 용서하고, 선처를 구할 것입니다."

B의 이모가 재판부에 제출한 탄원서의 일부다.

"선처해달라는 호소를 차마 드릴 수 없음에도 편지를 쓰는 이유는, 항상 언니 옆에 붙어 '엄마, 엄마' 하며 칭얼대던 아이가 자신을 평생 보살펴줄 존재를 스스로 떠나보냄으로써 받게 될 벌과 남은 형부에 대한 안쓰러움 때문입니다. 그리고 무엇보다 언니가 아이를 걱정할 겁니다. 언니는 제가 이 편지를 써서 아이에게 조금이라도 도움이 되길 바랄 거라고 생각하기 때문입니다."

정신질환에 의한 범죄가 심각하다고 생각되어, 부산고등법원 관내 하급심 형사합의재판에서 5년간 처리된 정신질환자 사건을 조사해본 적이 있다. 살인, 강간, 방화, 강도 등 중범죄가 많았고, 조현병과 우울증이 전체 정신질환 범죄의 65퍼센트, 생명침해 범죄의 68퍼센트를 차지했다.

과거에는 정신질환자들이 비이성의 상징이었기 때문에 이들에 대한 탄압과 말살이 정당화됐다. 시설에 강제수용되어 비참한 생활을 하는 것은 물론, 우생학eugenics이라는 이름으로 강제불임을 당하기도 했다. 강제불임은 아주 먼 옛날 일도 아니다. 강제불임화의 선두에 섰던 미국 캘리포니아주는 1979년까지 2만 명을 거세했고, 그 관행은 2014년 9월이 돼서야 금지됐으며,• 우리 모자보건법에도 1998년까지 규정이 있었다.

이후 향정신성 약물의 발견과 정신질환이 개인의 문제가 아니라 현대사회의 심각한 병리현상이라는 인식, 정신질환자 역시 인격을 가진 온전한 인간이라는 생각이 보편화되면서 전 세계적으로 공공의료시설에 수용하던 이들을 사회로 복귀시키는 탈수용화deinstitutionalization 정책이 광범위하고 급속하게 이뤄졌다. 우리 역시 이를 받아들였다. 현재 우리는 정신질환 범죄자의 보호와 치료를 목적으로 하는 치료감호 등에 관한 법률(약칭 치료감호법)과 정신질환자의 사회 내 관리를 위한 정신보건법을 제정하여 운용하고 있다.

탈수용화 정책으로 상주 정신병원이 폐쇄되고, 시민적 자유라

• 론 파워스, 정지인 옮김,《내 아들은 조현병입니다》, 심심, 2019.

는 명분 아래 별다른 대안 없이 수많은 정신질환자가 길거리로 쏟아져나왔지만, 이들을 적절히 치료하고 관리하지 못하면서 많은 정신질환자가 범죄를 저질러 교도소로 가는 실정이다. 이제 구치소와 교도소는 정신질환자들을 내다버리는 쓰레기통이자 거대한 정신병동이 됐다. 보이진 않지만, 아니 보려 하지도 않지만, 우리 주위에는 수많은 정신질환자가 있다. 명목뿐인 인권을 핑계로 국가가 정신질환자를 사실상 방치하고 책임을 방기한다는 문제제기는 전 세계적으로 끊임없이 이어지고 있다.

2019년 뱀파이어라며 어머니를 살해하고 여동생을 살해하려다 미수에 그친 사건이 국민참여재판에 부쳐졌다. 당시 1심 재판부는 배심원 의견(9명 중 6명이 30년, 3명이 22년)을 존중해 징역 30년과 치료감호, 30년간 위치추적 전자장치 부착을 명하는 판결을 선고했다. 피고인 측 항소로 진행된 항소심에서 서울고등법원은 형을 징역 12년으로 대폭 감경했다. 배심원들이 내린 형과 18년이나 차이가 난 셈이다. 진주방화사건 역시 1심에서 국민참여재판으로 진행됐는데, 배심원들은 피고인 측의 심신미약 주장을 배척하고(7대2) 사형을 평결했으며(사형 8, 무기징역 1), 재판부도 사형을 선고했다. 그러나 항소심은 심신미약 주장을 받아들여 무기징역으로 감형했다.

원래 국민참여재판의 경우 배심원들이 내리는 형이 직업법관보다 낮은 경우도 많고, 높다 하더라도 직업법관의 양형과 18년씩이나 차이나는 경우는 찾아보기 어렵다. 정신질환자의 중범죄에 대해서는 국민들과 법관의 양형 사이에 아주 큰 괴리가 있는 셈이다. 이유를 추측해보면 책임능력이나 형벌과 보안처분에 대한 이해 부족, 범행의 잔혹함에 따른 충격과 정신질환에 대한 몰이해, 정신질환을 이유로 한 면책에 대한 심리적 거부감, 정신질환자가 아님에도 정신질환 핑계를 대는 피고인과의 구별 불가, 재범 위험성에 따른 불안감, 조현병 같은 질병 관리에 대한 회의적 시각과 사회안전망 불신 등이 아닐까 싶다. 정신질환자에 대한 이런 견해나 법감정이 완전히 잘못됐다고 보기는 어렵지만, 이들의 범죄를 막으려면 좀 더 깊이 이해해야 할 부분이 있다.

범죄자에게 위법한 행위에 대한 인식이 없거나 적법한 행위를 기대하기 어려운 경우 형벌을 부과할 수 없다는 논리를 책임주의라고 한다. 스스로 통제할 수 없는 상황에 대해 책임지라고 하는 건 범죄자에게도 억울한 일이다.

문제는 책임주의에 충실할 경우 정신질환자의 범죄에 속수무책으로 당할 수밖에 없다는 점이다. 정신이상 항변을 다룬 영화 중 이젠 고전이 돼버린 〈프라이멀 피어〉의 반전이 준 충격은 여전히 강력해서, 정상인이 무죄나 감형을 노리고 정신이상을 연기한다는 의구심은 지금도 보편적으로 받아들여진다. 중범죄자가 정신질환을 주장하면 일단 감형을 위한 쇼라고 보는 경향이 짙다. 비겁하고 쾌씸한 변명이라는 인식은 정신질환 범죄자의 형을 더 높이는 방향으로 작용한다.

과거 미국에서는 '정신이상이므로 무죄not guilty by the reason of insanity'라는 항변이 광범위하게 받아들여졌고, 시민들이 봤을 때는 명백히 유죄로 보이는 사람들이 무죄로 방면되는 경우가 계속 발생해 여론의 공분을 사는 경우가 많았다. 이 때문에 기존의 정신이상 항변을 폐지하지 않으면서도 납득할 수 없는 무죄 판결을 줄이기 위한 방안으로, 정신이상임을 인정하면서도 유죄를 선고할 수 있는 GBMI(guilty but mentally ill) 제도가 등장했다. 우리 역시 아주 심각한 정신질환을 빼고는 무죄를 선고하기보다는 심신미약으로 형을 감경하는 경우가 많다.

이처럼 책임 이상의 형벌을 부과할 수 없다는 책임주의 아래서 책임무능력자로부터 사회를 방위하기 위해 고안된 제도가 치료감호 같은 보안처분이다. 형벌이 기왕의 죗값을 묻는 절차라면, 치료감호는 치료와 범죄예방 등 장래의 위험에 대비한 조치라는 점에서 차이가 있다. 이런 이유로 심신상실로 무죄가 된다 해도 치료가 필요하다면 치료감호를 선고할 수 있는 것이다.

형사재판에서 치료감호재판의 실제 모습은 대체로 이렇다. 검사가 기소 이전이나 재판 도중 법원에 형사처벌과 치료감호를 청구하면, 피고인을 치료감호소(정원 약 천 명 정도로 현재 공주에만 있다. 2015년 경남 창녕의 부곡법무병원에 정원 50명 정도의 사법병동을 추가로 설치했다)로 보내 한 달 정도 관찰하며 정신감정을 받게 한다. 정신감정 결과 심신상실 또는 심신미약으로 판정되면, 법원은 형을 선고하면서 치료감호 여부를 정한다. 심신상실로 무죄가 아닌 이상 B처럼 형벌(징역 7년) 및 치료감호가 부과된다. 치료감호는 형벌보다 먼저 집행되고 감호기간은 형기에 포함된다. 감호 개시 후 6개월마다 감호 종료나 가종료 여부를 심사하는데, 감호가 종료되었음에도 형기가 남아 있다면 교도소로 보낸다.

현재 치료감호 여건은 상상 이상으로 열악하다. 전국에서 정신감정을 의뢰함에도 감호소가 한 군데뿐이라 입소에서 최종감정까지 몇 달이 걸리기도 한다. 코로나19가 확산된 후에는 감정을 위한 송치가 전면 중단되기도 했다.

최근 언론보도에 드러난 치료감호소의 상황을 간단히 정리하면, 부모 혹은 자녀를 살해하거나 소아강간 등 중범죄를 저지른 정신질환자(조현병 환자가 절반 정도다)와 약물중독자 천여 명을 수용하다 보니 병실이 부족해 7~8명을 한방에 몰아넣고 의사 한 명이 환자 170명(일본의 20배)을 관리한다. 결국 밀려드는 정신질환 범죄자들을 감당할 수 없어 매년 살인, 강간 등 중범죄를 저지른 기존 환자 300~400명을 교도소나 사회로 계속 돌려보내고 있는 실정이다. 이런 사정은 정부도 잘 알고 있다. 2012년 법무부는 공주 치료감호소의 포화상태를 미리 예측해 제2치료감호소 신축을 추진한다고 공표했으나, 아직 감감무소식이다.

2020년 서울동부구치소에서 코로나19 집단감염 사태가 발생했을 때 재소자들이 창밖으로 "살려주세요"라고 적힌 종이를 흔드는 장면에서 보았듯, 우리 교정 시스템의 구멍은 정신질환자에만 국한된 문제는 아니다.

한번은 살인사건 피고인이 재판 도중 급성뇌경색으로 의식불명에 빠진 적이 있다. 울산 시내 종합병원에서 치료받는 동안 그를 지키기 위해 교도관 6명이 돌아가며 외근을 했는데, 계속 의식이 돌아오지 않자 안 그래도 인원이 부족한 구치소 측에서 도저히 감당이 안 된다며 구속집행 정지로 석방해달라고 통사정을 했다.

구치소 사정을 잘 아는 입장에서 어지간하면 신병을 풀고 불구속재판을 하려 했으나, 다른 사건도 아니고 살인이라 쉽게 결정하기 어려웠다. 만에 하나 치료 도중 의식이 돌아와 도주하는 상황을 대비하지 않을 수 없었다. 수감 중 중병에 걸린 피고인이나 수형자를 담당하는 의료시설을 수소문했으나 전국적으로 창원 소재 병원 말고는 단 한 군데도 없었다. 고민 끝에 그를 석방하고 창원으로 보내는 결정을 막 하려는데, 갑자기 의식이 돌아와 재판을 마칠 수 있었다.

형사합의재판은 끔찍한 중범죄가 많아 힘들긴 하지만, 사건 수가 많지 않기 때문에 정신감정을 하거나 충실하게 양형조사를 할 여력이 된다. 조마조마한 건 형사단독재판이다. 경미한 범죄로 온 피고인들 중 정신적으로 문제가 있어 보이는 사람이 상당히 많아 놀랄 때가 한두 번이 아니다. 이 단계에서 정신질환자를 조사하고 관리하는 일이 무엇보다 중요하다. 치료감호가 청구되는 합의부 사건이 되면 늦어도 한참 늦다. 합의부로 오면 이미 정신질환자의 부모나 아이, 무고한 시민들이 살해됐을 가능성이 높기 때문이다.

조현병 같은 질환은 진단이 매우 어렵고, 정신질환자들은 대부분 가정이나 시설에서 있는 듯 없는 듯 지내온 사람들이다. 경미하긴 하나 범죄의 형태로 발현된 순간은 사회적으로도 대단히 중요한 지점이다. 어쩌면 이들은 '제가 지금 많이 아파요. 꾹꾹 참아왔지만 이제 저도 도저히 어쩔 수 없어요. 폭발할 것 같아요. 제발 좀 도와주세요'라고 절규하는 중인지도 모른다.

범죄 발생 이전에 이들을 찾아내고 치료하는 게 최선이겠지만, 경미한 범죄로 문제점이 드러난 상태에서라도 즉각적으로 개입해야 한다. 이때는 인권이라는 제한도 문제되지 않는다. 구체적인 범죄가 있기 때문이다. 이 단계에서 당국과 의료진과 지역사회가 연계해 이들의 상태를 면밀히 조사하고, 심각한 질환을 가진 사람을 가려서 치료하거나 격리 조치해야 한다.

그러나 실무에서 치료감호소 정신감정이 아닌 일반 양형조사 절차로 이들의 상태를 정확히 파악하기란 현실 여건상 거의 불가능하다. 정신질환자에 대한 양형조사가 부실한 건 심각한 문제다. 정신질환을 핑계로 감형을 노리는 피고인들을 효과적으로 가릴 수 없게 만들고, 경미한 단계에서 공권력이 조기 개입할 가능성을 봉쇄하기 때문이다. 실제 형사재판을 하다 보면 상당수의 당사자가 정신건강 이상을 주장한다. 소년재판을 할 때는 참 많은 아이가 ADHD라고 주장했다. 정말 치료가 필요하거나 책임능력이 미약한 정신질환자와 정신이 멀쩡하거나 책임능력에 큰 문제가 없는 '나이롱 환자'가 뒤섞여 있는 것이다.

가짜 뉴스가 진실을 덮고, 악화惡貨가 양화良貨를 구축하듯, 가짜 병자가 진짜 병자를 몰아낸다. 준별이 어려우니 정신질환 주장을 가볍게 배척하고, 정상인과 도매금으로 처벌할 가능성이 높아진다. 진짜 정신질환자인지, 정도는 어떤지, 재범 가능성이 있는지 여부를 가릴 여건이 부족하고 그럴 여유도 없다. 정말 난감하다.

정신질환 범죄를 다루며 스스로 한심하다고 느끼는 점은, 내가 정신질환에 대해 너무 무지하다는 것이다. 정확하게 알아야 정확하게 처벌하고 조치할 수 있지만, 나를 포함한 우리 사회의 정신질환에 대한 몰이해, 더 나아가 혐오는 끔찍한 수준이다. 아예 알려고 하지 않을 뿐 아니라 중범죄에 있어서만큼은 정신질환 자체를 인정조차 하지 않으려 한다. 이는 부인주의denialism에 가깝다. 정신의학자 존 에드워즈는 론 파워스에게 "사람들은 정신질환을 두려워하고, 그래서 이것이 존재한다는 사실을 부인함으로써 그 존재를 없애버리고 싶어 하는 겁니다"라고 말했다.●

코끼리를 냉장고에 넣는 방법은 간단하다. 냉장고 문을 열어 코끼리를 넣고 문을 닫으면 끝이다. 부끄럽거나 두렵거나 혐오스러운 걸 없애는 방법 역시 어렵지 않다. 그것들을 장롱 속에 깊숙이

● 《내 아들은 조현병입니다》26쪽

넣은 다음 잊어버리면 된다. "고개를 돌리면 마음도 돌아간다."•

자식 자랑은 팔불출이라지만, 성공한 자식만큼 인생의 희열도 없다. 판사들도 그렇다. 아무리 고등 부장판사나 법원장으로 성공했어도 자식이 신통찮으면, 지방 부장판사가 침이 마르게 사법연수원에 들어간 자식 자랑할 때 슬그머니 자리를 뜬다. 그에게 못난 자식은 장롱 속 어딘가에 있다. 1988년 서울올림픽 당시 전국 각지에서 사시사철 성업 중이던 사철탕집이 한 번에 사라진 것도 비슷한 예다. 숨기고 외면한다고 정신질환자가, 못난 자식이, 보신탕집이 없어지진 않는다.

사태 해결은 너무나 당연하게도 현실의 직시에서 시작된다. 다만 그 시선에 온기가 더해져야 한다. 냉혹한 직시는 사태를 훨씬 더 악화시킨다. 전미 정신질환자 가족연합의 창시자 중 한 명이자 조현병을 앓는 아들을 둔 어머니, 이브 올리펀트의 말이다. "백혈병에 걸린 자녀를 둔 부모는 동정과 이해를 받는데, 조현병에 걸린 아이를 둔 부모는 왜 경멸과 저주에 찬 비난을 받아야 하는지 이해할 수 없습니다."••

정신질환 범죄를 냉정하고 이성적으로 보기 어렵게 만드는 근본적인 원인은 뿌리 깊은 혐오와 공포다. 그러나 범죄라는 측면에서만 놓고 본다면, 이는 말도 안 되는 편견이다. 일반인 또는 정

- • 켄 가이어, 윤종석 옮김,《영혼의 창》, 두란노, 2010.
- •• 《내 아들은 조현병입니다》 355쪽

상인에 의한 범죄가 압도적으로 많다. 잔혹범죄도 마찬가지다. 전체 범죄의 99.5퍼센트가 정상인들에 의해 벌어진다는 명확한 통계가 있다.

미국 내 비영리기관인 정신건강가족미션Mental Health Family Mission의 김영철 소장은 정신과 의사들과 함께 20~30대 청년 질환자들을 주로 돕고 있다. 1996년 파송 선교사로 미국에 간 그는 여동생 두 명이 조현병을 앓은 것을 계기로 뇌질환자와 그 가족을 돌보는 일을 시작했다. 그 경험을 기초로 《죽고 싶은데 살고 싶다》(바른북스, 2019)라는 책을 쓰기도 했다.

그는 언론 인터뷰에서 "OECD 자문관인 수전 오코너 박사는 한국인의 정신건강 의료시스템 조사보고서에서 '한국 사회 전체에 정신적 고통이 만연하다. 한국은 세계 최고의 정신질환자를 양산해내는 학교'라고 지적했다. 통계에 의하면 미국의 한인 사회 자살률은 타 인종의 4배 수준이다. 유교 500년의 체면문화가 태평양 건너까지 이어져 '자식이 아프면 집안의 수치'라는 인식으로 자리 잡아, 유독 한국인들이 정신질환을 감추려 드는 경향이 강하다"고 했다.

그가 한 또 다른 말이다. "정신질환은 착하고 똑똑한 청년들이 많이 걸립니다. 남에게 스트레스나 미움, 분노 등을 풀어내지 못하고 자신이 다 감당하고 참고 지내다 뇌기능장애가 오는 겁니다. 악한 사람들은 정신질환에 걸리지 않아요. 악한 사람들은 순수한 사람들에게 그 스트레스를 다 떠넘겨 병들게 하고 자신들은 살아남죠."

  정신질환 중에서도 조현병은 진단과 치료가 어려워 정신질환의 암으로 불린다. 극적으로 발현될 경우 중범죄로 이어지는 경향이 많아 가장 이해가 필요한 질환이다. 조현병은 여러 유형으로 나타나며 단일 질병이 아닌, 공통적 특징을 지닌 몇 가지 질병으로 이뤄진 '질병군'으로 파악되고 있다. 뇌이상에 의해 발생하는 뇌질환으로서 후천적 요인이 촉발하는 것으로도 알려져 있다. 유전적 이상이 있다고 해도 환경적 조건에 자극되지만 않으면 조현병이 발병할 가능성은 상당히 낮다.

  조현병을 일으키는 가장 큰 요인은 스트레스다. 태아기와 아동기 초기 그리고 청소년기에 받은 스트레스가 특히 큰 영향을 미친다. 뇌가 끊임없이 스스로를 재편성하느라 각종 혼란에 가장 취약한 시기이기 때문이다.• 우리나라에도 약 50만 명 정도가 현재 환자거나 앞으로 환자가 될 가능성이 있다고 추정된다. 4인 가족을 기준으로 치면 조현병 가족이 200만 명에 달한다는 말이다. 남자 환자는 10대 후반에서 20대 초반, 여자 환자는 20대 중반에서 30대 초반에 첫 증상이 시작되는 경우가 많다. 사춘기 이전에 발병하는 경우는 상당히 드물다.

  조현병 환자가 특히 위험한 이유는 '질병인식불능증anosognosia'

- 《내 아들은 조현병입니다》 60쪽

때문이다. 스스로 병에 걸렸음을 인식하지 못하는 이 증상은 조현병 환자의 50퍼센트, 양극성장애(조울증) 환자의 40퍼센트가 겪는다. 질병인식불능증 때문에 투약을 권유하는 가족을 대상으로 대부분의 범행이 발생한다. 물론 치료는 가능하다. 약물과 의료기술의 발달로 현재 어지간한 암조차 만성질병으로 여겨지듯, 질병을 스스로 인정하고 적절한 복약만 한다면 조현병 역시 관리가 가능한 질환으로 인식되고 있다.

대다수 정신질환자가 단 한 번의 촉발로 즉시 심각한 범행을 저지르지는 않는다는 점 역시 시사하는 바가 크다. 모든 일에는 전조나 계기가 있기 마련이다. 영화 〈조커〉를 보면, 연약한 애벌레인 아서가 화려하고 거대한 나방인 조커로 변이되는 지점이 몇 군데 있다. 지하철에서 자신을 이유 없이 폭행하는 남자들을 우발적으로 사살하는 순간, 유일하게 의지했던 어머니가 자신을 학대했다는 서류를 본 순간, 흠모하는 코미디언 머레이의 본심을 알고 모욕당했다고 느끼는 순간 등이다. 아서 같은 심각한 정신질환자도 단 한 번의 상황으로 격발되지 않는다.

설령 그런 일이 있었더라도 반드시 조커가 되는 것도 아니다. 상담사가 한 번이라도 아서의 말을 진지하게 들어줬다면, 사장과 동료들이 조금만 더 배려했더라면 우리가 아는 조커는 존재하지 않았을지도 모른다. 조커 이전의 아서는 그저 비쩍 마르고 연약하며 아픈 사람이었을 뿐이다. 전조를 보일 때 막아야 한다.

오늘도 형사합의법정에는 광대분장을 하고 입이 찢어져라 웃고 있는 조커들이 있다. 그 옆 형사단독법정은 슬픈 눈을 한 채 '하하하하' 괴롭게 웃고 있는 수많은 아서로 붐빈다.

정신질환자 범죄를 수없이 봤지만 B 사건은 나조차 힘들었다. 최후진술은 특히 충격적이었다. 판결문을 쓰는 내내 B 어머니의 고통과 남은 가족들이 계속 떠올랐다. 아래는 이런저런 상념에 젖어 힘겹게 쓴 양형 이유의 일부다.

우리 사회가 B와 같은 이들을 가족에게만 맡겨두지 않고, 좀 더 세심하게 주의를 기울이고 함께 관리했더라면, 이 참혹한 결과를 막을 수도 있지 않았을까 하는 때늦은 안타까움을 떨쳐버릴 수 없다. B는 어머니를 살해한 잔혹한 살인자인 동시에, 어쩌면 스스로 통제할 수 없는 정신질환으로 누구보다 자신을 사랑하고 보호해준 어머니를 잃은 피해자일지도 모른다. 남은 가족들 역시 사랑하는 아내이자 언니를 잃은 피해자인 동시에, 살인자의 아빠와 이모이기도 하다.

합리적 이성과 자유의지를 전제로 형벌을 부과하는 전통적인 형사법체계는, B와 같이 자기가 무슨 일 때문에, 어디 있는지조차 정확히 인지하는 못하는, 책임능력의 경계에 선 사람들에게 무력할 수밖에 없다. 가해와 피해, 현실과 망상의 경계가 모호한 B 같은 사람들에게 형벌은 그 지향을 잃는다. 정신질환자 개인의 인권보호는 아무리 강조해도 지나치지 않지만, 인권만을 강조한 나머지 이들을 방임하는 결과를 초래하는 것 역시 무책임한 처사임을 잊으면 안 된다. 무엇보다 먼저, 정신질환자에 대한 편견과 혐오, 공포심을 극복해야 한다. 정신질환자를 미치광이라 부르고, 악마시하고, 인간실격을 선언하며 사회에서 도려내 폐기해야 할 불량인간으로 취급하던 시대는 지났다.

 그럼에도 이들은 여전히 주변의 혐오를 피해 병을 숨기고 집 안으로 숨는다. 사회적 편견과 무관심, 경제적 곤궁과 전문시설의 부족으로 이들은 대부분 가정 내에서 방치되다시피 하는 것이 우리 현실이다. 경제적으로 안정적이며 보호의지와 능력과 사랑을 모두 갖춘 B의 부모조차 자식의 정신질환을 제대로 관리할 수 없는 지경이라면, 이에 미치지 못하는 상당수 정신질환자 가족의 관리 실태가 어떤 수준일지 심히 걱정스럽다.

 정신질환자 범죄 전체를 놓고 보면 피해자의 대부분은 불특정 다수가 아닌 가장 가까운 주변 가족들이다. 묻지마 범행은 미미하다. 급격하게 폭력성이 발현되는 대부분의 경우도 약을 억지로 먹이는 과정에서 발생한다. 범행의 예측 불가능함과 잔혹함 때문에 이들에 대해 혐오와 두려움을 느끼는 게 자연스러운 감정일 수는 있다. 그러나 두렵다고 도외시하고 덮어둬서는 문제 해결이라는 목표에 한 발짝도 다가갈 수 없다. 공포는 그 실체를 외면하는 순간 걷잡을 수 없이 증폭된다. 두렵고 불편하더라도 눈을 뜨고 고개를 돌려 그 두려움의 실체를 직시해야 한다. 막연한 공포는 실체를 정확히 확인하는 순간 급감한다.

이런 끔찍한 범행이 발생할 때마다 우리는 크게 놀라지만, 정말 놀라운 건 범행의 원인 및 대책에 대한 기억과 고민은 순식간에 휘발되고 정신질환자에 대한 공포와 혐오의 감정만 남아 차곡차곡 쌓인다는 사실이다.

정말 공포스러운 건 정신질환자가 아니라, 우리의 놀라운 망각과 불감, 무관심과 외면이다. 한없이 자애로웠던 한 어머니가, 자신의 집에서 사랑하는 아들이 휘두른 칼에 무참히 쓰러졌다. 판결문을 쓰는 내내, 가해자도 피해자도 모호할 뿐 아니라, 참혹한 결과를 돌이킬 수 없다는 점을 생각하면, 이런 사건에서의 진정한 피해 회복이란 과연 무엇일까, 의문이 들었다.

B를 누구보다 사랑했던 피해자를 생각하면, B의 아버지와 이모가 탄원서에 썼던 것처럼, 극심한 고통 속에서 비통하게 숨을 거둘 때까지 그가 진정으로 원했던 건 남은 가족들이나 자신 같은 처지에 있는 다른 정신질환자 가족들을 위해, 무엇보다 자신의 사랑하는 아들을 위해, 우리 사회가 이들을 치료하고 사회 구성원으로 품어주는 것 아니었을까 하는 생각이 든다. 어쩌면 이것이야말로 애통하게 숨져간 피해자의 마지막 소원이고, 이것이야말로 그의 넋을 달래는 유일한 피해 회복일 것이다.

그렇다면 결국 이 사건에서 피해 회복의 책임은 혐오와 편견, 공포로 이들을 외면해온 우리에게 있다. 조현병을 가진 두 아들의 아버지이자, 둘째 아들 케빈의 자살을 끝내 막을 수 없었던 론 파워스는《내 아들은 조현병입니다》에서, 조현병 환자 가족의 애끓는 심정을 토로하며 이렇게 말했다. "미친 사람한테는 아무도 신경쓰지 않습니다No one cares about crazy people." 그의 말을 다시 빌리자면, 어쩌면 정신질환이라는 이 무서운 질병에 눈감고 외면하는 우리야말로 '질병인식불능증' 환자들일지도 모른다.

전도유망한 청년이, 사랑 넘치던 어머니가 갑자기 정신질환자가 되어 부모와 아이들을 살해하고, 길 가는 낯선 사람을 해치고, 스스로 목숨을 끊는 사건을 수없이 목도한다. 말로 다 형용할 수 없는 참혹하고 안타까운 이 사건을 앞에 두고, 조현병으로 대표되는 정신질환자에 대한 사회적 관심이 다시 한번 촉발되길 바란다. 조현병을 가진 자식을 둔 부모가 '내 아이는 조현병입니다'라고 당당히 밝히며 적극적으로 도움을 청할 수 있는 사회, 그 요청에 귀 기울이고 함께 걱정해주는 사회가 되길 간절히 희망한다. 누구도 신경쓰지 않는 그 '미친 사람'이 바로, 내 아이일 수도 있다.

판결문 작성을 마치고 기록을 덮었다. 기록 위로 B의 흐리멍덩하게 초점 잃은 눈이 떠오른다. 이제 그가 묻고, 내가 답한다.

당신은 이런 사건을 엄벌해야 한다고 생각합니까?
모르겠습니다.
치료감호소나 국가가 제 가족보다 저를 더 잘 치료할 수 있다고 생각합니까?
글쎄요, 잘 모르겠습니다만 아마 그렇지 않을 것 같습니다.

당신은 제가 보는 세상을 이해할 수 있습니까?

조금도 이해할 수 없습니다.

저 같은 정신질환자를 위해 우리 사회가 더 나은 방향으로 가고 있다고 믿습니까?

모르겠습니다. 저 역시 아무것도 모르겠습니다.

B 사건을 처리하는 내내 케빈과 내 아들들과, 론 파워스와 B의 아버지와, 세상의 모든 어린아이와 부모의 모습이 어지럽게 떠올랐다.

나는 턴테이블에 존 레논의 앨범을 걸고, 아들을 조심스레 안 아올린 채 빙글빙글 춤추던 밤을 잊지 못한다. 아주 오래전이고 아들이 많이 어렸던 건 확실하지만 정확히 언제였는지는 잊어버렸다. 별빛이 포근했는지, 비가 왔는지, 바람이 세찼는지 기억나지 않는다. 그리 중요하지도 않다. 그러나 세월이 아무리 흘러도, 까르르 웃는 아들을 안고 사랑과 기쁨으로 가슴 터질 것 같던 그 느낌만큼은 부조浮彫처럼 선명하다.

어린 아들이 그리울 때면 나는 다시 젊은 아빠가 되어 가슴을 열고 또렷이 각인된 그 밤의 돋을새김을 어루만지고 또 쓰다듬는다. 그러면 귓가에는 어김없이 마치 오르골처럼 존 레논의 목소리가 흐르고, 내 가슴엔 벅찬 기쁨이 차오른다. 동시에 그땐 느끼지 못했던 슬픔이 예리하게 가슴을 찢으며 배어나온다.

Close your eyes Have no fear
눈을 감으렴, 무서워하지 말고
The monster's gone He's on the run and your daddy's here
괴물은 도망갔어, 아빠가 여기 있잖아
Beautiful, beautiful, beautiful, Beautiful boy
아름다운 아들아
Before you go to sleep Say a little prayer
잠들기 전에 짧은 기도라도 올리렴
Every day in every way It's getting better and better
매일 모든 면에서 점점 더 좋아질 거야
Beautiful, beautiful, beautiful, Beautiful boy
아름다운 아들아●

아름다운 아이들이 있었다. 그 어여쁜 아이들은 지금 어디에 있나. 케빈은, B는 어디로 갔나. 아이를 안고 행복해하던 젊은 엄마는, 아빠는 또 어디로 사라졌나. 괴물은 가고 늙은 아버지만 덩그러니 홀로 남겨진 여기 이 자리에서, 세상은 매일매일 더 좋아지고 있는가.

- 존 레논, 〈뷰티풀 보이Beautiful Boy〉

처음 듣는 말

> 환대해주셔서 고맙습니다.
> ― 서현숙, 《소년을 읽다》

해마다 2월 하순이면 천 명에 가까운 판사들이 법원을 옮긴다. 정기인사다. 한 법원에 2~4년쯤 근무하면 전보 발령이 난다.

코로나19 이전에는 이임식이 필수 행사였다. 모두 잠시 하던 일을 멈추고 법원 청사 현관 앞에 모이면 떠나는 판사들이 돌아가며 짧게 소감을 말한다. 대부분 '그동안 고마웠다', '베풀어준 친절에 감사하다', '이곳에서의 추억은 잊지 못할 것 같다' 등 뻔한 인사말을 한 후 의전차량에 탑승해 법원을 떠난다. 남은 사람들은 차가 사라질 때까지 손을 흔들며 배웅한다.

차는 법원 밖으로 잠시 나갔다 되돌아온다. 의전차량을 타고 떠나는 것까지가 이임식 행사 시나리오다. 진짜 법원을 떠나는 건 각자 알아서 한다.

나도 법원을 여러 번 옮겼기 때문에 이임식이 익숙한데 유독 특이한 이임식이 있었다. 가정법원 이임식이었다. 분위기가 무겁다못해 초상집을 방불케 했다. 떠나는 사람은 소감을 말하며 울먹이고, 남는 사람은 자꾸 고개를 들어 하늘을 봤다. 그들은 무엇이 그렇게 슬펐을까.

1년 6개월의 짧은 근무를 마치고 가정법원을 떠날 때, 앞서 떠난 사람들의 심정을 이해할 수 있었다. 미안함이었다. 전쟁터에 전우를 남겨두고 혼자 도망치는 느낌이라고 할까. 남은 판사들도 곧 떠날 터였으므로 우리가 정작 미안해한 대상은 아이들이었다. 인사희망원의 희망근무지처럼 판사들의 삶은 대개 희망을 따라 흘러갔던 데 반해, 태어날 때부터 입력된 아이들의 비참하고 불공평한 삶의 궤도는 징글징글하게도 이탈을 허용하지 않았다. 떠날 수 없는 아이들만 사지에 내버려두고 왔다는 찜찜함은 그 후로도 한참 동안 지워지지 않았다.

세월은 모든 기억을 윤색시키고, 힘든 시절조차 코티분 냄새 같은 아련한 추억으로 치장한다. 하지만 흉악한 소년범에 대한 뉴스라도 들리는 날이면, 가슴 깊숙이 박힌 가시가 여지없이 몸을 세우며 묻는다. '아이들이 궁금하지 않아?' 어느새 팔이 묵직해지고, 발밑이 푹 꺼진다. '그래, 그때 우리는 양팔 가득 아이들을 끌어안고 어떻게든 늪에서 기어나오려고 발버둥을 쳤었지.'

밤늦은 퇴근길, 공터에 오토바이를 세워놓고 삼삼오오 담배 피우는 아이들을 보면, 내가 남겨두고 온 아이들이 무사히 늪에서 빠져나와 희망근무지를 전전하는 우리처럼 생의 거처를 옮졌을까 궁금해진다. 아이들 주위를 혜성처럼 스쳐갔던 판사들, 아이들의 인력에 사로잡혀 끝내 헤어나오지 못하던 수많은 사람의 안부 역시.

2011년 여름부터 2013년 봄까지 내가 소년부에서 했던 일은 재판과 후견 업무였다. 재판은 아이들의 환경에 대한 조사보고서를 꼼꼼히 검토한 다음, 소년법에 정해진 열 가지 보호처분 중 아이에게 가장 적절한 처분을 선택해서 부과하는 절차다. 후견 업무는 보호처분 집행에 관련된 부수 업무들, 예컨대 부모교육, 1박 2일 캠프, 사법형 그룹홈이라 불리는 쉼터나 소년원 등에 대한 감독과 지원, 소년부와 연계하는 단체나 기관과의 협력 등이 주요 내용이었다.

비행이 반복되고 정도가 심각해 격리가 필요한 아이들을 보내는 시설은 소년원과 6호시설이 대표적이다. 소년원은 법무부 소속 특수교육기관이라 대외적으로는 학교라는 명칭을 쓴다. 소년법상 짧으면 한 달(8호처분), 길면 2년(10호처분)까지 처분할 수 있다. 6호시설은 소년법에 따라 '6호처분'을 받은 아이들을 6개월간 격리시키는 민간시설이다. 20명 이상 수용할 수 있고, 규모가 크면 150명까지 수용하기도 한다. 주로 비행이 상습화되지 않았거나 가정이 제 기능을 하지 못하는 아이들이 간다.

각급 법원이 지정한 6호시설은 전국에 여덟 곳이 있는데, 남자 6호시설은 대전 이남에 단 한 군데도 없다. 그래서 부산의 6호

아이들도 대전으로 가야 했다. 소년부에 있을 때 부산에 남자 6호 시설을 지어보려고 부산시와 기업인, 종교단체 관계자 등을 만나 설득하며 무던히도 애를 썼지만 결국 실패했다. 부지 구입과 건축에 많은 돈이 들어 쉽지 않은 사업이었다. 아쉽다.

가정으로 돌아가도 돌봐줄 사람이 없는 소년범 중 비행이 경미해 격리할 필요가 없는 아이들은 가정위탁 형태로 운영되는 사법형 그룹홈으로 보낸다. 흔히 센터나 쉼터라 부른다. 6호시설의 수용 인원이 턱없이 부족해 6호처분을 보완하는 기능도 한다. 10명 안팎의 아이들이 비교적 자유롭게 생활하는 사법형 그룹홈은 대안가정의 모습을 띠므로, 제대로 운용될 경우 가장 이상적인 보호 형태라 할 수 있다. 과거에 비해 여건이 많이 좋아졌지만 여전히 많은 아이를 수용하기에는 크게 부족하고, 재정적으로 어려운 곳이 많다.

소년재판을 받는 아이들의 최대 관심사는 당연히 소년원으로 가느냐다. 아이들에게 소년원 송치, 특히 10호처분은 공포의 대상이다. 한창 에너지가 넘치는 아이들에게 자유를 잃는다는 것은 자신이 알던 모든 세계가 한순간에 사라지는 악몽이다.

아이들이 결사적으로 소년원에 가지 않으려는 데는 소년원의 열악한 사정도 한몫한다. 내가 초등학교에 다닐 때 집에서 멀지 않은 곳에 '대구 소년감별소'가 있었다. 당시 나는 그곳이 무슨 일을 하는 곳인지 몰랐지만 엄청 무서운 곳이라는 것은 알았다.

해가 지고 사위가 조용해지면 간간이 비명소리가 들렸기 때문이다. 병아리 암수를 감별하는 것도 아니고 소년을 감별하다니, 명칭에 이미 비행청소년에 대한 혐오가 잔뜩 묻어 있다.

그 후 이 명칭은 소년분류심사원으로 바뀌었다. 분류심사원은 성인범으로 치면 미결수가 머무는 구치소 같은 곳이다. 아이들은 '미결' 상태로 2주에서 최대 2개월까지 심사원에 머문다. 이곳에서 작성한 보고서를 토대로 소년부 판사가 최종처분을 내리면, 풀려나거나 소년원으로 가는 것이다.

기관들의 과밀수용 문제는 심각하지만, 분류심사원은 그마저도 전국에 딱 한 곳뿐이다. 결국 나머지는 소년원에서 분류심사 업무를 위탁받아 하는데, 이런 방식은 아직 처분 결정이 나지 않은 아이를 소년원에서 같이 생활하게 하기 때문에 모두에게 좋지 않다.

소년부 판사 시절 소년원에 처음 감독을 나갔을 때, 아이들은 바글바글한데 선생님으로 불리는 보호직 공무원의 수가 너무 적어 크게 놀랐다. 아무리 소년들이라도 덩치가 산만 한데, 여럿이서 힘으로 밀어붙이면 제압하기 어려워 보였다. 소수 인원이 위험을 무릅쓰고 악전고투하는 상황이었다. 지금은 사정이 좀 나아졌을까? 다음은 대전소년원에 근무 중인 어느 선생님의 분투기다. 2019년 11월 대한민국 소년원의 모습이다.

지난 달 말, 소년원의 한 끼 급식비가 1,803원으로 중학교 한 끼

급식비의 절반에도 미치지 못한다는 언론보도가 있었다. ……성장기 청소년들에게 충분한 영양을 공급하기 어려우니, 제대로 된 균형 잡힌 식단을 제공하기 위해 처우를 개선하자는 게 기사의 요지였다. 이 기사에 대한 여론의 반응은 범죄를 저지른 아이들에게는 그조차도 과분하다는 냉소적·비판적 견해가 대부분이었다. ……소외 계층에 대한 사회적 관심이 절실하지만 소년원 급식비 정도의 이슈는 대중의 관심과 획기적인 예산 지원을 기대하기 힘들다. ……대전소년원 내 산자락에 원예치료와 힐링 산책을 위한 심신수련장과 힐링 숲이 있어 땔감을 구하기 쉽다. 고구마를 구워먹으면 아이들 간식을 해결할 수 있겠다는 아이디어가 섬광처럼 스쳐 지나갔다. ……스스로가 대견스러운 발상에 취해 그날 바로 드럼통을 재활용해서 제작한 추억의 군고구마통을 거금(?) 30만 원 자비를 들여 구입했다. ……마침내 장작이 타닥타닥 타들어가는 소리와 함께 불길이 고구마통 안에 용광로처럼 솟아올랐다. 현우와 용수는 황홀한 표정을 지으며 불꽃이 너무 아름답다고 말했다.

죄지은 아이들은 일반 아이들보다 밥도 영양가 없고 맛없는 걸 먹여야 한다는 게 댓글 내용이라니, 너무한 것 아닌가. 그나마 2021년에는 급식비가 2,080원까지 올랐지만, 그래봐야 277원 인상이다. 비엔나소시지 2개, 계란 1개 값이라도 되려나 모르겠다. 지금도 소년원 아이들은 먹을 반찬이 부족해 허기를 채우려 쌀밥만 고봉으로 먹어 2~3주 만에 탄수화물 비만이 되기 쉽고,

우유도 일주일에 하나만 먹을 수 있어 소년원 영양사가 아이들의 골다공증을 염려하는 실정이라고 한다. 정말 너무들 한다. 밥뿐만이 아니다. "분류심사원을 포함해 소년원 열한 곳을 답사했는데 거실 벽지가 온전한 곳이 없었다. 상태가 멀쩡한 책도 부족했다. 소년원에는 도서관도, 도서 구입 예산도 없는 실정이다."•

밥도 부실해, 읽을 책도 별로 없어, 잠도 편하게 못 자, 운동도 마음대로 못해… 이런 환경에 아이들을 몰아넣고 재사회화가 안 된다고, '싹수가 노랗다', '거봐라, 사람 고쳐쓰는 거 아니다', '처음부터 교도소로 처넣어야 한다'고 말할 수 있나. 정말 염치도 없다.

소년재판은 사건 수가 엄청나긴 하지만(전국적으로 20~30명 법관이 약 34,000여 명의 소년재판을 진행한다. 소년부 판사 1인당 연평균 처리 건수는 1,300명꼴로, 일반법관 사건 수의 2배 이상이다) 업무 범위가 명확한 데 반해, 후견 업무는 업무가 고정된 것이 아니고 변동이 많아, 판사가 마음먹기에 따라서는 끝이 없다.

내가 해본 후견 업무 중 법무부 비행예방센터와 공동으로 실시한 캠프가 기억에 남는다. 재판 전에 희망가정을 뽑아 1박 2일 캠프를 실시하고, 성실히 잘 마치면 선처해주는 제도다. 프로그

• 이근아 외, "소년법을 다시 써야 하는 이유… '보호처분은, 보호도 교화도 할 수 없다'", 〈서울신문〉, 2020. 11. 25.

램은 마음열기(레크리에이션), 가족공감한마당(골든벨, 세족식), 마음 나누기(가족의 성격유형 알기, 긍정적 대화법 배우기), 감동나누기(댄스, 난타 연습 및 공연), 소통하기(도미노게임) 등으로 진행됐다.

캠프가 끝난 후 감상문을 보면, 아이와 부모가 서로의 발을 씻겨주는 세족식 얘기가 가장 많았다. 발을 씻기다 엄청 운다고 한다. 한 아이의 후기다. "이곳에 오지 않았더라면 부모님 발을 씻겨드리는 일은 없었을 겁니다. 부모님의 앙증맞은 댄스도 평생 못 봤을 겁니다. 언제 부모님께 울면서 사랑한다고 말해보겠습니까."

비행청소년이라고 다 같은 처지가 아니다. 온 가족이 캠프에 참가할 정도의 여유나 유대관계가 있는 가정은 극소수다. 가정형편이 어렵고 부모가 보호능력이 없어 범죄로 내몰린 아이들은, 환경이 좋은 아이들에 비해 범죄 에너지가 더 많다고 할 수 없음에도 소년원으로 갈 확률은 훨씬 높다.

소년재판의 속성상 어쩔 수 없는 결과이기는 하나, 공범으로 같이 왔는데 어떤 아이는 소년원으로 보내고 어떤 아이는 집으로 보낼 때, 소년원으로 가는 아이 눈을 쳐다보기 힘들었다. 같은 죄, 다른 처분을 아이들이 이해할 수 있도록 설명할 방법이 없었다. 아이들이 소년원으로 가며 우는 이유가 무서워서가 아니라, 제 처지가 서러워서라는 걸 그때 알았다.

한번은 부모가 있지만 보호가 전혀 안 되는 열네 살짜리 여자아이를 6호시설로 보낸 적이 있다. 나이에 비해 덩치가 작지만 아주 당돌하고 똘망똘망한 아이였다. 비행 내용도 주로 갈취와 폭행이었다.

감독차 쉼터에 갔을 때, 대부분의 아이들은 나와 멀찍이 떨어져 데면데면한데, 이 아이는 내 팔에 찰싹 감겨 계속 따지며 물었다. "판사님, 저는 엄마가 있는데, 왜 이리 보내셨어요, 왜요?" '너네 엄마는 알코올중독자라 매일 술만 드시고 잔소리하며 널 때리잖아. 엄마는 널 돌봐줄 분이 아니잖아'라고 대놓고 말할 수도 없고… 참 난처했다. 그 아이는 쉼터에는 엄마 없는 애들만 온다고 생각했고, 자신을 쉼터로 보낸 나를 끝까지 이해할 수 없다는 표정이었다. 나는 그 아이를 피해 도망치듯 나왔다.

판사 생활 내내 그런 질문에 시달린다. 아이들과 피고인들이 따지는 소리가 환청처럼 귓가에 맴돈다. '판사님, 절 왜 이리 보냈어요? 전 엄마가 있는데, 같이 사고 쳤는데 왜 저만 소년원에 가요?' '판사님, 제가 고아라서 소년원 가는 건가요?' 아이들도 다 안다, 불공평하다는 걸. 아이들은 처음 몇 번은 자신의 처지에 저항하고 억울해하지만 결국은 체념하고 적응한다. 정작 나는 아이들의 그 재빠른 순응과 체념에 적응하지 못하고 늘 화가 치밀었다.

어느 날은 서울가정법원에서 실시하는 청소년참여법정을 전국적으로 확대실시하라는 방침이 내려왔다. 새롭게 등장하는 후견 업무는 소년부 판사의 업무를 가중시키고, 때로 고민에 빠뜨린다. 청소년참여법정은 미국의 청소년법정(Teen Court, Youth

Court)을 본뜬 제도인데, 또래 아이들(참여인단)이 비행청소년의 재판에 참여해 적절한 과제를 부과하고, 비행청소년이 그 과제를 잘 수행하면 처벌하지 않게 하는 제도다.

나는 처음부터 이 제도가 위화감과 상실감을 초래할 가능성이 크다고 보고, 여러 핑계를 대며 실시하지 않았다. 지금도 그 생각에는 변함이 없다. 소년원 아이들과 함께 책읽기를 한 이야기를 담은 서현숙 국어 교사의 책 《소년을 읽다》(사계절, 2021)에는, 시 암송을 녹음해주겠다는 저자의 말에 한 소년이 싫다고 거부하는 장면이 나온다. 그 아이의 말이다. "싫어요, 샘. 이런 데서 살았다는 흔적 어디에도 남기고 싶지 않아요." 아무리 불량스러운 아이들이더라도 수치심과 모욕감을 느낀다. 소년재판의 심리를 비공개로 하는 이유다.

가정법원이 일반법원과 또 다른 점은 전문법관이 있다는 것이다. 전국으로 순환근무를 하는 대신 특정 지역 가정법원에서만 4~5년 근무하는 제도다. 특별한 관심이나 사명감으로 지원하는 경우도 있겠지만, 그 지역을 떠나지 않으려고 지원하기도 한다. 어떤 경위로 가정법원에 왔든 이혼가정과 비행청소년의 실상과 우리 사회의 한심스러운 대처를 보면, 일반재판을 할 때와는 근무하는 마음가짐과 태도가 다를 수밖에 없다.

2019년 울산지방법원에 근무할 때 일이다. 울산가정법원 소속 부장판사와 점심을 먹었다. 이 판사는 소년재판을 담당할 때

본드 제조공장을 찾아다니며 환각 성분인 톨루엔을 사용하지 말 것을 권유하는 등 열정적으로 재판에 임한 분이다. 자연스럽게 소년부 이야기를 나눴다. 그는 소년부 근무 3년을 마친 후에도 계속 소년재판을 하려 했는데, 어느 날부턴가 아침마다 가슴 한쪽이 옥죄듯 저리고 아픈 증상이 낫질 않아 잠시 쉬었다고 했다. 일반재판으로 복귀했더니 그 증상이 사라졌고, 그렇게 몸과 마음을 추슬러 다시 소년재판을 하려고 가정법원을 지원했다고 했다. 그의 이야기를 다 듣고 조용히 그의 등을 두드려줬다.

그 판사가 전해준 동료 판사 이야기다. 그의 동료 판사 역시 아이들 재판에 마음 아파하면서도 계속 소년재판을 하려 했는데, 어느 날 오전 재판을 마치고 특별한 사건이 없었음에도 여러 사람이 있는 화장실에서 갑자기 터진 울음을 참지 못하고 한참을 오열했다고 한다. 흔히 하는 말로 멘탈이 무너진 거다. 그 후 그 판사는 더 이상 소년재판을 하지 못했다고 한다. 소년재판이 심리적으로 얼마나 힘든 업무인지, 깊은 공감이 사람을 어떻게 무너뜨리는지 잘 보여주는 사례들이다.

격무에 시달리고 감정소모가 큰 소년부 판사지만, 늘 방전 상태로 허덕이는 건 아니다. 아무리 미미해도 아이들의 변화를 보면 급속충전된다. 특히 비행이 반복되어 소년원으로 보내야 함에도, 사정이 딱해 마지막으로 기회를 줄 생각으로 쉼터에 보낸 아이들이 잘 지내는 걸 보면 그렇게 흐뭇할 수 없다.

오토바이를 훔치고 친동생한테 절도를 교사한 내용으로 소년부에 온 아이가 있었다. 부모가 이혼한 후 형제는 아버지와 살았는데, 아버지가 타지에 있는 직장을 다니며 일주일에 한 번 정도 집에 왔고, 돌봐주는 사람 없이 방치된 상태에서 계속 비행을 저질렀다. 환경조사보고서를 보니, 자기 인생은 실패만 연속되는 불우한 인생이며, 미래에 대한 희망도 없어 죽고 싶은 심정이라고 쓰여 있었다. 고민 끝에 마침 신설된 쉼터가 있어 그곳으로 보냈다. 그 쉼터의 개소식을 축하해주러 갔는데, 뜻밖에도 그 녀석이 내 축사에 답사를 했다.

"안녕하십니까, ○○○입니다. ……제가 평소에는 혼자 밥을 먹었는데 여기서 여러 가족과 함께 밥을 먹으니 너무 행복합니다. 선생님이 항상 아침 일찍 일어나서 아침밥을 챙겨주십니다. 학교 가는 제 등 뒤에서 '잘 갔다 와'라고 하시고, 학교에서 돌아오면 '왔니? 배고프지?' 하십니다. 저는 이 말을 처음 들어봤습니다. 너무 감사하고 죄송한 생각이 들었습니다. 여기서 생활하면서 밖에서는 한 번도 느껴보지 못했던, 저를 걱정해주는 마음을 알게 되어 기분이 정말 좋습니다."

역시 한부모가정에서 아버지의 폭행과 주사, 학대로 고아원과 보육시설을 전전하면서 비행을 일삼던 아이도 기억에 남는다. 아주 귀엽게 생겼고 늘 밝은 표정으로 생글생글 웃던 이 아이는 쉼터 생활 6개월이 끝나갈 무렵 간절한 편지를 보내왔고, 소원대로 보호기간이 6개월 연장되어 학업을 계속했다.

"우리집은 원래는 평범한 가정이었습니다. 제가 일곱 살 때까지만 해도 잘 크고 있었는데 부부싸움이 일어나 부모님이 헤어지게 되었습니다. 그 후로 아버지, 저, 형 이렇게 셋이서 살았습니다. 하지만 환경도 좋지 않고 늘 아버지의 폭행과 술과 함께 하루를 보냈습니다. 형과 저는 버티지 못하고 가출을 했습니다. 그때가 초등학교 2학년입니다. 경찰에 잡혀 아동보호기관에 갔고, 거기서 한 달 정도 있다 집으로 갔습니다. 2년은 잘 버텼지만 초등학교 4학년 때 고아원으로 갔습니다. 거기서도 한 달을 채우지 않고 나왔습니다. 이제 정말 잘해야지 생각했지만 초등학교 5학년 때부터 학교도 가지 않고 아버지 지갑에 손을 댔습니다. 초등학교 6학년 때 아버지한테 심하게 맞고 그때부터 바깥에서 지냈습니다. 그러다 사회복지사 선생님이 보내주신 어떤 쉼터로 가게 됐습니다. 거기서 저는 희망을 잃은 채 살았습니다. 그러다 한 아이가 제게 범죄를 가르쳐줬고, 저는 나쁜 길로 빠지게 됐습니다. 법원에서 소환장이 오고 재판을 받고, 다시 사고 치고 보호관찰 위반까지 했습니다. 도망 다니다 어느 날 너무 후회가 되어 그냥 자수를 했습니다. 이미 중학교는 유예 상태였고, 소년원까지 갔다 왔고… 아무 희망도 없었습니다. 그러다 판사님이 이곳 센터로 보내주셨습니다. 여기서 중학교, 고등학교 검정고시를 잘 마치면 나중에 해군 부사관으로 입대할 생각입니다. 저희 아버지는 알코올중독이고 형은 지금 소년원에 갈 상황입니다. 제가 집으로 가면 저는 또 나쁜 길로 빠지게 될 것입니다. 사랑하는 판사님! 연장을 해주신다면 정말 실망시켜드리지 않고 열심히 살겠습니다."

최근 몇 년 사이 잊을 만하면 소년들의 강력사건이 발생해서 소년법 폐지, 촉법소년과 형사미성년자 연령 하향, 엄벌주의 등의 이야기가 자주 나온다. 논쟁을 촉발시킨 아이들의 범죄가 잔혹하고 피해가 심각한 데 반해, 반성조차 하지 않는 모습들이라 그런 문제제기가 충분히 이해된다. 흉악한 소년범들, 버릇없고 막돼먹은 아이들을 보면 나 역시 눈물 쏙 빠지게 혼내고 엄하게 처벌하고 싶은 심정이 든다.

그러나 사회적으로 도저히 용인할 수 없는, 그야말로 선을 넘은 일부 범죄 외에 소년범 전반에 대해 엄벌 기조로 돌아서선 안 된다. 엄벌주의는 성인들보다 현저하게 책임능력이 떨어지는 아이들에게 지나치게 가혹할 뿐 아니라, 무엇보다 소년범죄를 막는 데 실효성이 거의 없다. 소년범은 충동적이며 군중심리에 잘 휩싸이는 편이라, 처벌이 두려워 범행을 멈출 만큼 이성적이지 않다.

"우리 안에 들어간 사람을 물어 죽이려 한 호랑이를 죽여버린 적이 있다. 호랑이가 사람을 무는 게 당연하지 않냐며 호랑이를 옹호한 사람은 거의 없었다. 소년도 마찬가지다. 아직 온전한 성인이 아닌 소년에겐 더 엄격해야 한다. 금품갈취는 곤장 100대, 소매치기는 죄명을 목에 걸고 시내에 끌고 다니고, 신문 한 면에 오늘의 '소년범죄자란'을 만들어 사진과 이름을 크게 싣도록 한다. 그렇게 하면 소년범죄는 급격히 줄어들 거다."

　소년범에 대한 엄벌을 주장하는 일본 배우 기타노 다케시의 말이다. 그러나 그게 한 해, 두 해 지나면 어떤 일이 벌어질까. 우리 사회에는 16세에 전과 3범, 19세에 전과 5범인 젊은이들이 폭증할 것이다. ……엄벌주의는 청소년의 전과자화를 부추길 뿐이다.•

　통찰력 있는 지적이다. 엄벌주의는 10대에 인생이 완전히 망가져버린 젊고 흉포한 범죄자를 양산한다는 점에서라도 쉽게 받아들일 수 없다. 아이들에게 재기할 기회를 반드시 줘야 한다. 10대 후반이나 20대 초반에 삶의 전망이 완전히 무너진 사람이 남은 평생 할 수 있는 일은 범죄 아니면 자살, 둘뿐이다.

　전북 김제의 한 농가에서 3남 1녀 중 3남으로 태어나 중학교 2학년 때 중퇴하고, 소년원과 교도소를 전전하다 강도치사죄로 무기징역형을 선고받고 청송교도소에 수감 중인 탈주범 신창원의 말이다. "나를 잡으려고 군대까지 동원하고 엄청난 돈을 쓰는데 나 같은 놈이 태어나지 않는 방법이 있다. 내가 초등학교 때 선생님이 '너 착한 놈이다' 하고 머리 한 번만 쓸어줬으면 여기까지 오지 않았을 것이다. 5학년 때 선생님이 '이 쌍놈의 새끼야, 돈 안 가져왔는데 뭐 하러 학교 와, 빨리 꺼져' 하고 소리쳤는데

• 박은주, "소년범은 다 처넣고 싶은 어른들에게", 〈조선일보〉, 2012. 1. 6.

그때부터 마음속에 악마가 생겼다."

자기 죄를 합리화하는 측면이 있어 액면 그대로 믿을 바는 못 되지만, 유소년 시절의 상처가 한 개인에게 얼마나 큰 영향을 미치는지 알려주는 사례다.

소년범죄에 맞서 우리 사회가 궁극적으로 달성하려는 목표는 교도소에 괴물 같은 아이 몇 명을 더 보내는 게 아니다. 소년범들의 재사회화다. 목표를 잊어선 안 된다. 따라서 소년범의 재사회화를 위한 대안과 인프라를 충분히 갖추기 전에는 소년법이나 형법 개정에도 신중해야 한다. 무엇보다 소년범의 7~8할이 집안환경이 좋지 않은 아이들인 상황에서, 일탈을 아이들 개인의 책임으로만 돌리고, 한 번 실수했다고 정상적으로 살아갈 기회마저 조기에 박탈하는 건 그 아이들 입장에서 너무 가혹한 일 아니겠는가.

형사합의부 재판장일 때, 성매수남을 가장한 청년 8명이 업주에게 고용되어 오피스텔에서 성매매를 하던, 일명 '오피걸'을 상대로 강도 행각을 벌이다 구속된 사건을 처리한 적이 있다. 피해 여성들은 모두 태국 등 동남아 출신이라 한국어가 서툴러 신고조차 할 수 없었다. 처음부터 이 점을 노린 계획범죄로 죄질이 상당히 좋지 않았다.

덩치가 크고 문신투성이에 우락부락하게 생긴 피고인들이 줄줄이 법정에 들어서면, 교도관들과 법정 경위는 바짝 긴장하지 않을 수 없었다. 피고인들의 나이는 21~22세 남짓이었고 소년부 기록도 많았다. 소년범들이 성인이 되자마자 조직적으로 중범죄를 저지른 사건이었다. 그래도 나름 반성하는 모습을 보이겠다고 재판기일이면 피고인석에 나란히 앉아 고개를 푹 숙이고 있었는데, 아무리 몸가짐을 단정히 해도 타고난 불량기는 어쩔 수 없었다. 이 피고인들만 들어오면 법정은 껄렁껄렁하고 불량스러운 기운이 넘쳐흘렀다.

보통 재판은 시차제로 운영되기 때문에 피고인 수가 많거나 어지간히 주목받는 사건이 아니면 방청석이 썰렁한 게 보통인데, 이 사건만큼은 대법정의 절반을 채울 정도로 방청객이 몰렸다. 그들 대부분은 내 또래 중년 남녀로 피고인들의 부모나 가족이었다. 일반적으로 피해자가 법정에 출석하면 피해자에게 진술할 기회를 주지만 가해자 측 가족의 이야기는 잘 듣지 않는다. 그럴 만한 이유도 시간도 없다. 그런데 피고인들의 보호자들은 이 사건 내내 법정에 출석해 걱정스럽게 재판을 지켜봤다. 마침 결심기일에 별다른 사건이 없어서 그들에게도 진술할 기회를 줬다.

그들은 한 사람 한 사람씩 마이크를 들고 일어나 피고인석에 앉은 자기 자식을 애처롭게 바라보며 '원래 착한 아이였다', '부모 잘못 만나 이렇게 됐다', '용서받기 어렵겠지만 이번 한번만 용서해달라'는 비슷한 말들을 했다. 애써 감정을 억누르며 말하는 남자, 크게 울먹이며 말하는 여자, 목이 메는지 급히 남편에게 마이크를 넘기는 여자… 돌아가며 한 명씩 말할 때마다 방청석에 앉은 가족들은 누구랄 것도 없이 눈물을 훔치기 바빴다.

신기한 건, 그렇게 불량스럽던 피고인들이 보호자들이 이야기를 시작하자마자 훌쩍이더니 금세 전부 울먹였다는 것이다. 수감복 소맷귀로 연신 눈물을 훔치며 고개를 푹 숙인 채 울었다. 그 큰 덩치들의 어깨와 몸이 들썩들썩하는 모습은 마치 파도가 치는 것 같았다.

예전 소년재판이 연상됐다. 그런 생각을 하며 다시 피고인석을 쳐다보니, 어느새 흉포한 호랑이는 사라지고 어미와 떨어져 안절부절못하는 어린 고양이가 거기 있었다. 허영만 화백의 《식객》(김영사, 2003) 중 〈고구마〉에 나오는 잔혹한 사형수와 어머니를 그리워하는 불우한 소년이 한 사람이었던 장면을 보는 것 같았다.

젊다고 어리다고 무조건 봐주자는 말이 아니다. 소년들의 강력범행을 보면 나조차 오싹할 때가 많다. 그러나 부모를 떠올리며 엉엉 울 수 있는 마음이 조금이라도 남아 있을 때 바로잡아야 한다. 이 시기를 지나치면 영영 기회가 없을 뿐 아니라 정말 냉혹한 범죄자가 된다.

소년범을 포함한 청소년 문제를 보면서 가장 우려스러운 지점은 소년에서 성인으로 넘어가는 시기다. 매년 2,500명 이상의 아이들이 만 18세가 되어 자립지원금 500만 원을 손에 쥐고 떠밀리듯 세상에 나온다. 이런 아이들을 '보호가 끝났다'고 해서

'보호 종료 아동'이라고 부른다(현재는 '자립준비청년'으로 명칭이 바뀌었다. 최근 상당수 지자체가 자립지원금을 천만 원으로 상향했다).

몇 년 전, 태어난 지 이틀 만에 부모에게 버림받아 평생을 보육원에서 자라다 홀로서기를 준비하던 고등학생이 자살한 사건이 있었다.• 보육원 측에서는 '퇴소를 앞둔 불안감 때문이 아니라 우울증 때문이었다'고 해명했지만, 비슷한 처지에 놓인 보호 종료 아동들은 소년의 죽음에 대해 이렇게 말한다. "다들 다 이해해요. 저희는 그냥 '아, 많이 힘들었겠구나' 하는 마음… (극단적인 선택을 했다는 얘기를) 좀 많이 자주 들어요. 한 달에 세 명 정도."

또 다른 사건도 있다. 펜션에서 또래와 함께 자살한 20대 초반 남성은 보육원 출신의 무연고자였다. 장례식도 없이 친구를 보낼 수 없다고 생각한 같은 보육원 출신 20명이 각자 돈을 모았다. 그래도 비용이 부족해 24시간만 빈소를 꾸렸고 음식도 따로 제공하지 않았다. 죽음을 애도하는 화환은 네 개만 왔다.••

한 방송이 취재한 '보호 종료 아동'의 삶이다. "살림살이가 적은 집, 밥그릇도 두 개뿐인 집 한가운데에 요 두 개가 깔려 있다. 작은 요는 한때 누군가에게 버려졌던, 지금은 서로의 유일한 가족이 된 반려견의 것이다. 보육원을 나오고 3년 동안은 매달 자

- 김한영, "세밑 10대 보육원생 죽음은 '사회적 타살'", 〈노컷뉴스〉, 2021. 1. 5.
- • 박동해, "'무연고로 보낼 수 없어' 보육원 친구들은 '생애 첫 2일장' 치렀다", 〈뉴스1〉, 2021. 7. 19.

립수당 30만 원이 나오지만, 이 돈으로는 월세조차 못 낸다. 그래서 오늘도 '택배 상하차장'으로 가는 버스를 기다린다. 세상에 나오자마자 기초생활수급자가 됐지만, 자신들은 그래도 '잘 풀린 축'에 속한다고 한다."•

소년부 판사 입장에서 정책이나 제도상 가장 답답했던 부분은 전시행정과 컨트롤타워의 부재였다. 우리도 이제 복지 후진국은 아니다. 충분하진 않지만 상당한 예산이 있다는 말이다. 아예 돈이 없다면 모를까, 분명 돈이 있는데 꼭 필요한 곳에 쓰이지 못하고 줄줄 새는 건 정말 보기 불편했다.

나는 정말 의아했다. 한 번도 소년원이나 교도소에 수감돼본 적이 없고, 한 번도 부모 없이 보육원에 살아본 적도 없고, 한 번도 열여덟 살에 500만 원만 들고 혼자 거리로 나와본 적 없는 사람들이 어떻게 그들의 행복과 복리와 건전한 성장에 관한 정책을 만들고 강제할 수 있을까? 나 역시 반성했다. 나는 과연 아이들 입장에서, 아이들 눈높이에서, 아이들 심정에서 재판하고 집행했을까. 변명이라는 이유로 입을 틀어막고, 그저 우리가 머릿속으로 그리는 이상적인 소년상을 제시하고는 무조건 거기에 맞추라고 강요한 건 아닐까.

가정법원의 최대 과제는 가정의 행복과 자녀의 복리, 청소년

• "한 보육원 소년의 죽음… '우리는 5백만 원 쥐고 떠밀리듯 어른이 됐어요'", 〈JTBC〉, 2021. 1. 16.

의 건전한 성장이다. 재판과 후견 업무의 최종지향은 바로 여기 있다. 그러나 실무를 보면 정작 행복과 복리를 누려야 할 당사자의 목소리는 대부분 배제된다. 특히 소년범이 그렇다. 누구도 죄지은 불량청소년 이야기에 귀 기울이지 않는다. 피해자가 소외되듯 형벌과 보호처분을 받는 당사자인 피고인들과 아이들은 정작 집행 과정에서 사라진다.

판사로 있으며 수많은 약자와 소수자를 봤지만 소년부 아이들처럼 철저히 목소리가 배제된 집단은 보지 못했다. 아이들 목소리가 안 들리는 데는 다 이유가 있다. 그중 하나는 투표권이 없어서다. 만약 아이들에게 투표권이 있었다면 절대 내버려두지 않았을 거다. 또 한 가지 중요한 이유는 보호자의 존재다. 아이들을 위해 목소리를 내줄 제대로 된 보호자가 없기에 국가와 사회는 마음 놓고 방치한다. 영화를 보듯 시선을 거리로 돌려 관찰하면, 정말 개나 고양이만도 못한 취급을 받는 아이들이 여기저기 눈에 띌 것이다. 그 흔한 캣맘도, 캣대디도 없이 말이다.

의도한 바가 아닌데, 소년재판 얘기를 하다 보면 늘 이렇게 암울하게 흘러간다. 그러나 상황이 아무리 절망적이어도 보석같이 빛나는 사람들이 있다. 법원 전산망 가정법원 커뮤니티에 한 판사가 올린 글을 우연히 보았다. 두 번에 걸쳐 소년부 근무를 한 판사였는데, 소년부를 떠난 후에도 아이들과 계속 소통하며 아이들의 목소리를 듣고 있었다.

그는 인터넷서점 알라딘을 통해 주로 6호시설과 소년원에 있는 아이들에게 몇 년에 걸쳐 꾸준히 책을 선물하고 다정한 말을 건네고 있다. 이런 판사에게 계속해서 격려와 지지를 받은 아이들이라면 틀림없이 선한 마음으로 세상을 향해 나아갈 것이다. 윤웅기 부장판사가 아이들에게 보낸 책에 동봉한 메시지를 소개한다.

○○에게

○○아! 헬로키티 편지 잘 받았다. 읽을수록 행복해지고 고맙더구나. 아버지와 처음으로 포옹하고 손을 잡은 이야기, 헤어디자이너라는 꿈을 품은 이야기. 널 그곳으로 보낼 때 곁에서 좀 더 따스한 말 들려주지 못해 미안했는데, 씩씩하게 말 걸어주는 네가 더 어른스럽구나. 알라딘 책 배송으로 답장하는 건 너에게 가장 빨리 도착되게 하려는 것이고, 이 책들이 내가 하고픈 이야기를 담고 있기 때문이란다. 잘 읽어주었으면 해. 우리 자신에게 웃음을 주는 하루하루를 보내자꾸나. ─수원에서 판사 아저씨가

○○에게

안녕? 소년부 판사로서 기다리는 소식은 한결같다는 것을 이야기해주고 싶다. 그건 바로 무소식. 그래, 다시 나의 사건목록에서 이름을 발견하지 않게 해달라는 기도란다. 오래전에 만났지만 지금도 이름이 기억나는 아이들을 떠올리며 무소식인 걸 확인할 때마다 미소 지으며 속으로 응원하고 있단다. ─수원법원에서 판사 아저씨가

○○에게

편지 반갑게 잘 받아보았다. 먼저 중학교 복학한다니 축하하고, 응원하는 마음으로 이 책을 선물하고 싶구나. 어젯밤 오른손 중지 손톱 끝이 깨져 밴드를 붙였는데, ○○ 편지 속 네일아트 얘기가 더 실감이 나더구나. 손톱 하나까지도 건강관리 잘하고 끼니 거르지 않도록 신경쓰마. 노란 편지지에 꾹꾹 담은 네 정성과 진심을 잊지 않고 멋지고 훌륭한 판사가 되도록 노력하겠다. 새 학기 바쁜 일상이 찾아오겠구나. 밝게 웃고 건강히 잘 지내거라. 편지 정말 고맙다.
―군산에서

○○에게!

삶은 주어진 것만으로 조립하는 천 피스 퍼즐 맞추기는 아닌 것 같아. 조각은 있다가 없다가 하고, 게다가 완성이란 것 자체도 모호하거든. 결과가 아니라 모으고 궁리하고 나아가고 다시 허물었다가 도전하는 행동 자체가 삶의 의미가 아닐까 싶다. ……선물로 보내는 이 책에 그런 마음을 담았다. 단단하게 밟고 멀리 바라보며 언제나처럼~ ―군산에서

○○에게

안녕! 편지와 전화 줘서 정말 고맙고 반가웠다. 말해준 '슬픔 없는 밤은 없다'라는 책은 검색해보니 안 나오던데, '상처 없는 밤은 없다'를 가리키는 것 같아서 일단 이 책으로 보낸다. 아니라면 다시

전화 주려무나. ─수원에서

○○○에게

그래, 멋진 공무원이 돼서 찾아온다는 꿈이 담긴 편지 정말 고맙다. 나는 그날 너의 모습을 기억하고 있어. 결과를 받아들이며 생활 잘하겠다고 했지. 그 다짐 그대로 실천하고 있다니 기쁘고, 계속 잘하길 응원한다. 4월에 있을 검정고시 시험에서는 요행을 바라진 않되, 노력한 만큼 정직한 결과를 받길 기원할게. 짬짬이 읽고 생각해 보면 좋을 책 두 권 함께 보낸다. ─수원에서 판사 아저씨가

○○○에게

그래, 그곳에서 사랑받으며 노력했고, 검정고시도 합격했다니 참 반갑고 기쁜 소식이구나. 고맙고 대견하다. 나도 덕분에 힘을 내 재판할 보람을 얻게 된단다. 자신감과 용기를 가지고 세상에 나갈 너를 응원하는 마음으로 책 선물 보낸다. 흔들리지만 결국 바른 방향을 가리키는 나침반이 네 안에 있으니 자신을 믿고 꿋꿋이 그 길로 걸어가렴. 내가 어느 법원에 있든 편지 받아볼 수 있으니, 3~4년 후에 올 너의 편지 기다리마. ─판사 아저씨가

○○○에게

2016년의 만남을 기억해주니 놀랍고 기뻤다. 1년에 천 명이 훨씬 넘는 청소년들을 마주하는 나지만, ○○처럼 한 명 한 명에게는 인

생에서 첫 번째 판사라는 마음가짐을 잃지 않으려 노력한단다. 고민 끝에 편지를 썼다지만 이렇게 표현한 걸 보니 대견하고 감사할 뿐이다. 결코 창피한 마음 가지지 말거라. 준비하고 있는 8월 검정고시에서는 네가 노력한 만큼의 정직한 결과를 받을 수 있기를 나도 기원하마. 고맙다. ─너의 첫 판사님이

책《소년을 읽다》중 국어 수업에 참석했다가 '환대'라는 말을 처음 배운 아이가 서현숙 교사에게 건넨 쪽지에 있는 말이다. "저를 늘 환대해주셔서 고맙습니다."
나는 이 글과 윤웅기 부장판사의 글을 읽으며, 소년부 판사로서 내가 아이들에게 그렇게 주려고 했던 것이 다름 아닌 '환대'라는 사실을, 정확히는 '환대받은 기억'이었다는 사실을 비로소 깨달았다. 인간의 최소한의 조건은 서로 환대하는 것이다.

단약한 의지

> 사회적 위치가 불안하지 않으면
> 뭣 하러 약을 하겠어요.
> 원숭이 무리를 나누고 약을 곁에 두면,
> 피지배 집단만 약을 해요.
> — 강철원 외, 《중독 인생》

 법정에서 판사의 눈을 똑바로 쳐다보는 피고인은 흔치 않다. 한 마약사범은 달랐다. 허리를 펴고 꼿꼿하게 피고인석에 앉은 그는 천천히 법대를 훑었다. 눈빛이 형형했고, 뭐라 말하기 어려운 위압감이 느껴졌다. 그와 눈이 마주쳤을 때는 움찔했다. 그는 군소 야쿠자 조직의 보스였고, 최대 야쿠자 조직인 야마구치구미 두목의 양자이기도 했다. 같이 기소된 50대 후반의 공범은 그의 보디가드였는데 살인 전력이 있었다. 보스와 보디가드는 중국에서 제조된 필로폰을 한국으로 밀수입한 후 재포장 과정을 거쳐 다시 일본으로 밀수출하려다 검거됐다.

 보스는 한국으로 필로폰을 들여오기 2~3년 전부터 가끔 부산을 드나들며, 미용실을 운영하던 여성에게 접근해 환심을 산 다음 연인 사이가 됐다. 사건이 있던 무렵 그는 여행용 가방에 은

닉한 필로폰을 연인의 승용차 트렁크 안에 숨겨뒀다. 필로폰은 모두 614.17그램이었는데, 당시 시가로 20억 원을 상회하는 양이었다. 그들은 김포공항에서 일본으로 출국하기 위해 서울로 가던 길에 체포됐다.

수사기관은 온몸을 휘감은 문신을 보고도 어떻게 사업가라고만 생각했냐며 연인을 집요하게 추궁했지만, 그는 정말 몰랐다며 망연자실 눈물만 흘렸다. 보스는 그에게 친절했고, 무엇보다 자신의 아이에게 아빠처럼 자상했기에, 국적이나 문신 따윈 문제되지 않았던 것이다. 어쩌면 그는 마약사건의 공범으로 조사받는 것보다 또다시 사랑에 속은 게 더 비참했을지도 모른다. 어쨌든 그는 공범으로 기소되지 않았다.

보스는 재판에서, 부산에 사는 연인을 만나기 위해 입국했고 동행한 공범의 짐 속에 필로폰이 있다는 사실은 전혀 몰랐다고 주장했다. 보디가드는, 한국에서 비아그라를 구입해 일본으로 밀수입하기 위해 부산역에서 성명불상자로부터 포장된 팩을 받았는데, 그게 필로폰일지는 상상도 못했다고 둘러댔다. 변명이 무색하게, 부산세관은 도쿄세관으로부터 이들의 필로폰 밀수 정보를 이미 입수한 상태였다. 도쿄세관은 이들이 한국인 마약상과 자주 접촉하며 한국과 중국, 홍콩을 여러 차례 드나든 사실도 알려줬다. 2007년 무렵 사건이다.

그로부터 10년쯤 지나 형사단독재판을 할 때였다. 단독재판부로서는 보기 드물게 필리핀, 홍콩, 대만, 말레이시아 등 다국적

자로 구성된 마약조직 사건이 올라왔다. 필리핀 등지에서 국내에 거주하는 공범들에게 국제특급우편으로 대량의 필로폰을 보내면, 이를 재포장한 후 호주 등 제3국으로 발송하거나, 국내에서 유통시키는 조직이었다. 이들은 제조, 발송, 수취, 포장, 전달, 판매 등 역할을 치밀하게 분담했는데, 피고인은 국내 판매를 책임지던 대만인이었다. 압수된 필로폰이 6킬로그램, 필로폰 유사물질이 2킬로그램 정도였다. 1회 투약량을 0.05그램으로 산정할 경우 약 16만 명이 동시에 투약할 수 있고, 0.2그램에 10만 원 정도로 계산할 경우 약 40억 원에 이르는 막대한 양이었다.

피고인은 당시 50대 초반이었음에도 60~70대라 해도 믿을 정도로 늙어 보여, 조직 내에서 올드맨으로 불렸다. 올드맨과 변호인은, 일부 필로폰 소지는 인정하지만 나머지는 자기와 동거하던 다른 대만인 소유라며 범행을 부인했다. 올드맨으로부터 필로폰 유통을 제안받았지만 자신들이 감당할 수 없는 양이라 판단해 사건을 제보한 한국인 2명이 증인으로 출석했다. 증인들은 이 사건의 마약조직이 삼합회와 깊은 관련이 있는데, 자신들의 신원이 드러날 경우 살해당할지 모른다며 신변보호와 익명 증언을 요구했다. 누가 왜 이런 이름을 붙였는지는 알 수 없으나 이들은 수사기관에서 줄곧 '논현동'과 '역삼동'이라는 가명으로 조사를 받았다. 그래서 증인신문 도중 논현동과 역삼동만 나오면 지명인지 사람인지 신경을 곤두세워야 했다.

두 사람은 피고인을 체포하는 과정에도 참여했는데, 자신들이

제보자임이 드러나 보복당할 게 무서워 아예 피고인과 같이 체포해달라고 경찰에 사정하기도 했다. 올드맨과 변호인은 "뽕쟁이 말은 믿는 게 아니다"라며 논현동과 역삼동이 진술한 내용의 신빙성을 다퉜다. 이 주장은 마약수사나 재판에서 참 많이 나오는 말이다. 실제로 대부분의 마약사건은 피고인과 증인, 두 뽕쟁이 중 누구 말을 믿을 건가의 한판 싸움이다.

그런데 논현동과 역삼동은 올드맨과 거래하게 된 상세한 경위와 올드맨이 그의 거주지에서 홍삼박스 안에 가득 든 필로폰을 보여준 사실, 그 자리에서 올드맨이 "은박지에 올려놓고 달군 약을 물에 빠뜨리면 회오리가 생기는데 그럼 100퍼센트다"라고 친절하게 시연하며 설명한 얘기까지 시시콜콜하게 털어놨다. 믿을 수밖에 없는 진술이었다.

최근 형사합의부재판을 하며 다시 많은 마약사범을 만났다. 투약사범은 여전히 많았지만 전과 달리 태국, 베트남, 필리핀 등 동남아나 중국(조선족), 러시아(고려인), 구 소련연방 소속 국적의 근로자나 학생이 '판매'로 기소된 경우가 의외로 많았다. 이 중 대부분은 마약조직에게 국제우편으로 약을 받아 일부는 투약하고 나머지는 판매하다 적발된 경우다. 야쿠자 사건 때만 해도 우리나라는 마약청정국으로 불리며 마약유통의 경유지로 활용되는 경우가 많았지만, 불과 10여 년 만에 최종소비국으로 변모한 것이다.

마약의 종류도 다양해졌다. 1970년대에는 대마, 1980년대에는 필로폰 위주였다면, 2000년대 이후 신종 마약이 등장해 지금은 이름조차 생소한 마약이 많다. 투약 방법이나 구입마저 간편해져 이젠 평범한 사람들조차 손쉽게 마약을 접할 수 있는 환경이 됐다. 이런 사실은 각종 통계로도 확인할 수 있다. 대검찰청에서 발간한 《2018년 마약류 범죄백서》 등 관련 자료에 따르면, 2018년 전체 마약류 사범은 12,613명에 이른다. 더 심각한 문제는 수사기관에 인지되지 않거나 신원이 파악되지 않아 공식 통계에 잡히지 않은 사람이 적발자의 20~30배인 최대 30만 명에 이를 것으로 추정된다는 점이다.

2018년 압수된 마약은 517.2킬로그램으로 전년(258.9킬로그램) 대비 99.8퍼센트 증가했고, 2020년 1월 기준으로 코카인, MDMA(엑스터시), 야바, GHB(속칭 물뽕), 대마초 등이 전년 대비 증가했으며 그중 코카인은 46,314퍼센트, 엑스터시는 1,433퍼센트, GHB는 526퍼센트 증가한 것으로 조사됐다.

마약 압수량이 급증한 원인은, 몸이나 물품에 숨겨 밀반입하던 패턴을 벗어나 SNS와 국제우편, 특송화물, 해외직구 등 수입 경로가 다양해지고 가상화폐가 활성화되어 추적이 어려워졌기 때문으로 추정하고 있다. 유엔마약범죄사무소UNDOC가 2018년 펴낸 《세계 마약 보고서》에 따르면, 전 세계 성인의 약 5.5퍼센트(약 2억 7,100만 명)가 마약류를 투약한 경험이 있으며 매년 약 585,000명이 마약류로 사망하고 있다. 마약이 인류가 공동으로 대처해야 하는 심각한 문제가 된 것이다.

마약의 근절을 위해서는, 먼저 마약에 대한 이해가 필요하다. 마약사범에 대한 형사처벌은 마약류 관리에 관한 법률(약칭 '마약류관리법')의 규정에 따른다. 이 법은 금지되는 약물을 '마약류'라 통칭하고 이를 구체적으로 열거하고 있다.

마약류는 크게 마약, 향정신성의약품(약칭 '향정'), 대마로 나뉜다. '마약'은 생약에서 추출하는 천연마약(양귀비, 아편 등), 추출 알카로이드(모르핀, 헤로인, 코카인 등), 마약 원료를 화학적으로 합성하는 합성마약(페티딘, 메사돈 등)으로 나뉜다.

마약과 별도로 규정된 '향정신성의약품'은 합성마약의 일종으로 메스암페타민(필로폰), MDMA, LSD, 합성대마, 케타민, 야바, GHB, 프로포폴 등이 있다. 우리나라에서 가장 흔히 거래되는 필로폰은 결정체와 분말, 액체 등 다양한 형태로 유통되는데, 투약자들 사이에서는 뽕, 가루, 술, 크리스탈, 물건, 총, 얼음 같은 은어로 불린다. 엑스터시는 1914년 식욕감퇴제로 개발됐으나, 1980년대 들어 강력한 환각제라는 게 알려지며 파티용 마약으로 유통됐다. 우리나라에서는 도리도리, 캔디, 사탕 등으로 불린다.

합성대마는 식물의 마른 잎에 대마와 비슷한 효과를 내는 합성 화학물질을 발라 허브 제품처럼 만든 것이다. 2008년 미국 클렘슨대학의 존. W. 허프먼 교수가 합성대마의 일종인 JWH-018을 만들었는데, 이후 제조법을 공개해 세계적으로 확산됐다

(JWH는 개발자의 이니셜을 딴 것이다). 가격은 대마초보다 싼데 효과는 다섯 배나 높아, 최근 급격히 증가하고 있다.

'물뽕'으로 불리는 GHB(감마하이드록시뷰티르산)는 제조법이 간단하고 원료 구입도 쉬워 일반 가정집에서 만들어지는 상황이다. 무색·무취·무미로 음료에 몇 방울 희석해 마시면 바로 잠에 빠지듯 의식을 잃게 되고, 깨어난 뒤에도 전혀 기억하지 못한다. 게다가 하루 정도면 소변을 통해 빠르게 배출되기 때문에(모발 검사는 유효하다) 범인 확인이 어려워 1990년대부터 클럽 등지에서 성범죄용 약물로 많이 사용되고 있다. 최근 버닝썬 사건이 터지며 큰 화제가 되기도 했다.

프로포폴은 기존 마취제와 달리 정맥에 투여하면 1분도 안 돼 의식이 없어지지만 회복 속도도 빠른 게 특징인데, 간에서 대부분 대사되어 소변으로 빠져나간다. 정신적 의존성이 높다는 점이 치명적 단점으로 꼽히며, 2010년대 초 서울 강남의 병원과 연예인을 중심으로 유행처럼 퍼졌고, 2011년 2월 향정신성의약품으로 세계 최초로 지정됐다.

대마는 전 세계에서 가장 널리 사용되는 마약류로, 대마초(마리화나)와 대마초를 압축한 해시시로 나뉜다. 해시시는 대마초에서 채취한 대마 수지를 건조한 후 압축해 다양한 형태로 만든 것으로, 갈색이나 검은색 덩어리 형태다. 해시시오일을 밀가루 반죽에 섞어 만든 대마쿠키(해시브라우니)는 진짜 브라우니랑 똑같이 생겼다.

신종 마약류는 대부분 향정신성의약품으로서, 마약류와 구조가 유사해 대체재로 사용되던 약물들이 임시마약류로 지정되는 절차를 거쳐 법상 금지된 것이다. 문제는 최초 유통이 발견되고 임시마약류로 지정될 때까지 상당한 시간적 공백이 생긴다는 점이다. 그 사이에 이들 신종 물질은 리걸하이(legal high, 합법적인 쾌감약물)라는 이름을 달고, 바스솔트(bath salt, 목욕소금) 등의 상품으로 포장되어 버젓이 유통되고 있다.

지금 이 순간에도 신종 마약류는 규제를 피하기 위해 기존 마약류에서 치환기 일부를 변형하는 식으로 끊임없이 화학구조를 바꾸며 진화를 꾀하고 있다. 이뿐 아니라 수면제, 살 빼는 약, 신경안정제 등 처방약 의존으로 인한 부작용도 크게 늘고 있다. 특히 모르핀 계열의 진통제나 마취제 의존이 크게 늘었는데, 미국은 마약성 진통제 '오피오이드' 오남용이 심각한 상황이다.•

마약은 약리 현상에 따라 흥분제(각성제, 필로폰과 코카인 등) 계열과 억제제(신경안정제, 진정제, 아편과 헤로인 등) 계열로 나뉘기도 하는데 모두 중추신경계에 심각한 문제를 일으킨다. 마약류는 도파민 분비를 급격히 촉진시킨다. 도파민이 많이 분비될수록 신체는 갑작스러운 자극에 짜릿한 쾌감을 맛보고, 이런 인위적

• "'기분 좋아져' 커피에 타준 게 필로폰… 마약 상담 6년새 4배↑", 〈KBS〉, 2019. 6. 25.

이고 강렬한 자극이 계속 반복되면, 결국 도파민 생성체계가 망가진다.

30년간 마약 환자를 돌본 중독치료재활 1세대 전문의 조성남 치료감호소장의 인터뷰 내용이다. "약을 상상하는 것만으로 뇌가 변한다. 중독자에게 약물을 투약하는 장면이 나오는 영상을 보여주면 눈이 반짝반짝 빛난다. 기억이 살아나는 거다. 교도소엔 약이 없으니 모여서 말로 약을 하고, 그렇게 서로 자극을 줘서 도파민이 조금 올라오는 기분을 느낀다. 기억 자체를 없앨 수 있는 방법은 없다. 뇌의 도파민 수치가 정상 수준으로 돌아오는 데 최소 1~2년이 걸린다. 그 시간 동안 약을 끊으면 비중독자와 다를 바 없는 일상생활이 가능해진다. 15년에 걸쳐 5천 번 넘게 약을 맞은 사람도 1년 끊으면 도파민이 다시 생성된다. 정확한 통계자료는 없지만 1년 안에 87퍼센트가 재발한다. 1년 동안 집중치료가 필요한 이유다."● 천영훈 인천참사랑병원장은 "중독은 의지박약과는 관련이 없다. 뇌질환이다"라고 단언한다.

전문의들의 공통된 견해는, 마약중독은 심각한 질환이고 무엇보다 치료가 중요하다는 것이지만, 현실은 암담하다. 마약 투약 사범들이 재범에 빠지는 가장 큰 이유로 처벌 위주의 형사사법 시스템, 수사 협조의 양형 포함, 열악한 수용환경을 꼽는 전문가가 많다. 대법원 양형 기준에는 감경 사유로 '중요한 수사 협조'

● 강철원·안아람·손현성·김현빈, 《중독 인생》, 북콤마, 2019.

를 명시하고 있고, 정보를 제공했다는 이유로 판매책의 형량을 감형하기 때문에, 실제로 마약사범들이 교도소에 모이면 '판매책이나 단순 투약자나 처벌에 큰 차이가 없으니 마약을 팔아서 돈이라도 벌자'는 얘기가 나온다는 것이다.

약물중독자는 홀로 중독을 이기지 못해 판매자 혹은 투약자의 길로 들어서는 경우가 70퍼센트에 육박한다. 이들을 치료하기보다는 처벌하는 데 치중하다 보니 재범 이후부터는 실형 가능성이 높아지는 것이다. 마약사범에 한해서는 교도소의 교정기능도 전무하다. 오히려 그곳에서 판매책을 알게 되고 마약 세계의 속성을 배우는 마약 사관학교의 역할을 할 뿐이다. "판매자와 투약자 구분 없이 '향방(마약사범 수용 감방)'에서 한데 어울려 지내며 판매책과 알선자 등의 온갖 연락처를 노트에 적어 출소한다. 싼값에 마약을 살 수 있는 건 감방에서 신뢰가 쌓여서다. 마약에는 위험수당 성격이 있어서, 거래 위험이 낮을수록 가격이 싸진다. 마약사범들은 친하면 공짜로 주기도 하고, 출소하면 고생했다고 바로 주사기 하나를 준다. 이게 출소뽕이다."●

마약사범 검거 실적을 노린 함정수사의 폐해도 빠짐없이 지적된다. 경찰이 낯 뜨거운 표현까지 써가며 중독자의 갈망을 자극해 함정에 빠뜨리는 수사방식에 문제가 많다는 것이다.

함정수사 얘기를 하다 보면, 드라마 〈슬기로운 감빵생활〉을

● 《중독 인생》

언급하는 사람이 많다. 이 드라마를 못 봤지만 '해롱이' 얘기는 많이 들었다. 호감과 애착이 많이 가는 캐릭터인데 출소 후 함정수사에 걸려 체포되는 걸 보고 시청자들이 격분했다는, 뭐 그런 얘기였다.

안타깝지만 해롱이들은 현실에 아주 흔하다. "한 마약수사관은, '원래 약을 지니고 있는 투약자만 검거한다. 약이 없으면 구해오라는 식으로 접촉하는 건 아니다'라고 주장하지만, 곽준호 변호사는 '검거된 투약자가 애초에 약을 지니고 있었다는 걸 대체 어떻게 아는가? 가만히 있던 자가 기억에 있는 쾌감에 못 이겨 약을 구해오다 잡히는 경우가 많다'고 반박하고, 박진실 변호사는 '투약자를 잡아 상선을 친다는 수사기관의 논리가 이해는 되지만, 함정수사로 약을 끊고 싶은 투약자를 누범으로 만드는 건 문제'라고 지적한다."•

마약 투약사범의 높은 재범률에 큰 영향을 미치는 건 치료 시스템의 부재다. 무엇보다 예산이 없다. "마약중독을 제외한 4대 중독 분야에는 정부의 치료 예산이 마련돼 있다. 알코올중독 치료에는 주세를, 니코틴중독 치료에는 국민건강진흥기금으로 건은 목적세를 쓸 수 있고 건강보험 재정도 마련돼 있다. 게임중독 치료와 관련해서는 한국콘텐츠진흥원 등의 예산으로 충당할 수도 있다. 도박중독 치료는 카지노 등에서 생긴 도박 소득에 붙인

• 《중독 인생》

세금을 사용한다. 정부가 추진하는 마약중독 치료가 지지부진한 건 예산 확보가 어려워서다. 관세청이나 대검찰청에서 10억 원 상당의 밀수 필로폰을 압수해도 그걸 팔아 현금화할 순 없다."•

늘 그렇듯 마약중독자 치료와 관련해 우리도 나름대로 제도는 있지만 예산 부족, 치료시설 미비, 치료사법 절차의 부재로 마약중독자들은 거의 방치되고 있는 실정이다. 일반 병원은 물론 국가가 보호치료기관으로 지정한 곳조차 치료를 거부한다.

마약을 끊는 건 자신의 의지로만 되는 문제가 아니다. 중독은 치료가 절실히 필요한 중병이다. 살을 빼려고 다이어트약에 손댔다가, 시험을 앞두고 에너지드링크를 들이붓다가, 가출한 아내를 잊으려고, 실직으로 떠돌다가, 자폐아를 키우는 고통을 잊어보려다 마약에 손대고 급기야 약을 구하려 몸과 약을 팔아야 하는 처지에 몰린 사람들을, 판매책이 우글거리는 방에 몰아넣고 계속 처벌해봐야 도대체 무슨 의미가 있겠는가?

물론 대규모 마약 공급책이나 마약을 다른 범죄에 이용하는 악질 범죄자들은 단호하게 처벌해야 한다. 다만 그 과정에서 비록 상선을 잡는 데 실패한다 해도, 투약자들을 무리하게 함정으로 몰아넣어선 안 된다. 그렇게 상선을 잡아들인들 마약은 줄지 않는다. 콜롬비아와 멕시코의 마약 카르텔을 다룬 미국 드라마

• 《중독 인생》

〈나르코스〉에서 보듯, 주요 공급조직이 와해되면 다른 조직이 순식간에 공백을 메운다. 공급은 수요에 종속된다. 담배 공급을 줄인다고 흡연이 줄어드는 게 아니다. 흡연자를 줄여야 한다.

나는 재판을 하면서 비참한 삶의 수면 위아래로 잠겼다 떠오르기를 반복하며 허우적대는 그 연약한 사람들을 향한 연민만은 절대 놓지 말자 다짐했다. 그들이 곧 가라앉을 운명이라도 내가 먼저 손을 놓아선 안 된다고 생각했다. 최선을 다해 끌어당기고, 스스로 올라올 수 있도록 버텨주고, 필요하면 같이 당길 사람들을 부르고, 그렇게 해도 끝내 올라오지 못하면, 놓칠 때까지 담담히 그의 손을 잡고 그의 곁에서 당신 탓도 있지만 그 정도로 큰 죄를 지은 것은 아니라고, 당신 잘못만은 아니라고, 세상과 법이 너무 가혹한 것이라고, 운이 없었을 뿐이라고, 그러니 너무 서러워하지 말라고 말해주고 싶었다.

마약사범을 가까이서 보는 사람들의 인식 중에 '뽕쟁이 말은 믿을 게 못 돼'만큼이나 뿌리 깊게 각인된 게 '뽕은 끊을 수 없다'는 것이다. 반복되고 강화되는 처벌, 열악한 수용시설로 인한 범죄의 학습, 단속 실적만을 위한 의미 없는 함정수사, 치료 시스템의 부재에 앞서, 마약 투약사범을 줄이지 못하는 가장 큰 원인은 불신에 있다고 나는 확신한다. 중독자에게 약물치료를 병행하면서 단약斷藥할 수 있는 환경에 지속적으로 노출되도록 여건만 잘 조성해주면 약물은 충분히 끊을 수 있다.

물론 치료와 재활의 기회가 주어진다 해도 마약사범은 다른 범죄에 비해 재범률이 상당히 높다. 약물중독을 극복하려면 무수한 실패가 뒤따른다는 말이다. 거듭된 실패를 지나치게 비판적으로 볼 필요는 없다. 실패가 거듭된다는 건 계속 단약을 시도하고 있다는 의미고, 실패에도 불구하고 그런 시도를 누군가는 꾸준히 지지하고 있다는 말이니까. 목표가 아득해 보여도 계속 시도하는 한 실패의 끝은 의외로 가까이 있다.

역사는 대체로 나선형으로 발전해가는 것 같다. 위에서 보면 제자리를 빙빙 도는 것 같지만, 옆에서 보면 천천히 올라간다. 문제는 이게 계속 올라가기만 하는 구조가 아니라는 것이다. 어떤 구간은 내려가기도 한다. 정말 어떨 땐 '디스코팡팡'처럼 보이기도 한다. 비스듬히 기울어진 원판이 계속 회전하며 올라갔다 내려갔다, 사람들을 정신없게 만든다. 아무리 돌아도 제자리다.
더디더라도 나선형 계단을 걷고 올라간다는 느낌이 드는 게 아니라, 디스코팡팡을 타고 있다는 느낌이 드는 순간, 그 어지러움과 혼돈에 더해 말할 수 없는 실망감이 몰려온다. 요즘 우리 사회처럼 말이다. 그러나 범죄자들의 교화를 위한 형사정책은 디스코팡팡이 아니다. 이들을 위해 돈과 시간, 정성을 쏟으면 이들은 분명 더 나은 지점으로 올라간다. 위에서만 보지 말고, 그들과 나란히 서 옆에서 보면 분명히 보인다.

단약에 성공한 사람들이 전체 중독자에 비해 너무 적은 점을 들어 치료정책의 실효성을 회의하는 것도 금물이다. 세상에 작고 하찮은 것은 없다. 흔히 악마는 디테일에 있다고 한다. 나는 천사도 디테일에 있다고 생각한다. 작은 것을 놓치면 큰 것을 놓칠 가능성이 높다. 스몰토크가 중시되는 마이크로 시대에는 작고 사소하다고 생각되는 게 사실은 큰 문제다.

거대담론만을 중요시해서는 안 된다. 섬세하게 결을 살펴야 한다. 무시하거나 흘려들어도 되는 사소한 목소리는 없다. 특히 약자의 소리는 겨우 들릴 듯 말 듯해서 신경을 곤두세워야 한다. 스몰토크가 빅파워가 되는 건 그 소리를 들은 사람들이 저마다의 진동판을 떨어 조금씩 소리를 증폭시키기 때문이다. 각자 증폭한 소리들은 서로 연대해 강으로 만나고, 폭포가 되어 커다란 스피커를 찢어버릴 정도로 우렁차게 포효한다.

당연한 말이지만, 단 한 사람도 놓쳐선 안 된다. 모든 명제는 딱 한 개의 반증으로 깨진다. 펭귄이 날지 못한다는 명제는, 하늘을 나는 펭귄 한 마리만으로 깰 수 있다. 마약을 이겨낸 사례가 단 한 개만 있어도 마약중독자의 치료는 포기하기 어렵다. 그런 사례가 몇 개만 모이면 절대 포기할 수 없게 된다. 수사修辭가 아니라, 나는 정말 단 한 사람을 구할 수 있다면 세상을 구할 수 있다고 믿는다. 한 사람이 바뀌면 세상이 바뀐다. 한 사람이라도 포기할 수 없는 이유다.

〈비공개〉라는 영화가 있다. 1940년대 중반 시작된 매카시즘 광풍이 몰아칠 때 미국 영화계 인물인 데이비드 메릴(로버트 드 니로)과 루스 메릴 부부의 실화를 다룬 이야기다. 당시 미국은 '반미활동위원회'의 주도로 블랙리스트를 작성한 다음 각계에서 공산주의자를 색출해내고 있었다. 많은 영화 관계자가 공산주의자로 몰려 감옥으로 가거나 추방됐다. 데이비드도 집회에 두어 번 참석했다는 이유로 위원회의 조사를 받게 됐다. 말이 조사지 사실상 사상검증이었다. 공산주의자라는 혐의를 벗어야 영화를 계속할 수 있었는데, 그러려면 지인 중 누군가를 밀고해야 했다. 데이비드는 이를 거부했다.

위원회의 탄압은 날로 심해졌고 데이비드가 준비하던 영화 제작은 취소된다. 임시감독직을 잃고 생계마저 위협받는다. 그 무렵 새 영화 제의를 받은 데이비드는 격렬한 심적 갈등을 겪고, 다시 증언대에 서지만 끝내 증언을 거부하고 돌아선다. 결국 데이비드는 법정모독죄로 실형을 언도받고 사회에서 매장됐다. 두 사람은 1970년이 돼서야 복권됐다. 영화 〈로마의 휴일〉의 시나리오를 쓴 돌턴 트럼보도 비슷한 고초를 겪었다.

불의에 맞서 신념을 지킨 이야기는 아주 흔한 소재인데, 〈비공개〉는 그중 유독 기억에 남는다. 영화를 본 직후의 깨달음 때문이다. 누구도 위원회의 요구를 거부하지 못하는 상황에서 데이비드가 최초로 증언을 거부하고 박차고 나온 바로 그 순간, 비로소 매카시즘이라는 광풍이 멈췄다고 나는 생각했다. 아, 계란으로 바위가 깨지는구나. 물론 데이비드의 증언 거부 이후에도 무수한 지식인이 공산주의자로 몰려 고초를 겪었고, 말도 안 되는 폭압이 한동안 이어졌지만, 그럼에도 나는 데이비드의 증언

거부라는 계란이 바위를 박살냈다고 지금도 믿는다.

강고한 독재, 빈틈없는 시스템. 흠집 없는 도자기는 완전무결함을 표방하고 실제 그 상태를 구현하므로 더없이 강력하고 아름답지만, 아이러니하게도 흠결이 없다는 그 강박 때문에 최초의 저항, 한 개의 이빨 빠짐, 미세한 스크래치만 발생해도 그 수명을 다한다.

형사재판장은 형벌 말고는 달리 세상에 기여할 수단이 없다. 사람을 바꾸고 바위를 깰 수 있는 내가 가진 유일한 무기는 말과 글뿐이다. 공감과 언어가 가진 힘을 알기에, 사람들이 법정에 서는 순간이 흔치 않을 것이기에, 그 순간이 각인된다면 그들의 인생을 바꾸는 결정적 순간이 될 수도 있기에 나는 법정에서 말과 글로 안간힘을 쓰고 있다.

그럴 때면 어떤 이는 국가권력 자체인 내가 법적 권위를 휘두르며 훈계나 일삼고 꼰대짓을 한다고, 법전이나 판례 그 어디에도 없는 정체불명의 언어를 주절주절 늘어놓는다고, 법은 그렇게 구질구질 설명하지 않는다고 꾸짖는다. 나 역시 군소리하지 않고 단죄만 할 수도 있다. 그러나 그렇게 해선 단 한 걸음도 나아갈 수 없다.

다음은 출소 후 다시 마약에 손댄 자신에게 실망해 자살하려고 진정제를 한 움큼 입에 털어넣었다가 응급실로 호송된 마약 피고인이 보내온 편지다.

존경하는 재판장님께!

저는 ××××년 ×월 ×일 ××지방법원에서 징역 8월형을 받고 ××××년 ×월 ×일 ××교도소에서 출소했습니다. 재판장님께서 저의 단약을 믿는다며, 단약할 수 있다며, 끝까지 저를 지켜봐주시며 말씀하시던 그때가 기억납니다. 출소 직후 바로 편지를 쓰고 싶었지만, 몇 달이 지나고 글을 올리게 된 건, 제가 정말 마약에서 벗어나고 자신 있게 하늘을 우러러 한 점 부끄럼 없이 살고 있음을 말하고 싶었기 때문입니다. 저는 재판장님이 선고날 어머니와 아들이 써준 탄원서를 매일 읽고 자라는 그 말씀을, 그 순간을 평생 잊지 못할 것 같습니다. 법정에서 뜨거운 눈물을 흘리며 우는 저의 모습을 지켜보시던 재판장님께서, 저에 대해 품었을 의문점에 대해 솔직히 적어봅니다. 법정에서 처음으로 가식이 아닌 눈물을 보이고 다짐한 것은, 수많은 죄인 중에 저를 믿어주시며 저는 단약할 수 있다는 재판장님의 그 말이 저를 새로운 사람으로 다시 일어설 수 있게 했기 때문입니다. 판사님께서 저를 믿어주셨기에 제 생이 다할 때까지 꼭 그 믿음을 지켜가는 삶을 살 것입니다. ······요즘은《어떤 양형 이유》라는 책을 읽고 또 읽으며 고된 하루하루를 성실하게 살아갑니다. 코로나19로 나라가 너무나 시끄러운 이 시기에도 법정에서 고생하시는 재판장님께 고개 숙여 다시 한번 고맙단 말을 전하며, 정말 건강 유념하시고 늘 가정에 평온함이 함께하기를 하나님께 기도합니다. 고맙습니다. 저는 이 세상에서 재판장님을 가장 존경합니다.

이분의 편지는 책을 쓰고 받은 모든 상찬을 전부 합한 것보다 최소한 만 배 이상 기뻤다. 앞서 언급했듯, 현장에서는 마약중독자의 회복에 대해 큰 기대가 없다. 이분도 아직 완전히 끊었다고 볼 수 없다. 마약은 정말 끊기 어렵다. 특히 약을 끊겠다는 지속적 동기부여가 굉장히 힘들다. 그럼에도 이분은 가족의 사랑과 우연히 만난 한 판사의 지나가는 말로 그 힘든 여정을 견디고 있다. 여전히 이분의 단약을 반신반의하지만, 잘 버텨서 훌륭한 회복 사례가 되면 정말 좋겠다. 이런 선한 결과에 기여할 수만 있다면, 한 명이라도 더 단약하게 할 수 있다면 책을 100권도 더 쓰겠다.

《어떤 양형 이유》에 이어 이 책을 펴낸 조은혜 편집자의 글이다. "'단약斷藥'이라는 말을 몰라 '단약의 의지'라는 표현을 하마터면 '단약單弱한 의지'로 고칠 뻔했는데, 의미를 모두 알고 나니 왠지 쓸쓸해졌다. 무언가를 중단한다는 건 외롭고 연약한 일일까. 외롭고 연약하기에 중단해야 할 무언가에 중독되는 것일까. '단약의 의지'와 '단약한 의지'는 다른 말이 아닐지도 모르겠다."
오늘도 단약한 마음을 다잡고 단약의 의지를 다지고 있을 그분께, 이 지면을 빌려 짤막한 답신을 보낸다.

이제 더는 피고인으로 부를 수 없겠군요. 그냥 선생이라 하겠습니다. 그간 잘 지내셨는지요. 편지는 정말 고마웠습니다. 인물 좋은 아드님은 제대를 했나 모르겠네요. 노모는 어떠신지요? 단약은 견딜 만하신가요? 선생은 제게 고맙다 하시지만, 제가 한 건 없습니다. 전부 아드님과 노모의 사랑, 무엇보다 선생의 의지 덕분입니다. 또 선생은 저를 가장 존경한다 하셨지만, 저 역시 선생을 존경합니다. 선생 덕분에 판사 노릇 한 게 참 많이 기뻤습니다. 선생의 편지는 판결 기계가 돼가는 제 단약한 의지마저 다잡아주셨습니다. 남은 판사 생활도 정신 바짝 차리겠습니다. 그러고 보니 단약한 우릴 곧추세운 건 제 말과 선생의 글이었네요. 한마디 말과 글의 힘을 새삼 느낍니다. 선생과 가족들의 건강과 행복을 기원합니다.

정말, 고맙습니다.
버텨주셔서.

삼정목 왼쪽

나 자신 말고는
누구도 사랑한 적이 없어요.
사랑을 발견하려면 죽어야 하나 봐요.
— 영화 〈데드 맨 워킹〉

판사 생활을 하면서 운 좋게 형사합의부를 겪지 않는 판사도 많고, 흉악범죄를 전담하는 형사합의부에서도 사형이 구형되는 경우는 흔치 않다. 사형선고는 더욱더 드물다. 강도살인범 등 중범죄자에게 무기징역을 선고한 적은 몇 번 있지만 나 역시 사형을 선고해본 적은 없다. 더구나 사형선고가 집행까지 이어진 경험은 현재 판사 생활을 하는 사람들 대부분 겪지 못한 일이다.

우리나라는 1998년부터 사형집행을 하지 않고 있다. 과거 우리나라의 사형집행 현황 분석에 의하면 1948~1997년까지 사형집행 건수는 총 902건(연평균 19명)이며, 최근(2019년 10월) 교정시설에 수용 중인 사형수는 57명이다. 군 교도소에 있는 4명을 합하면 사형수 61명이 살아 있다. 모두 남성이다.

20년 넘게 사형집행이 한 건도 없었던 나라에서 웬 케케묵은 이야기냐고 생각할지도 모르겠다. 미국이나 일본처럼 실제 사형이 집행되는 나라에 비하면 논쟁의 온도야 크게 떨어질지 몰라도, 사형제에 대한 고민은 많은 통찰을 준다. 힘든 일을 같이 겪어봐야 사람의 진면목을 알 수 있듯, 형사사법 국면의 가장 극한적 상황을 상정해보는 것은 범죄와 형벌, 생명권, 가해와 피해, 사죄와 관용이라는 근원적인 질문의 답에 우리를 좀 더 가깝게 데려다준다. 형벌의 목적은 무엇인가. 응보를 통한 정의구현인가, 범죄예방과 피고인의 교화인가. 현대 형사정책에서 과연 그 둘의 지분은 어느 정도인가.

비록 집행이 멈춰 있지만 우리나라에서 사형제가 폐지된 건 아니다. 여전히 사형은 형벌이고 실제로 사형이 선고되고 있다. 강호순 사건이 불거진 2009년 2월경에는 김경한 법무부 장관이 사형집행을 신중히 검토하고 있다고 밝히기도 했고, 2020년 6월에는 홍준표 의원이 형 확정 후 6개월 이내에 반드시 사형을 집행하게 하는 '사형집행 의무화 법안'을 대표발의하기도 했다. 비유하자면, 지금은 트리거에 살짝 손가락을 걸치고 있거나 단두대의 줄을 잡고 있는 상태다. 명령만 내리면 총알은 즉시 격발되고, 기요틴이 허공을 가르며 춤출 것이다.

지금도 시퍼렇게 살아 있는 사형 관련 규정은 다음과 같다.

형법 제66조(사형) 사형은 형무소 내에서 교수하여 집행한다.
군형법 제3조(사형집행) 사형은 소속 군참모총장 또는 군사법원의 관할관이 지정한 장소에서 총살로써 집행한다.

형사소송법 제466조(사형집행의 기간) 법무부장관이 사형의 집행을 명한 때에는 5일 이내에 집행하여야 한다.

제469조(사형집행의 정지) ①사형의 선고를 받은 자가 심신의 장애로 의사능력이 없는 상태에 있거나 잉태 중에 있는 여자인 때에는 법무부장관의 명령으로 집행을 정지한다. ② 전항의 규정에 의하여 형의 집행을 정지한 경우에는 심신장애의 회복 또는 출산 후 법무부장관의 명령에 의하여 형을 집행한다.

형의 집행 및 수용자의 처우에 관한 법률 제89조(사형확정자의 수용) ①사형확정자는 독거수용한다. 다만, 자살 방지, 교육·교화 프로그램, 작업, 그 밖의 적절한 처우를 위하여 필요한 경우에는 법무부령으로 정하는 바에 따라 혼거수용할 수 있다.

제91조(사형의 집행) ①사형은 교정시설의 사형장에서 집행한다. ②공휴일과 토요일에는 사형을 집행하지 아니한다.

형의 집행 및 수용자의 처우에 관한 법률 시행령 제111조(사형 집행 후의 검시) 소장은 사형을 집행하였을 경우에는 시신을 검사한 후 5분이 지나지 아니하면 교수형에 사용한 줄을 풀지 못한다.

사형제 존폐 논의는 1764년 이탈리아의 형법학자 체사레 베카리아가 저서 《범죄와 형벌》에서 사형제 폐지를 주창한 이래 지금까지 200년 넘게 격렬히 이어져온 해묵은 것이다. 쌍방의 논리는 잘 알려져 있고, 이젠 진부하기까지 하다. 그럼에도 여전히 그 논쟁이 뜨거움을 잃지 않는 것은 사람 생명만큼 뜨거운 게 없어서일 것이다.

사형을 얘기할 때 가장 먼저 부닥치는 벽이 오판의 문제다. 불법유턴을 했느냐 아니냐를 다투는 벌금 5만 원짜리 즉결심판의 오판이나, 살인을 했는가 아닌가를 다투는 형사합의 사건의 오판은 수사기관의 수사와 기소, 재판이라는 측면에서 본질적으로 완전히 동일하다. 그럼에도 즉결심판의 오판은 크게 문제 삼지 않는다. 당연하다. 5만 원을 사람의 생명에 비교할 수는 없다. 오판의 대가가 생명이 되면 오판은 극적인 테마가 된다. 사형에서 오판은 판사에게 무간지옥으로 들어가는 출입문이다.

미국은 1980년대 후반 들어 유죄로 확정돼 수감 중인 사람들을 대상으로 DNA 검사를 했다. 본격적으로 DNA 검사를 하기 전에는 미국에서도 무고한 사람이 처벌되는 일이 극히 예외적인 일로 치부됐으나, DNA 검사 이후 죄수 수백 명이 무죄로 석방됐다. 유죄 확정부터 면죄에 이르기까지는 평균 11.9년이, 최초 체포에서 면죄까지는 13년이 걸렸다는 조사에 따르면, 미국에서는 그 기간 동안 억울한 사람을 구금한 셈이다.•

이에 반해 우리는 간첩조작 사건 등의 재심을 제외하고는 객관적 오판이 확인된 경우가 매우 드물다. 우리나라에서는 미국처럼 복역 중인 재소자들을 상대로 한 DNA 증거 재심사가 체

• 김상준, 《무죄판결과 법관의 사실인정》, 경인문화사, 2013.

계적으로 이뤄진 적이 없어서다. 대표적 오판 사례인 김기웅 순경 사건과 김시훈 사건, 약촌오거리 사건, 화성연쇄살인 8차사건 등은 진범이 밝혀지면서 피고인들의 무고함이 밝혀졌지만, 우리나라의 오판 사례는 이 정도뿐이다. 우리도 오판 사례가 얼마든지 있을 수 있지만 직접 확인해볼 방도는 없는 셈이다.

국내외 여러 연구에서 반복적으로 확인되는 오판의 원인으로는 "목격자의 오인 증언, 위증과 무고, 허위자백, 오도된 과학적 증거, 수사기관의 직권남용" 등이 있다. 허위자백을 하는 이유는 "일상으로부터의 차단(고립감은 권위에 복종하고 순응하게 만든다), 인격적인 존엄의 박탈, 변명의 공허함(아무리 변명해도 반복적으로 추궁을 받으면 공허함에 빠진 나머지 자포자기 상태에 이른다), 시간적 전망의 상실(고통스러운 조사가 언제까지일지 알 수 없는 상황에 부딪히면 시간적 전망을 상실하고, 고통이 끝나기만을 바라는 마음에서 허위자백을 한다. 허위자백에 이르는 가장 중요한 요인으로 꼽힌다)" 등으로 조사됐다. 판사는 일반인들에 비해 오류에 빠지는 경향이 상대적으로 적다고 나타났지만, 인지적 착각의 여러 유형 모두 판사의 의사결정 과정에 상당한 영향을 미치고 있는 것으로 분석됐다.●

위 연구 결과에 따르면, 실증적으로 검증되지 않았을 뿐 대한민국 판사도 숱한 오류를 저질러왔고 지금도 저지르고 있다고 볼 개연성이 충분하다. 물론 과거와 달리 고문을 통한 허위자백

● 《무죄판결과 법관의 사실인정》

에 대한 절차적 통제가 훨씬 강화됐고, CSI 같은 과학수사기법이 보편화된 현 시점에서 오판율은 현저히 감소했을 것이다. 그러나 허위자백과 오판 가능성은 여전히 상존한다. 시체 없는 살인사건처럼 간접증거는 넘치지만 명백한 직접증거는 없는 중범죄도 많기 때문이다.

더구나 미국이나 일본은 구속기간의 제한이 없어 구금 상태에서 10년 넘게 재판을 하는 경우도 있지만, 우리는 구속기간이 정해져 있어(심급당 최대 각 6개월) 구금기간 내에 판단을 내려야 한다는 점도 불안 요소다. 오판 가능성이 없다고 쉽게 단정하기는 어렵다.

오판 가능성 때문에 사형을 폐지해야 한다는 논리는, 오판을 없애거나 획기적으로 줄인다면 사형할 수 있다는 결론으로 귀결되므로, 오판 가능성은 사형제 폐지의 근본적 이유가 아니다. 사형제 존폐의 핵심 화두는 국가권력이 생명권을 침해할 수 있는가의 문제다. 이에 대한 사형제 존치론의 주장은 피해자의 생명은 회복될 수 없고, 생명권에는 우열이 없다는 것이다. 살인범을 죽인다고 피해자가 살아 돌아오는 건 아니지만 그를 살려둔다고 피해자가 살아 돌아오는 것도 아니다. 인간의 존엄성을 부정하고 생명을 하찮게 여기는 극악한 범죄자의 생명권을 박탈하는 것이야말로 정의를 바로세우는 유일한 길이라는 논리를 반박하기는 어렵다. 피해자와 유족의 극심한 고통을 생각하면 더욱 그렇다.

사형제 논쟁에서 생명권과 오판 논의에 가려져 놓치기 쉬운 지점이 있다. 바로 사형이 교화라는 형벌의 목적에 반하는 잔혹한 형벌이라는 점과 집행의 비윤리성이다. 미국 수정헌법 제8조는 "지나친 보석금을 요구하거나 과다한 벌금이나 잔혹하고 이상한 형벌cruel and unusual punishment을 부과하지 못한다"고 규정하고 있다. 그 결과 미국 사형제 위헌성 여부의 쟁점은 생명권 침해가 아닌, 사형이 '잔혹하고 이상한 형벌'인지 여부다.

우리가 형법 제정 이래 줄곧 교수형만을 규정했던 데 비해, 미국에서 교수형, 전기의자형, 독가스형, 독극물 주입형 등 다양한 사형집행 방법이 시행된 이유는 바로 잔인한 형벌이라는 위헌의 여지를 벗어나기 위함이었다. 마취제를 먼저 투여한 다음 독극물을 주입하는 방식이 가장 덜 고통스럽다는 연구에 따라, 현재 사형이 유지되는 미국 대부분의 주에서는 혈관에 독극물을 주입하는 '치사 주사lethal injection' 방식을 사용하고 있다.

2014년 이 방식이 이슈가 된 적이 있다. 사형수들이 온몸을 비틀며 괴로워하다 죽는 일이 발생했고, 특히 조셉 우드 3세라는 사형수가 독극물 주입 후 두 시간이나 숨을 헐떡이며 신음하다 사망했기 때문이다. 그동안 별문제 없었던 독극물 주입 방식이 갑자기 말썽을 일으킨 이유는 사형집행에 사용하는 마취제 때문이었던 것으로 밝혀졌다. 원래 미국 교정당국은 티오펜탈이라는 약물을 마취제로 사용해왔는데, 티오펜탈을 생산하던 유일한 제약업체가 사형반대론자들의 반대 속에 2011년 생산을 중단하자 그 대안으로 수술 마취용 약물인 수면유도제 미다졸람을 사용하는 과정에서 부작용이 속출한 것이다. 이에 오바마 대통령은 법무부에 사형집행 전반에 대한 검토를 지시했다. 2019년 미국 법무부는 그 검토가 끝났으며 2003년 이후 중단되었던 연방 차원의 사형집행을 시행하겠다고 밝힌 후 2020년 7월 실제 사형집행을 재개했다. 태형조차 이상하고 잔인한 형벌이라는 인식이 보편화된 이 시대에 사형만은 예외라고 말할 수 있을까?

사형이 집행되는 과정에서 피고인이 겪는 고통에 비할 수는 없겠지만, 이를 위해 동원되는 사람들의 고통이 너무 크다는 점도 빼놓을 수 없다. 판사의 트라우마는 집행자의 트라우마에 비하면 아무것도 아니다. 아래는 1952~1971년까지 사형수 교화 담당 교도관으로 근무하며 200명이 넘는 사형수의 죽음을 목격한 고중렬 씨의 진술이다.

흔히들 사형수는 여섯 번 죽는다고 한다. 1심 선고 때, 2심 때, 3심 확정판결 때, 사형집행장으로 가는 길목에 이르렀을 때, 집행장 건물을 봤을 때 그리고 교수대에서 모두 여섯 차례 죽음을 맞는다는 것이다. 그러나 일곱 번, 여덟 번 죽어야 했던 사형수도 많다. 엉성한 사형집행 방식 때문이다. 한 번의 집행으로 죽음에 '성공'하지 못한 사형수는 또 한 번 죽음의 의례를 치러야 한다. 고씨는 이왕 보내야 할 사람을 단번에 편하게 보내지 못한 것을 죄스러워했다. "한 번에 목숨이 끊어지지 않아 다시 교수대에 올라간 사형수도 부지기수입니다. 사형수의 목에 오랏줄이 제대로 걸리지 않거나 조여지지 않은 상태에서 포인트를 당기는 바람에 사람이 그대로 바닥에 떨어지는 거죠. 때론 밧줄을 너무 길게 걸어 형이 제대로 집행되지 않은 경우도 있었어요. 손발이 묶인 사형수들은 비명을 질렀고, 온몸은 피투성이가 됐습니다. 교도관들은 바닥에 떨어진 그들의 몸을 끌어올려 다시 밧줄을 목에 드리웠습니다. 15분 정도 시간이 지나면 의무관이 그들의 숨이 끊어졌는지 확인합니다. 이후에도 15분을 더 매달아 놓습니다. 언젠가는 사형집행 중 실수로 교도관이 사형수와 함께 마루청 밑바닥으로 떨어져 정신을 잃은 일도 있었어요. 피투성이가 된 교도관은 곧장 병원으로 실려갔습니다. 그 후로는 그 교도관을 형무소에서 볼 수 없었어요."●

피고인이 무고하게 사형을 당하는 경우는 말할 나위도 없겠지만, 무엇보다 이해하기 어려운 상황은 피고인이 진정으로 참회하고 교화된 경우다. 고중렬 씨는 "사람이 참으로 선하게 되었을 때 죽여야 한다는 것이 가장 가슴 아픈 일이었다"고 술회했다. 사형은 교화라는 목적이 전무한 형벌이다. 교화된 피고인은 어떻게 할 것인가? 강동원(《우리들의 행복한 시간》), 숀 펜(《데드 맨 워킹》), 나문희(《하모니》) 같은 사람들을 죽여서 구현되는 정의는 무엇인가?

사형제 논의에서 간과하지 말아야 할 점은 중범죄자의 거의

● 이남희, "사형폐지운동 나선 전직 교도관 고중렬", 〈신동아〉, 2005. 1. 25.

대다수가 폭력과 집단따돌림, 빈곤 등에 집중적으로 노출돼왔다는 점이다. 사형은 이들을 없앰으로써 사회적 책임을 완벽히 은폐하는 형벌이다. 모든 일을 사회의 책임으로 떠넘길 수 없는 것과 마찬가지로, 모든 일을 개인의 책임으로만 돌릴 수도 없다. 국가가 범죄의 모든 책임을 범죄자에게 돌리고 반성의 기회조차 박탈하는 건 형벌에 있어서 책임의 원칙에 반한다는 주장에 귀 기울일 만하다.

피해자에 대한 법적·사회적 관심과 배려는 또 다른 중요한 문제다. 사랑하는 사람이 살해되었음에도 사형제 논의의 주인공은 언제나 살인범이다. 살인범 혼자 주목을 독차지한다. 피해자 유족의 감정이 사형제 존치론의 핵심 논거로 거론되지만, 과연 우리는 그들의 감정을 얼마나 아는가?

이에 대한 연구는 상당히 부족하다. 이들이 진정으로 원하는 게 피고인을 교수대로 보내는 것인지, 피고인이 목숨을 내놓기만 하면 정의는 실현되고 남은 사람들은 자연스레 구원되는지, 어떤 피해자들은 사형이 아니라 입법이나 사회적 통제를 통해 궁극적으로 자신과 같은 불행이 재발되지 않기를 바라고 있는 것은 아닌지 자신 있게 말하기 어렵다. 사형제 존폐의 담론과 대등한 수준에서 우리 사회가 잔혹한 범죄의 피해자를 어떻게 보호하고 치유할 것인가, 깊이 고민해야 한다. 그럼에도 중범죄 피해자에 대한 관심과 배려는 여전히 미흡하다.

사형을 다룬 소설이나 영화가 많지만 그중에서도 〈데드 맨 워킹〉이 특히 기억에 남는다. 이야기는 데이트 중이던 10대 연인을 납치·강간하고 살해한 혐의로 사형선고를 받은 매튜 폰슬렛(숀 펜)이 헬렌 수녀(수전 서랜든)에게 편지로 도움을 청하면서 시작된다. 헬렌 수녀는 사형이 집행될 때까지 그의 곁에 머문다. 매튜는 시종일관 결백을 주장한다. 개인적 불행과 무전無錢 사형의 부당한 사법제도와 자신을 차별하고 냉대한 사회를 저주한다. 심지어 피해자들의 부모를 조롱하고, 남자가 그립지 않냐며 헬렌 수녀까지 희롱한다.

"죽음이 목을 죄어오는데 희롱이나 하고 있는 자신을 보세요. 난 당신을 즐겁게 해주려고 온 게 아니에요. 존경심을 보이세요." 헬렌 수녀의 말에 매튜는 "왜, 당신이 수녀라서? 목에 십자가를 둘렀다고?"라며 빈정댄다. 헬렌 수녀는 준엄하게 꾸짖는다. "아니, 난 인간이니까요. 인간은 누구나 존경받을 가치가 있어요." 사면위원회 소청을 앞둔 매튜의 변호사는 "인간임을 증명해서 사형을 면해야 합니다. 괴물을 죽이기는 쉽지만 인간을 죽이기는 어려운 법입니다"라며 매튜의 어머니를 위원회에 참석시키려 한다. 매튜에게 서사를 부여하는 전략이다.

이런 변론은 실제 형사재판에서도 비일비재하다. 범행은 자백하지만 정상증인이라는 이름으로 가족, 특히 어머니를 증인으로 많이 세운다. 중범죄일수록 이런 경우가 많다. 악마나 괴물에게도 사연은 있다. 눈물 많은 엄마는 최고의 증인이다. 호러영화의 클래식이라 할 〈13일의 금요일〉의 살인마 제이슨이나 영화 〈조커〉의 아서가, 집단따돌림과 아동학대의 피해자라는 사실이 밝혀지는 순간 관객의 마음은 급격히 흔들린다.

헬렌 수녀는 피해자 유족들의 고통을 이해하고자 그들을 찾지만 냉대당한다. 딸을 잃은 부모는 헬렌 수녀를 비난하며 말한다. "당신은 한쪽을 선택해야 해요. 양쪽 편에 모두 설 순 없어요." 선과 악은 집요하게 편을 따져묻는다. 경계에 선 자는 모두의 적이다. 사면위원회의 소청이 기각된 뒤에도 매튜는 "나를 열 명이나 지켜요. 내가 자살했는지 15분 간격으로 확인합니다. 살면서 이런 특별대우는 처음이네요"라며 너스레를 떤다. 사형집행을 담당한 교도관은 무표정으로 말한다. "저는 묶는 일을 합니다. 왼쪽 다리가 제 담당입니다."

사형집행이 임박해서야 매튜는 헬렌 수녀에게 말한다. "나 자신 말고는 누구도 사랑한 적이 없었어요. 저 같은 놈은 사랑을 발견하려면 죽어야 하나 보네요. 절 사랑해주셔서 고맙습니다." 주사액을 주입하기 직전 사형집행관이 매튜에게 마지막으로 할 말이 있는지 묻는다. 매튜가 말한다. "네, 있습니다. 월터 아버지, 가슴속에 미움을 남겨둔 채 세상을 떠나고 싶지 않습니다. 제 죄를 용서해주십시오. 당신에게서 아들을 빼앗은 건 끔찍한 일이었습니다. 홉 부모님께는 제 죽음이 다소나마 위안이 되길 바랍니다. 전 살인은 그 주체가 누가 됐든 나쁘다고 생각합니다. 그게 저든, 여러분이든, 정부든 말입니다."

칼 야스퍼스는, 인간은 회피할 수 없는 출생, 죽음, 고통과 같은 한계상황에 부딪혀 좌절함으로써 진정한 자신을 각성하고 초월에 닿게 된다고 말했다. 매튜는 죽음 앞에서도 허세를 떨고, 피해자에게 단 한 마디 사죄도 하지 않은 악질적 범죄자다. 이런 이들은 교화가 불가능하다. 우리 법정에도 이런 범죄자는 차고 넘친다. 그럼에도 매튜는 사형집행 직전 타인에 대한 사랑에 눈 뜨고 피해자들에게 속죄했다. 죽음이라는 한계상황이 매튜 같은 인간조차 변화시키고 아주 잠시나마 선하게 만든 것이다. 선한 매튜를 죽인 게 아니라 죽음이 선한 매튜를 만든 거라면 사형이 교화에 이르는 해답일 수 있다는 아이러니한 결론에 이른다.

오판 가능성이나 교화 가능성이 사형제 폐지의 확실한 이유가 아니라면, 그럼 도대체 왜 사형제를 폐지해야 하는가? 사형을 포함한 중형이 범죄예방에 실효적인가에 대한 논쟁은 이미 오래전에 부정적인 것으로 결론이 났지만, 인간의 존엄성을 훼손하는 인간에게 지켜줄 존엄성은 없고, 생명을 뺏으면 생명을 내놓는 게 정의라는 칸트의 이 단순한 명제는 쉽사리 넘어서기가 어렵다. 잔인하게도 우리는 매튜가 피해자들을 살해한 것과 꼭 같은 상황에 직면했다. 상대를 죽일 힘이 있고(국가권력인 우리가 매튜보다 더 강력하다) 죽여야 할 이유도 분명하다(증거를 인멸하려는 매튜보다 정의를 바로세우려는 우리 목적이 더 선하다).

그럼에도 매튜와 우리는 자비를 베풀 수도 있다. 매튜 같은 살인자는 다른 선택지를 두고도 무자비하게 사람을 살해했지만,

우리는 그 살인자와는 뭔가 달라야 하는 게 아닐까? 매튜를 죽이는 게 정의에 부합할 수 있겠지만 그것만이 과연 더 나은 사회로 가는 길일까? 특정한 범죄에 사형이라는 형벌이 과연 정의에 부합하는가라는 질문에는 답할 수 있을지도 모른다. 그러나 그런 방식으로 정의를 바로세운다고 이 세상이 앞으로 나아가는가라는 질문에는 선뜻 답하지 못하겠다. 우리가 진정으로 추구해야 하는 건, 언제나 완강하게 제자리를 지키는 정의가 아니라, 1밀리미터라도 더 나은 지점으로 나아가려는 자세 아닐까?

흉악한 범죄자의 메마르고 푸석한 눈빛과 꼬리칸 사람들부터 게걸스럽게 빨아들이는 성긴 사회안전망은 언제나 두렵지만, 나를 극한으로 두렵게 하는 건, 단죄한 악마와 이미 살해된 아이들이 끝없이 돌아나오는 회전문이다. 한 치도 나아가지 못하고 제자리를 돈다는 느낌, 이 아이 말고 또 다른 아이들이 계속해서 반드시 죽을 거라는 명확한 전망은 절망적이다. 폭력의 유전과 악의 순환, 악몽의 무한반복은 극한의 공포다. 마블코믹스 영화 〈닥터 스트레인지〉에서 악의 결정체인 '도르마무'조차 무한반복의 시간 앞에는 굴복하고 만다.

"악마에게 서사를 부여해선 안 된다." 그 말의 함의에 전적으로 동의한다. 그럼에도 의문이 가시지 않는다. 피해자로부터 서사를 뺏는 건 악마의 주특기 아닌가? 악마를 다루려면 반드시 악마의 수법으로만 대응해야 하는가? 사형집행을 앞둔 매튜가 물었듯이, 살인이 나쁜 일임을 알리기 위해 살인을 해야 하는가?

악이 원하는 건 우리가 조금도 나아가지 못하게 발목을 잡고, 무한반복의 고통 속에 빠뜨리는 것 아닌가? 영화 〈세븐〉에서 엽기적인 연쇄살인범(케빈 스페이시)이 자신을 쫓는 형사(브래드 피트)가 자신을 살해할 수밖에 없는 상황에 빠뜨림으로써 그를 시험하고 조롱하듯 말이다.

사형에 관한 얘기는 아니지만, 이스라엘 비밀경찰 GSS의 고문이 문제된 사건에서 이스라엘 전 대법원장 아론 바락Aharon Barak의 판시 내용은 음미할 가치가 있다. "민주주의는 테러리즘에 대항하면서 한 손을 뒤로 묶고 싸울 필요가 있다. 이렇게 할 경우에만 테러리즘과의 전쟁에서 우위를 지킬 수 있기 때문이다." 빗대 말하면, 인간이기를 포기한 인간을 앞에 두고도 결코 인간에 대한 믿음을 거두지 않아야만 그들보다 우위에 서게 되는 것 아닐까?

자연인으로서 나는 사형제가 폐지돼야 한다고 믿는다. 그러나 판사로서 사형이 규정된 상황에서 사형을 선택할 수밖에 없는 사건이 온다면, 사형선고를 하지 않을 수 없을 것이다. 국외자에게 사형은 그저 극적 테마일 뿐이지만 사형이 결정되고 집행되는 과정에 실제로 개입하는 많은 이에게 사형은, 인간이란 무엇인지, 생명은 무엇인지, 범죄와 형벌은 무엇인지 등 인간 존재의 근원적 실존을 묻고 또 묻게 되는 고통스러운 상황이다.

나는 여기서 사형제 존폐론 중 무엇이 옳은지를 말하려는 게 아니다. 다만 그 실존적 한계상황에 최대한 가까이 다가서봐야

만 조금이라도 정답에 접근할 수 있다는 말을 하고 싶을 뿐이다.

사형수가 되어본다. 나는 결백하지만 그 사실을 아는 이는 나뿐이다. 내 얼굴에 용수(얼굴가림천)가 씌워지고, 핏대 선 목엔 새끼손가락 굵기의 삼베밧줄이 걸린다. 이제 나를 단죄하는 데 필요한 것이라곤 고작 내 몸무게뿐이다.

사형집행의 생생함과 오판에 대한 르포르타주 중 백미는 조갑제가 쓴 《사형수 오휘웅 이야기》(1986)다. 판사들이 이 책을 읽으면 사형제 폐지론으로 기울기 쉽다는 얘기가 있을 정도다. 그 일부로 글을 맺는다.

예전 서울구치소의 미결구치감 철문에서 북쪽, 금계산 쪽으로 맨땅에 길이 나 있다. 재소자들이 자주 불려가는 운동장이나 의무실로 이어지는 길이다. 그 길 중간에 왼쪽으로 꺾어지는 샛길을 재소자들은 '지옥 3정목(丁目)'이라고 불렀다. 사형수들이 지옥으로 가는 번잡한 교통신호를 기다리는 곳이란 뜻이라 한다. 이 샛길을 따라 걷다 마주치는 흰 담벼락 철문을 들어서면 15평가량의 직사각형 목제 기와 건물과 만나게 된다. 이 건물이 처형장이다.

사형수를 형장까지 데리고 오는 것을 연출連出이라고 한다. 연출조가 어느 날 오전 갑자기 감방 정문 앞에 나타난다. 덜컹, 문을 열고는 "19××번 의무과로 체중검사! 빨리 나와!" 소리치거나 "전방轉房!"이라고 외친다. 연출조가 아무리 거짓말을 해도 눈치를 챈 사형수들 중에는 허무한 반항을 하는 이도 있다. 변소로 숨어들고, 발버둥치고···.

연출조의 속임수에 걸려 정말 의무과로 불려가는 줄 알고 나온 사형수라도 구치감 담벼락의 철문을 지나, 곧장 뻗은 통로에 들어서면 섬뜩한 느낌을 갖게 된다. 길 양쪽에는 거의 1미터 간격으로 교도소 직원들이 서 있기 때문이다.

"무슨 비상인가?"

"의무과에선 왜 부를까?"

"혹시?"

이런저런 생각들로 머리가 꽉 막힌 채 걷다가 보면 어느새 지옥 3정목. 옆에 따라오던 교도관이 사형수의 몸을 왼쪽으로 툭 치거나 턱으로 샛길을 가리킨다. "이쪽으로."

그 순간 사형수는 멈칫하고 교도관을 쳐다본다. 눈은 이미 초점을 잃고 있다. 그런 시선으로 멀리 인왕산을 보고, 몇 날을 훔쳐봤던 하늘을 보고, 자신이 거처했던 감방 쪽을 뒤돌아보고···.

월식

> 악은 선을 알지만
> 선은 악을 모른다.
> ― 프란츠 카프카

생각과 감정을 배역에 완전히 몰입하는 메소드 연기가 좋은 배우의 한 기준이듯, 좋은 판사가 되려면 공감하고 몰입하는 능력이 중요하다. 메소드 재판을 해야 한다. 판사는 1인 다역이다. 피살자가 되어 칼에 찔려서 차가운 시멘트 바닥에 누워도 보고, 피살자의 가족이 되어 사랑하는 이의 죽음을 지켜보기도 한다. 누명을 쓴 피고인이 되어 억울함에 빠지기도 하고, 피고인이 어떤 동기와 심정으로 어떻게 범행했는지 알기 위해 그의 행적을 천천히 따라가다 시멘트 바닥에 피해자를 쓰러뜨리고 칼로 찌르는 상상을 하기도 한다.

그러나 제아무리 위대한 배우라도 배역을 완전히 이해할 순 없다. 피해자에게 감정을 이입하는 건 비교적 쉬운 편이나 가해자를 이해하는 일은 무척 어렵다. 특히 정상 범주를 크게 벗어난 반사회성 인격의 범죄자들을 볼 때면, 이해는 고사하고 인간 존재에 대한 근원적 의문에 빠지곤 한다.

넷플릭스 드라마로 만들어지기도 한 회고록 《마인드 헌터》(이종인 옮김, 비채, 2006)는 잔혹범죄가 급증한 1970년대 말 FBI 요원 존 더글러스가 교도소에 수감된 연쇄살인마들을 인터뷰하면서 범죄자들의 심리나 행동 패턴을 읽고 그들을 이해해가는 과정을 다루고 있다. 존 더글러스는 최초의 프로파일러로 알려져 있다. 수많은 미확인 범죄자(unknown subject, UNSUB)를 검거한 그는 "흉악범의 마음속으로 들어가는 여행길은 끊임없는 경탄과 통찰이 뒤따르는 발견의 길이다"라고 말했다. 악을 가까이하는 자의 숙명이다.

프로파일러 정도는 아니겠지만 늘 범죄를 보는 판사도 비슷한 면이 있다. 법정은 온갖 종류의 악이 흘러드는 바다 같은 곳이다. 나 역시 악을 이해하기 위해 사건의 심연으로 자맥질한다. 몸은 일상에 있지만 마음은 사건 속에 머물 때가 많다. 견디기 힘들면 한 줄기 빛을 따라 수면으로 부상하지만 몰입이 지나쳐 쉽사리 빠져나오지 못할 때도 있다. 나는 늘 새롭게 등장하는 정체불명의 악을 탐색하느라 매번 좀 더 오래 머무르고, 좀 더 늦게 빠져나온다. 이러다 영영 갇히는 게 아닌지 두렵다.

수사기관과 달리 판사는 악을 활자로 먼저 만난다. 활자가 실체보다 덜 무서울 것 같지만 그 반대다. 범죄 사실을 공소장으로만 보면 훨씬 더 끔찍하다. 머릿속 공포는 한계가 없으니까. 인간의 탈을 쓰고 어떻게 이렇게까지 할 수 있을까, 놀라고 질린다. 그러나 막상 피고인을 보면, 이런 사람이 어떻게 그럴 수 있었을까 싶어 놀랄 때가 많다.

한번은 13년 동안 의붓딸을 강간한 피고인의 모습에 질려버렸다. 너무 초라하고 평범해서 무서웠다. 악이 이런 모습이라면 절대 구별할 수 없으리라는 생각 때문이었다. 이처럼 법정에 선 악은 작고 초라하고, 심지어 선해 보이기까지 한다. 이럴 때면 혼란스럽다. 어떤 모습이 진짜인가? 선한 인간이 잠시 격분해 이성을 잃은 것인가, 아니면 악한 인간이 본성을 억눌러온 것인가?

좋은 환경에서 자라도 살인마가 되는 경우가 있다. 1999년 13명의 사망자와 24명의 부상자를 낸 콜럼바인고교 총기난사 사건의 가해자 딜런 클리볼드 같은 경우다. 그의 엄마 수 클리볼드의 책 《나는 가해자의 엄마입니다》(홍한별 옮김, 반비, 2016)에 의하면 딜런은 평범한 중산층 가정에서 사랑받으며 자란 아이였다.

"저기 흘러내리는 빗방울 두 개가 보이지요? ……아래로 흐르는 빗방울처럼 우린 이렇게 흐를 수밖에 없는 거예요. 존, 당신이 무슨 수단을 써서 막으려 해도 우리를 저지할 수는 없어요. 우린 원래 이렇게 생겨먹은 거예요." 《마인드 헌터》에 소개된 엽기적인 연쇄살인마 에드 캠퍼의 말이다.

딜런 클리볼드나 에드 캠퍼를 보면 연쇄살인범이나 사이코패스는 확실히 타고나는 것처럼 보인다. 그러나 범죄의 양상은 매우 다양하다. 정신질환이나 뇌의 기질적 요인, 유전적 결함이 주원인인 범죄도 있고 그와 무관한 범죄도 있다. 두 가지 혹은 그 이상의 요인이 복합적으로 결부된 범죄도 흔하다. 어떤 경우건, 내 경험에 비추어 말한다면, 인간에게 악은 옵션이 아니라 날 때부터 탑재된 기본사양이다.

일란성 쌍둥이는 동일한 유전자를 가졌더라도 나이가 들어 나타나는 유전적 특성은 제각각이다. 후성유전학epigenetic은 유전자가 어떤 경우에 발현되는가, 즉 유전자의 온오프 스위치를 찾는 학문이다. 프로파일링은 후성유전학과 비슷하다. 인간에 내재된 악성이 범죄로 발현되는 기전을 찾는 작업이다. 내 관심도 주로 여기에 있다. 내 생각에, 환경은 스위치나 배양접시 역할을 한다. 다만 드러난 악의 모습이 천차만별인 것을 보면, 본성보다 환경이 더 중요한 요인으로 보인다.

우리 내면의 천사와 악마 중 어느 쪽이 이길까? 평소 잘 먹인 쪽이 이긴다. 배양접시의 상태가 나쁘면 악은 발현되지 않거나 충분히 자라지 못한다. 존 더글러스의 생각도 비슷하다. 그는 불우한 유년기를 보냈거나 내면에 시그니처가 있다고 모두 범죄자나 연쇄살인범이 되는 것은 아니며, 이런 시그니처를 폭발시키는 환경이 주어졌을 때 범죄자가 되는데, 좋은 성장환경, 우애 깊고 서로 돕는 가정, 부모가 자식을 사랑하는 집안 분위기에서 자란 사람이 흉악범이 된 경우는 단 한 건도 못 봤다고 말했다.

사이코패스의 뇌를 가진 뇌과학자 제임스 팰런 역시 같은 의견이다. "사이코패스 유전자를 타고나는 사람은 모든 문화권에서 2퍼센트로 동일하다. 특정한 문화권에서는 그들의 폭력성이 발현되고 누적되어 '범죄자'나 '테러리스트'가 된다. 그러나 그런 기질을 파악하고 제대로 양육하는 환경에서는 그들이 온전한 사회인으로 자란다."•

유년시절의 학대나 빈곤처럼 범죄를 둘러싼 환경은 악이 발현되는 기전임과 동시에 그 자체가 악이다. 여러 악이 중첩되는 지점 때문에 악의 실체와 책임이 흐릿해진다. 형사사건에는 선악뿐 아니라 정의와 불의, 가해와 피해, 개인적 책임과 사회적 책임 같은 여러 맥락이 어지럽게 뒤엉켜 있다. 형사재판에는 이야기와 이야기, 감정과 감정이 부딪치고, 때론 서사와 서정이 맞서기도 한다.

법정에 오래 있으면 이를 분별할 수 있는 눈이 트일 것 같지만 실은 그 반대였다. 처음에 선명하게 보였던 경계나 구분이 갈수록 모호해졌다. 왜 그럴까? 그게 실재여서 그렇다. 사회현상은커녕 한 개인의 삶, 아니 한 사건조차 선연한 건 아무것도 없다.

악은 모호하면서 동시에 교활하다. "오랫동안 심연을 들여다보면 심연 역시 우리를 들여다본다"는 니체의 말처럼, 악을 읽는 동안 악도 우리를 읽는다. 선과 악이 가까워질수록 악의 영토는 확장되고 선은 위축된다. 악은 선악의 경계를 무너뜨리고 선에

• 제임스 팰런, 김미선 옮김,《괴물의 심연》, 더퀘스트, 2015.

스며든다. 악은 선을 알지만, 선은 악을 모른다.

문제는 악이 꼭 범죄의 형태로만 발현되는 것은 아니라는 데 있다. 아니, 범죄로 모습을 드러내는 악은 극히 일부에 불과하다. 악은 인간에 내재된 본성이므로 우리의 모든 행동 안에도 악이 깃들어 있다. 악한 우리는 매일 누군가를 가해하고, 선한 우리는 매일 누군가에게 해를 입는다. 악이 무엇인지, 어떻게 발현되는지를 알아야 "우리 내면의 악, 타인의 악, 나아가 삶을 위협하는 포식자의 악에 대처할 수 있"지만,• 일상에 스며든 악은 너무 흔하고 평범해 법정의 악보다 훨씬 식별하기 어렵다.

그러나 악을 전혀 알아볼 수 없는 건 아니다. 법정에서 많은 악을 지켜본 나는 한두 가지 속성으로 악을 판별한다. 악의 가장 큰 특징은 사람을 수단시하고 사물화한다는 것이다. 온갖 궤변과 요설로 치장해도 인간의 생명과 존엄성 앞에 다른 가치를 내세우는 건 악일 가능성이 높다.

내가 본 악의 또 다른 습성은 세상을 거꾸로 돌리려 한다는 것이다. 2008년 광우병사태 당시 경찰이 도로에 누워 있던 시위대를 발로 밟고 곤봉으로 내리쳐 진압하는 장면을 인터넷으로 본 적이 있다. 그 영상을 보는 순간 나는 1980년대 후반 대학시절이 떠올라 그 시절 다큐멘터리 영상이라고 착각했지만, 영상 속 날짜를 확인하고 쇼크에 빠졌다.

- 정유정,《종의 기원》〈작가의 말〉, 은행나무, 2016.

20년이 흘렀음에도 군사독재 시절 무자비한 폭력으로 시위를 진압하던 장면이 거의 똑같이 재현된다는 점에서 놀라움을 금할 수 없었다. 더욱 충격이었던 건 진압봉을 피할 생각도 하지 못한 채 멍한 표정으로 맞고 있던 20대 여성의 눈빛이었다. 그건 두려움이 아니었다. 평화시위를 하는 시민들을 공권력이 몽둥이를 들고 때릴 수 있다는 사실 자체를 믿을 수 없다는 당혹감이었다. 수많은 사람이 피와 눈물로 만든 세상이 한순간 20년 전으로 회귀했다는 생각에 치밀어오르는 분노와 서글픔을 참을 수 없었다. 더 나은 세상을 향한 행보를 막는 데 그치지 않고 왔던 길로 되돌리는 건 명백한 악이다.

나는 '필요악'이란 말도 좋아하지 않는다. 선과 악의 이항대립으로 세상이 유지되거나 변화한다고 생각하지도 않는다. 악은 그저 악일 뿐이다. 선은 선과만 연대해야 한다. 악과 손잡는 건 야합이다.

우리 내면과 주위에 무수히 포진한 크고 작은 악에 맞서 흑화하지 않으려면, 공감능력과 양심, 죄의식과 염치 같은 것들이 필요하다. 죄의식과 염치는 나쁜 것을 불편하고 부끄럽게 느끼게 해서 피하도록 만들고, 공감능력과 양심은 선악을 구분하고 선에 이끌리도록 한다. 범죄를 저지르지 않는 한 일상에서 죄의식까지 느끼긴 쉽지 않으므로, 염치나 양심 같은 것이 사실은 더 중요한 가치다.

한 언론과 염치를 주제로 인터뷰를 한 적이 있다. 아래는 그 내용 중 일부다.

"당신은 언제 부끄러운가?"

"태생적으로 수줍음과 부끄러움이 많다. 살면서 얼굴이 화끈거린 적이 한두 번이 아니다. 술을 잘 못 마시는데 술이 과해 이런저런 실수를 했을 때, 자잘한 욕망을 참지 못할 때, 늘 일을 미룰 때, 위선적인 글을 쓸 때, 잘 모르면서 많이 아는 척할 때 부끄러웠다. 애들이나 아내와 많은 시간을 못 보내고 따뜻한 말 한마디 못하는 아빠와 남편이어서 부끄럽다. 친절한 이웃도 아니고 배울 게 많은 부장도 아니어서 이웃들과 배석판사들에게 부끄럽다. 대개는 어제보다 못한 오늘이어서 매일 부끄럽다."

"염치나 공감능력은 타고나는 것이라 생각하는가?"

"악처럼 부끄러움을 느끼는 마음 역시 타고난다고 생각한다. 거기에 환경까지 뒷받침되면 그 유전적 기질은 더욱 강화될 것이다. 나는 부끄러움을 많이 타는 만큼 상처를 잘 받는 체질이기도 하다. 상처를 잘 받기 때문에 타인의 고통도 비교적 잘 느끼는 것 같다. 그래서 내가 타인에게 주는 상처는 정말 끔찍하게 견디기 어렵다. 사람들과 어울리지 못하고 불화할 때면, 나는 정말 내 몸이 가시로 잔뜩 뒤덮여 있어 누군가 다가오려 할 때마다 상처를 주는 건 아닌가 자책한 적이 많다. 그런데 어느 날 내 몸을 찬찬히 들여다보니 내 몸에 난 가시는 대부분 거꾸로 박힌 가시였다. 그래서 사람들과

의 관계에서 내가 상처받는 경우가 훨씬 많았고, 상처의 정도도 훨씬 더 심각했다. 나는 공감능력이나 염치의 감도는 거꾸로 난 가시의 비율이라 생각한다. 제 몸을 파고드는 가시가 많은 사람은 사람과 세상과의 접촉에서 그렇지 않은 사람들보다 부끄러움, 죄의식, 타인의 고통을 더 잘 느끼고 더 상처받는다."

"염치의 감도나 공감능력을 높이려면 어떻게 해야 하는가?"

"공감능력을 기르기 위해서는 책이나 영화 등을 통해 타인의 삶을 상상으로나마 체험해볼 수밖에 없다. 문제는 공감능력을 타고난 사람들은 그런 정보에 더 접근하려 하고, 그렇지 않은 사람들은 그런 정보 자체를 싫어한다는 데 있다. 자본처럼 염치나 공감도 빈익빈부익부가 된다. 결국 공감능력을 갖추고 상처받기 쉬운 사람들이, 계속해서 우리 사회의 치부와 악에 대해 경고하고 문제제기하며, 도발하고 고발해서 그렇지 않은 사람들을 끊임없이 자극하고 상처 입혀야 한다. 《내 아들은 조현병입니다》를 쓴 론 파워스는 '이 책이 당신에게 상처가 되기를 바란다'고 썼는데, 나는 이 말이 정답이라 생각한다."

"염치의 감도가 높은 사회가 바람직한 사회인가?"

"글쎄… 염치가 중요하긴 하지만, 나는 우리 사회가 타인의 시선, 사회적 평가, 체면 같은 것에 너무 짓눌렸다고 생각한다. ……우리 모두 너무 염치에 억눌리지 말고 좀 더 키치해졌으면 좋겠다. '병맛'도 훨씬 더 많아지고, 타자의 시선에서 느끼는 부끄러움에서 좀 자유로워졌으면 좋겠다. 다만 그 전제로 한 가지는 꼭 지켰으면 좋겠다. 염치를 느껴야 할 자리에서는 염치를 느낄 것, 특히 약자를 향해서는 반드시 염치를 느끼는 것 말이다. 염치는 한 사회나 개인이라는 배가 더 나은 목적지로 운항할 수 있도록 하는 조류나 편서풍 같은 것으로서, 모든 사회 구성원이 나름의 위치에서 꼭 갖춰야 할 덕목이지만, 그 바람을 사회 구성원 모두가 똑같은 양으로 맞을 수는 없다. 몸이 불편한 사람이 붐비는 지하철에서 빈자리로 쏜살같이 돌진하는 것을 두고 염치없다고 하지 않는다. 건장한 청년이라면 염치없는 짓이다. 가난한 집 아이들이 마트 시식코너를 누비고 다닌다고 염치없다고 하지 않는다. 부잣집 아이들이라면 조금 염치없다. 유리지갑 회사원이 한 푼이라도 절세해볼 요량으로 세법을 요리조리 피하며 아등바등하는 것을 염치없다고 하지 않는다. 재벌이라면 염치없는 짓이다. 퀵배달 아저씨가 배달료 2천 원을 더 받으려고 신호위반하는 것을 염치없다고 하지 않는다. 국회의원이라면 염치없는 짓이다. 못 배우고 없는 사람들은 부끄러움을 좀 덜 느끼고 좀 더 뻔뻔하게 살아도 되지 않을까? 사회적 염치에는 가중치가 있다. 나는 염치는 권력과 자본, 부와 사회적 책임, 지식과 정보가 집중된 곳에 누진적용되어야 한다고 본다. 그래서 나 같은 사람들이 욕을 훨씬 더 먹어야 하는 거다."

양심과 염치로 늘 경계하고 주의해도 사람인 이상 나쁜 짓을 완전히 피할 수는 없다. 만약 악행을 저질렀다면 반성하고 사죄하는 자세가 중요하다. 악의 출현을 막는 것 못지않게 발현된 악을 깔끔하게 처리하는 일이 중요하다. 형사재판은 후자에 치중하는 절차다.

형사재판장으로 있으면 하루에도 몇 번씩 "진정으로 반성하고 사죄했으니 용서해달라"는 글을 읽는다. 피고인 입장에서 이 말 말고 뭐 달리 할 말이 없을 거라는 걸 알면서도, 너무 많이 접하니 식상하고 별 감흥이 없다. 현실 재판에서 반성과 용서는 합의라는 이름으로 등장한다. 실제 합의서에도 그렇게 적혀 있다. "A는 자신의 잘못을 진정으로 반성하고 사죄하였으므로 B는 A를 용서하고 더 이상 A에 대한 처벌을 원하지 않습니다."

성범죄 피고인들은 유리한 양형자료로 각종 사회봉사나 기부 내역 등을 많이 낸다. 요즘엔 장기기증서약서 같은 것도 낸다. 감형 노하우를 사고파는 일까지 등장했다. 가해자들이 인터넷 카페에 모여 입건 대처 노하우를 공유하는 데 그치지 않고, 본인 사건의 법원 판결문이나 검찰의 불기소 이유 통지도 활발하게 유통한다고 한다. 나아가 불기소 또는 감형을 받는 데 도움이 되는 반성문과 탄원서 양식을 사고파는 '시장'이 상시 운영되고 있다고도 한다. 성범죄를 전문으로 다루는 인터넷카페나 변호사들이 고안해낸 일종의 전략적인 양형자료 같은데, 글쎄, 다른 판사들은 어떤지 잘 모르겠으나 나는 이런 자료의 가치를 거의 고려하지 않는다. 진정한 반성과 사죄는 이렇게 노골적이고 명확할 수 없기 때문이다.

형사법정에서 악인을 계속 보다 보면 '인간은 과연 바뀔 수 있는 존재인가?'라는 의문이 떠나질 않는다. 나아가 죄는 용서받을 수 있는가, 참회에도 불구하고 용서하지 못할 범죄가 있는가, 어떤 태도를 진정한 사죄라고 봐야 하는가, 어떤 경우에 용서해야 하는가, 용서는 피해자의 온전한 권리인가, 가해를 용서한다는 게 애당초 가능한 일인가, 피해자의 용서가 형을 낮추는 결정적 요인인가, 용서로 가해자와 피해자는 구원되는가 하는 질문들이 머릿속에서 어지럽게 맴돈다.

여전히 속 시원한 답을 찾진 못했지만, 만약 진정한 속죄가 있다면 이런 모습이어야 하지 않을까 생각하는 모델은 있다. 롤랑 조페 감독의 영화 〈미션〉에서 잔혹한 노예상이었다가 참회하고 사제가 된 멘도자(로버트 드 니로)가 바로 그 모델이다. 멘도자는 자신의 잘못을 통렬하게 반성하고, 속죄 차원에서 무거운 무기들을 몸에 묶은 채 끌고 다니는 고행을 오랫동안 계속한다. 결코 원주민들에게 간단히 용서를 구하지 않는다. 어느 날 멘도자는 목숨을 걸고 폭포가 흐르는 절벽을 기어오른다. 절벽 위에서 그 모습을 지켜보던 원주민들은 환하게 웃으며 멘도자의 몸에서 무기를 벗겨준다. 멘도자는 마침내 오열한다. 그 후 사제가 된 멘도자는 원주민을 위해 스페인군에 맞서 목숨을 바친다.

피해자의 고통에 대한 깊은 공감, 잘못에 대한 부끄러움과 죄의식, 진실한 속죄의 행동, 용서를 구걸하거나 강요하지 않는 자세, 용서받았음에도 거기서 그치지 않고 피해자를 위한 행동으로 나아간 멘도자의 삶은 진정한 사죄의 전형으로 보인다. 법정에서 수많은 사죄와 합의를 봤지만 이런 모습은 없었다. 그래서 피해자들은 합의 여부와 상관없이 항상 힘들어했던 것 같다.

나는 멘도자를 보며 용서는 구하는 것이 아니라 하는 것이라는 점을 재차 확인했다. 사죄를 할 수는 있지만 용서해달라고 말할 수는 없는 것이다. 용서는 용서하는 자의 몫일 뿐이다. 가해자는 피해자가 이제 됐다고 웃으면서 말할 때까지, 멘도자가 무기 꾸러미를 끌고 고행했듯 끊임없이 반성하고 사죄하는 수밖에 없다.

세상에는 가해와 피해, 어느 쪽에 있는지 명확히 구분하기 어려운 사람도 있다. 바로 가해자의 가족들이다. 《나는 가해자의 엄마입니다》를 쓴 수 클리볼드, 영화 〈케빈에 대하여〉와 〈러덜리스〉의 부모들 모두 살인자의 가족이다. 이들은 자신도 사랑하는 아들을 잃었지만 슬픔을 드러내거나 추모할 수 없다. 자신의 슬픔이 곧 피해자들의 고통이 되기 때문이다. 법정에서 나는 이들의 심정과 고통을 조금도 이해할 수 없었다. 아니, 나는 가해자의 가족에게는 아예 관심조차 없었다.

한번은 몸이 약한 아내와 뇌전증을 앓는 서너 살 아이 둘을 부양하는 피고인이 있었다. 사안이 상대적으로 경미해서 합의만 되면 집행유예를 선고해도 되는 사건이었지만 피고인이 구금이라도 되면 남은 가족은 보호시설로 뿔뿔이 흩어져야 할 상황이었다. 그래서 합의할 시간을 여러 번 길게 주고 몇 차례 선고를 연기했음에도 이 무책임한 피고인이 끝까지 합의를 하지 않고 법정에 나왔다.

더는 어쩔 수 없어 법정구속을 하려는데, 피고인이 피고인석을 딱 붙잡고 버티기 시작했다. 법정구속을 이미 고지했기 때문에 법의 엄정함 측면에서나 후속 선고사건과 재판대기사건의 나쁜 본보기가 되지 않으려면 반드시 구속해야 하는 상황이었다. 고개를 모로 돌린 채 눈을 질끈 감고 계속 피고인을 외면했는데, "판사님, 지금 들어가면 우리 애들 죽습니다"라는 절규 한 마디에 결국 법정구속은 하지 못했다.

그렇게 그를 풀어주고 나니 자기도 봐달라고 떼쓰는 피고인들이 속출해서 그날 재판은 아주 엉망이 됐다. 법정에서 그런 말을 처음 들은 것도 아닌데 그날따라 왜 유독 그 말이 신경쓰였을까 생각해보니, 그 무렵 우연히 수용자 자녀와 가족을 지원하는 '세움'이라는 단체를 알게 된 탓인 듯했다. 형사재판에서 전혀 보이지 않던 가해자 가족에 생각이 미치자 평소처럼 판단할 수가 없었던 것이다.

세움의 기관소개 말이다. "수용자 자녀는 제2의 피해자, 숨겨진 피해자라고 합니다. 유럽연합에서는 매년 6월 'Not my crime, Still my sentence!'라는 캐치프레이즈를 가지고 수용자 자녀에 대한 관심을 촉구하고 있습니다. 부모의 죄가 자녀에게 미쳐서는 안 됩니다."

임성택 변호사는 가해자 가족 지원이 중요한 이유에 대해 이렇게 말한다. "엄밀하게 보면 이들도 피해자다. 우리 사회가 가해자의 가족에게 가해자와 같은 책임과 비난을 가한다면 이는 연좌제에 다름 아니다. 가해자 가족은 '위기가정'이다. ······사랑하는 이가 가해자가 된 것 자체가 가장 큰 위기인데, 더 나아가 생계가 어려워지고 주변의 시선이 차가워지며 여러 곤란한 상황에 빠진다. ······가해자의 가정이 파탄나고 불안정해지면 수용자의 사회복귀는 어려워진다. 당연히 재범률은 높아진다. 가정이 어려워지면 수용자의 자녀는 대물림하여 죄를 범할 가능성이 높아진다."•

피해자에 대한 사회적 관심과 지원도 충분치 않은 마당에 가해자 가족까지 신경쓰기가 쉽진 않겠으나, 이들은 가해자가 아니라 또 다른 피해자이자 범죄로 가장 고통받는 사람들이다. 이들도 마땅히 보호받아야 한다.

형사재판에서 피고인들이 가장 많이 하는 변명은 아마 '몰랐다'일 것이다. 다양한 변용이 있지만 대부분 이 주장이다. 범의를 다투는 많은 사건이 전형적인 예다. 칼로 찔렀지만 죽을 줄은 몰랐다, 돈을 꾸고 갚진 않았는데 이게 사기일 줄은 몰랐다(편취 범의를 부인하는 사건은 무척 많다), 성관계를 했지만 동의한 줄 알았

• "가해자 가족", 〈법률신문〉, 2019. 8. 8.

다, 아이를 때렸지만 이 정도가 아동학대인 줄은 몰랐다… 이런 주장들이다. 재판만이 아니다. 복잡한 세상과 수많은 관계망 속에서 우린 대부분 아무것도 모르는 바보천치들이다. 진짜 몰랐건 변명이건, 몰랐다는 사실은 법정에서도 일상에서도 면죄부가 되지 않는다.

영화 〈식스센스〉가 반전으로 유명하지만, 반전 하면 내게는 필립 K. 딕의 단편소설 〈사기꾼 로봇Imposter〉을 능가하는 이야기가 없다. 초등학생 때 이 소설을 읽었는데, 당시 SF소설집에 실린 제목은 '우주 스파이'였던 것으로 기억된다. 이야기의 주인공 스펜서 올햄은 외계인이 보낸 스파이 로봇으로 오인받아 요원들에게 쫓기게 된다. 요원들은 로봇의 몸속에, 어떤 키워드를 말하는 순간 폭발하도록 설계된 고성능 폭탄이 장착돼 있다고 판단하고 그를 제거하려 한다. 올햄은 자신이 인간임을 입증하기 위해 자신으로 가장한 스파이 로봇의 잔해가 있는 외계인 우주선을 찾아낸다. 그러나 그 속에서 발견한 것은 진짜 올햄의 시체였다. "저게 진짜 올햄이라면, 그럼 내가 바로…."

살면서 내가 사기꾼 로봇이었음을 깨달았을 때를 잊지 못한다. 나는 사랑하는 이가 왜 그렇게 시니컬하고, 이유 없이 울음을 터뜨리고, 별것 아닌 일을 집요하게 따지고, 같이 우산을 쓰고 있는데도 늘 한쪽 어깨가 젖어 있는지를 잘 몰랐다. 그렇게 고통스러운 세월이 흘렀다. 어떻게 해도 답을 찾을 수 없었던 나는 차츰 나를 의심하기 시작했다. 그러다 〈월식〉(강연호)이라는 시를 본 직후, 내가 사기꾼 로봇이자 달을 가린 지구였음을 깨달았다. 지구인 나는, 보이지 않는 달을 찾아다니면서도 달을 가린 게 사실은 내 그림자였음을 미처 몰랐다. 내 울음소리에 어둠 속 달의 울음이 섞여 있었다는 걸, 그래서 울음소리가 그렇게 컸다는 걸 정말 몰랐다.

너의 슬픔이, 너의 고통이, 너의 쓸쓸함과 외로움이 사실은 내 탓이었다니. '어쩌면 내 그림자가…'라고 인식하는 순간 나는 사기꾼 로봇처럼 터져버렸다. 마음속 둑 한 귀퉁이가 급격히 허물어져내렸고 걷잡을 수 없이 눈물이 흘렀다. 그러나 차마 용서해달라고 말할 수는 없었다. 나는 그저 내 어리석음을 책망하고 후회하고 사죄할 뿐이었다. "정말 모르는 것 같아 참아준 거야"라는 말에 내가 더 미웠다.

우리는 대부분 악의로 가해하지 않는다. 그러나 몰랐다고 죄가 없어지는 건 아니다. 악과 불의를 식별하고 악행을 반복하지 않으려면 내가 누굴 가리거나 밟고 있는 건 아닌지, 나 때문에 누가 고통을 겪는 건 아닌지, 사실은 내가 사기꾼 로봇이 아닌지 항상 경계하고 돌아봐야 한다. 그걸 깨닫는 순간 세상이 무너지는 듯한 충격을 받겠지만, 그건 가해자의 죄과이므로 기꺼이 감내해야 한다. 언제나 중요한 건 악을 자각하는 일이다. 악이 진정으로 노리는 건 선이 계속 악을 모른 채 살아가는 거다. 선이 악을 깨닫는 순간 악은 '펑' 하고 사라진다.

3장

사람을 살리는
이념과 정의

우린 양아칩니더

> 환하게 웃는 자만이
> 현실을 가볍게 넘어설 수 있다.
> — 니체

"정치가들은 기저귀와 같다. 자주 갈아줘야 한다. 이유도 같다."
"착하게 살아라. 외로워질 것이다."
"잘못을 했으면 꼭 인정해라. 그러면 윗사람들이 방심하기 때문에 또 잘못을 저지를 기회를 얻을 수 있다."•

미국인들만큼 유머를 좋아하는 사람들이 또 있을까? 대문호 마크 트웨인을 기리는 방식이 유머상 제정일 정도니 말이다. 마크 트웨인 유머상은 매년 존 F. 케네디 센터가 시사적인 풍자와 해학으로 사회 발전에 공로가 큰 인물에게 수여하는데, 미국 예술계에선 최고 영예의 상으로 꼽힌다. 에디 머피, 우피 골드버

- 카를로 드비토, 홍한별 옮김, 《마크 트웨인의 관찰과 위트》, 맥스미디어, 2017.

그, 제이 레노, 데이비드 레터먼, 윌 페럴 등 내로라하는 배우와 코미디언, 쇼 진행자 등이 수상했다.

판사의 덕목으로 여러 가지가 언급되지만 의외로 유머를 꼽는 사람이 많다. 역시 미국인들이 그런 경향이 짙다. 법조 경력 막바지에 판사가 되는 관례 탓인지 미국 법관들은 나이 지긋한 50~60대가 많은데, 내가 만나본 판사들도 대개 위트가 넘치고 잘 웃었다. 물론 그들이 구사하는 미국식 유머는 우리 기준에서 보면 아재개그가 많아 그리 웃기진 않았다. 그러나 희한하게도 농담이 썰렁하면 썰렁할수록 서로의 거리감이 확 좁혀지는 느낌이었다.

고단한 일상이지만 주변을 둘러보면 늘 웃는 사람들이 있다. 언제나 환한 미소로 주위를 밝히는 사람들이다. 웃어서 손해 보는 일은 별로 없지만, 시도 때도 없이 웃으면 난처한 경우가 생긴다. 특히 법정에서 피고인의 웃음은 낭패를 볼 확률이 높다. 반성하지 않고 국가권력과 피해자를 조소하는 듯 비춰질 수 있기 때문이다.

학교나 군대에도 이런 사람들이 있었다. 성적과 공납금 납부율이 모두 꼴찌인데도 수업시간에 시시닥거린다고 담임이 악을 쓸 때도, 군기가 빠졌다고 소대장이 군홧발로 걷어찰 때도 이들은 웃고 있었다. 그러면 담임이나 소대장은 불같이 화를 내며 길길이 날뛰었고, 반 아이들이나 소대원들은 몇 곱절 더 고달파졌다. 그들은 모두에게 사과하며 또 웃었다. 그렇게 잘 웃던 아이 중 하나가 일주일 만에 학교에 왔다.

"무선 일 있었나?"

"아버지가 돌아가싯다."

"뭐어? 우짜시다가?"

"일하시다 5층에서 떨어졌다 카더라."

"니 개안나?"

"엉."

그 친구는 나를 보며 웃었다.

"이누마야, 이 판에 웃음이 나오나?"

"내 원래 웃는 상 아이가."

그러면서 초점 없는 눈으로 다시 씨익 웃었다.

대학 동기 한 명이 입사한 지 얼마 안 돼 급사했다. 더벅머리에 순박하게 생겼고, 정겨운 전라도 사투리를 쓰며 늘 웃던 친구였다. 심란한 마음으로 조문을 갔다. 영정 속 미소가 그답게 환했다. 대학 동기들은 삼삼오오 장례식장에 모여 서로의 안부를 묻고 술잔을 기울였다. 술잔이 오가다 급기야 화투판까지 벌어졌다.

그때 나는 슬그머니 일어났다. 내색은 하지 않았지만 정나미가 떨어졌다. 당시만 해도 나는 조문 경험이 많지 않아서 문상자리가 어색했다. 망자에게 절을 몇 번 하는지 헷갈렸고, 상주들에게는 무슨 말을 건네야 할지 몰라 난감했다. 무엇보다 진지한 애도의 시간도 없이 죽치고 앉아 술 마시고 웃고 떠들고 피박과 광박 점수를 계산하는 것이, 망자와 죽음에 대한 불경처럼 느껴져 견딜 수 없었다. 이제 막 사회에 발을 내디딘 한 젊은이의 원통한 죽음 앞에 고스톱은 너무하다 싶었다. 다른 이도 아니고 친구들이 말이다.

나는 그 후로도 한참 동안 어떻게 슬픔과 웃음이 공존할 수 있는지, 어떻게 희망과 절망이, 증오와 사랑이 같은 시공에 오버랩될 수 있는지 잘 납득이 되지 않았다.

내가 상주였을 때도 그랬다. 곡哭을 마치고 천연스레 밥을 먹고, 비통에 잠겼다가 아이들 성적 얘기를 하고, 상심에 빠졌다 상속 이야기를 나누는 게 어색했다. 지금도 그런 감정 상태에 완전히 적응했다고 자신하긴 어렵다. 다만 "어른들의 세상은 그때 그의 나이로서는 도저히 가늠할 수 없었다. 사랑과 불화가 공존할 수 있다는 역설을 이해하기 어려웠다. 이것 아니면 저것, 사랑이면 사랑이고 아니면 말고. 둘 중 하나여야지, 사랑이면서 동시에 사랑이 아닐 수는 없었다"•는 글을 읽으며, 모순되는 감정을 한 번에 담을 수 있어야 비로소 어른이 된다는 사실을 이해하게 됐다.

결국 어른이 된다는 건 많은 사건을 통해 다양한 감정을 경험

• 폴 오스터, 송은주 옮김, 《선셋 파크》, 열린책들, 2013.

하고, 감정의 층위가 두터워져간다는 것이다. 어른은 다층적이고 복잡한 존재다. 어른은 수많은 세월 겹겹이 쌓여온 퇴적인간이다. 그러나 퇴적층의 마지막 모습만으로 굳어버린 이는 제대로 된 어른이 아니다. 인간의 감정은 포토샵의 레이어와 비슷하다. 투명 종이 여러 장에 그린 그림을 하나로 겹쳐놓은 상태다. 아래 깔린 그림이 완전히 가려지지 않는다. 밑그림처럼 속감정도 배어나온다. 모든 감정이 겹쳐져 비로소 하나의 표정이 된다. 웃듯 울고, 울듯 웃는다. 기쁘면서 슬프고, 슬프면서 기쁘다. 우리 모두 그렇게 어른이 된다.

어른이 된다는 건 성숙한 조문자가 된다는 말에 다름 아니다. 슬픔과 고통을 극복하는 첫 단계는 눈물 흘리는 동시에 입꼬리를 살짝 치켜올리는 일이다. 거울은 혼자 웃지 않는다. 인생의 장면전환은, 컷처럼 '슬픔 끝, 행복 시작'이라는 분절된 양상으로 전개되는 것이 아니라, 디졸브처럼 교차하거나 중첩되며 서서히 바뀐다.

법정의 공기 역시 다양한 감정과 정취를 품고 있다. 주로 불안, 초조, 슬픔, 절망, 후회, 분노 같은 것들이다. 변호사로 7년, 판사로 15년 드나들며 느낀 법정의 기본 정조를 들라면 단연 불안이다. 법정에선 누구도 쉽게 웃을 수 없다. 그러나 아무리 법정이라 해도 시종일관 이런 공기만 흐르는 건 아니다. 만약 그렇다면 숨이 막힐 뿐 아니라 자연스럽지도 않다.

나는 살인과 가정폭력, 아동학대와 성범죄 사건들을 처리하면서 내가 지켜보고 묘사하는 이 사건들과 사람들이 실재한다는 사실을 깜빡깜빡하곤 한다. 아니, 지금도 여전히 잘 믿기지 않는다. 형사합의 사건 같은 중범죄들은 고통과 슬픔이 너무 거대해 그 크기가 가늠되지 않고, 비현실적으로 어둡고 참혹하다.

그나마 유일하게 법정이 현실감 있게 느껴지는 순간은, 짧은 순간 입가에 비치는 희미한 미소를 볼 때였다. 이 책의 전체적인 분위기에서 다소 벗어날지도 모르겠으나 엄숙하고 숨 막히는 법정과 법원에서 벌어진 그 웃음에 대해 말해보려 한다. 다만 전해들은 내용은 100퍼센트 사실이라 장담할 수 없고, 기억이 충분치 못한 부분은 상상으로 보충했음을 미리 밝혀둔다. 판사든, 소설가든, 개그맨이든 모든 이야기의 화자는 감칠맛 나는 MSG의 유혹을 절대 피해갈 수 없음을 이 글을 쓰면서 깨달았다.

법원에서 가장 고생하는 사람을 들라면 단연 당사자를 직접 상대하는 사람들이다. 법원 밖도 다르지 않을 것이다. 사람 상대하는 게 가장 어렵고 피곤한 일이다. 끊임없는 질문과 요구, 비난, 험담, 거친 언사에 시달린다. 요즘 관공서도 워낙 친절을 강조해 몰라보게 좋아졌지만, 국민들 눈높이를 맞추기엔 역부족이다. 민원인들은 기본적으로 '네, 고객님', '사랑합니다, 고객님'에 익숙해져 있는데, 관공서는 그 정도는 아니기 때문이다.

진상고객들이 있듯, 각 법원에도 유명한 악성 민원인이 한두 명씩은 있다. 부산과 울산에도 할머니 두 분이 유명하다. 이분들은 거의 매일 법원으로 출근해 하루 종일 계시다, 마음에 안 드는 직원이 있으면 가끔 호통을 치고 근무 태도도 나무란다. 끊임없는 소송과 듣도 보도 못한 각종 신청으로 많은 업무와 함께 연구과제까지 제시해 법리 발전에도 크게 기여해온 분들이다. 울산 법원 재직 중 이분 사건 한번 처리해보지 않은 판사가 없을 정도다.

법원에서도 함부로 대하기 어려운 분들이라 근무 경력이 꽤 되고 이분들이 특히 귀여워하는 친절한 직원에게 전담하도록 했다. 이 할머니들은 그 직원이 챙겨주는 식권으로 식사도 꼬박꼬박 하고 커피도 드신다. 가끔 할머니들이 며칠씩 안 보이면 법원 직원들은 건강에 무슨 문제가 생긴 건 아닌지 걱정할 정도다.

부산 할머니는 기세를 몰아 호기롭게 서울까지 진출했는데, 홈그라운드가 아니어서 그런지 법정구속까지 되어 호되게 고생하고 다시 부산으로 돌아오셨다. 그때 할머니를 구속한 판사가 부산으로 발령받아 와서는 이 할머니와 마주치지 않으려고 피해다녔다는 얘기도 전해진다.

사실 이런 분들은 사연이 많다. 인생의 빛나는 어느 순간, 갑자기 전 재산을 잃거나 자식을 잃는 등의 변고로 송사에 휘말려 법원이나 관공서를 드나들다 지울 수 없는 깊은 고통을 겪고 그 트라우마로 계속 법원 주위를 서성이는 것이다. 그렇다고 이분들이 마냥 법원에 부담만 주는 건 아니다. 가끔 뜨내기 민원인이 나타나 언성을 높이고 직원들을 괴롭히면, '짠' 하고 나타나 한마디 해준다. "어디서 굴러묵든 기, 내 나와바리에 와가 설치고 지랄이고?"

깊은 내공에서 뿜어져나오는 할머니의 위세에 신흥 악성 민원인은 손쉽게 제압당하고, 사태는 깔끔하게 정리된다.

재판은 어느 정도로 친절해야 할까? 판사들도 혼란스럽다. '피고인님, 징역 3년이십니다. 출소하실 때까지 몸 건강히 복역하십시오'라고 할 순 없다. 재판 당사자들은 판사들이 불친절하다고 불만이 많고, 매년 실시되는 변호사의 법관 평가에서도 친절을 중요하게 보지만, 재판은 서비스나 민원절차가 아닌 사법절차라 친절의 수위를 정하는 데 고민이 많다.

최근에는 판결문이나 각종 법률문서를 경어체로 쓰자는 움직임도 있다. 왜 법원은 각종 문건을 보내면서 반말을 하냐는 거다. 딱딱한 명령조의 법정언어나 법률문장도 이제 한번 생각해볼 때가 되긴 했다. 이에 관한 일화다.

형사단독재판을 할 때였다. 밝은 표정에 아주 친절한 공판검사가 있었다. 얼마나 상냥하게 말하는지 보기가 참 좋았다. 문제는 이 검사를 법정에서 봐야 한다는 거였다. 하루는 폭력배들을 증인으로 불러놓고 이 검사가 생글거리며 신문했다.

"증인, 그러니까 증인께서는 피고인분과 함께 피해자분을 각목으로 세 번가량 가격하셨다는 말씀이신 거죠?"

"한 번인데요."

"아하, 한 번만 가격하셨다는 말씀이시군요."

뭐 이런 식이었다. 지나친 경어 사용은 법정에 어울리지 않는다고 점잖게 지적했지만, 도무지 고쳐지지 않았다.

한번은 한승헌 변호사님의 유머집을 읽는데 대통령을 최근거리에서 모시느라 극존칭이 입에 밴 사람이 국가 행사장에서 사회를 볼 때, 북한이 남하했다는 부분을 '북한군께서 남하하시고'라고 하는 바람에 다들 사색이 됐다는 이야기가 있었다. 나는 그 공판검사가 모두진술하는 장면을 떠올리며, 이 검사는 절대 형사합의부로 오면 안 되겠다고 생각했다.

"(미소를 띤 채) 본건 공소사실의 요지는, 피고인께서 칼로 피해자분의 복부를 여러 번 찌르셔서 돌아가게 하시고…."

법을 적용하고 선언하는 사법작용으로서의 기능과 친절한 진행 사이에서 적절한 균형을 찾는 일은 생각보다 쉽지 않다.

수사기관이 제출하는 증거의 대부분은 종이다. 칼 같은 범행도구나 필로폰 같은 마약 따위는 법정에서 직접 볼 수 없다. 실물증거는 경찰이 압수해서 별도로 보관하되, 압수조서나 수사보고서 등 문건을 만들어 증거로 제출하기 때문이다. 다만 피고인이 제출하는 증거는 기록에 첨부해둔다. 잊을 수 없는 증거에 관한 이야기다.

상습주거침입절도로 구속된 피고인이 있었다. 이런 사건은 워낙 많아 정확한 범행 내용은 기억나지 않지만, 옛날식 2층 단독 주택(콘크리트 계단이 외부로 나 있고, 화장실은 건물 밖 1층 계단 밑에 있는 그런 집)에 들어가 상습적으로 물건을 훔치던 범인이었다. 그때도 집에 침입해 현관문을 열고 들어가려다 주인에게 발각되어 도주하다 체포됐다. 이 정도 상습범은 어지간하면 자백을 하기 마련인데 이 피고인은 한사코 부인했다. 부인의 이유는 이랬다. "평소 과민성대장증후군이 있어 장이 많이 안 좋다. 길을 가는데 그날따라 갑자기 배가 너무 아파서 화장실을 찾다 문이 열린 집에 들어간 것뿐이다. 물건을 훔치러 들어간 건 절대 아니다."

재판을 좀 끌어보자는 수작인 것 같았지만 피고인 주장이니 아주 무시할 수도 없어, 평소 장이 좋지 않다는 의료기록이 있으면 한번 내보라고 했던 것 같다. 그런데 이 피고인은 "약만 사먹었지 병원에는 간 적이 없어 의료기록은 없지만, 하여튼 다음 기일까지 자료를 내보겠다"고 했다.

재판 2~3일 전 피고인은 국선변호인을 통해 제법 두툼한 자료를 냈다. 이게 뭐지, 하고 들춰보다 경악했다. 환한 대낮에 휑하게 뚫린 어떤 공원 풀밭 인근, 주택가 골목길, 주차장 부근 등에서 시원하게 엉덩이를 까고 큰일을 보는 사진이었다. 구도도 훌륭하고 앵글도 좋았다. 위에서 찍은 게 아니라 앉거나 엎드린 채 비슷한 높이에서 정성껏 찍은 사진이었다. 피사체도 카메라를 뚫어지게 응시한 채 당당하게 볼일을 보고 있었다. 명백히 의도된 사진이었다. 도대체 누가, 왜, 어떤 목적으로 이런 장면을 촬영했는지 이해되진 않았지만, 급하면 아무 데서나 쌀 정도로 장이 좋지 않다는 유력한 물증으로 보이긴 했다.

그러나 나는 사진을 다시 들여다보곤 곧 그의 주장이 거짓이며, 그 사진은 장이 건강한 사람이 모종의 목적을 갖고 찍은 것이라는 결론을 내렸다. 낙하하는 찰나를 절묘하게 잡은 그 건강한 색깔의 생생함 때문이었다.

'도대체 왜, 무슨 업보로 다른 사람의 용변 사진까지 봐야 하는 거지?' 그 사건을 처리하면서 나는 일종의 직업적 비애까지 느꼈다. 자료를 재빨리 덮긴 했으나 사진은 내 메모리에 풀HD로 박제되어 삭제가 불가능했다. 이 진귀한 사진을 나만 보는 건 실례였다. 선고 후, 나는 항소심 판사들을 위해 행여 사진이 빠지지 않도록 단단히 기록에 첨부해뒀다.

어쨌든 요즘도 나는 피고인이 제출하는 두툼한 증거를 열 때면 살짝 긴장하는 버릇이 있다.

또 다른 증거에 관한 이야기다. 간통죄가 위헌으로 없어졌지만 예전엔 간통재판도 참 많이 했다. 당사자도 얼굴이 화끈거리고 재판부도 민망한 그런 재판이었다. 정말 법이 이부자리를 들추던 어처구니없는 시절이었다.

배우자에게 현장이 발각되는 등 물증이 확실하지 않으면 간통으로 기소하기 어렵기 때문에, 대부분의 간통사건은 현장을 덮쳤을 때의 적나라한 사진들이 결정적 증거로 나온다. 따라서 부인하기가 쉽지 않아 간통 피고인들은 거의 대부분 빨리 자백하고 얼른 재판을 마치고 싶어 했다. 그러나 형법상 간통죄는 성교행위가 있어야 성립하고 각 행위당 1죄가 되므로, 결정적 장면이 찍히지 않았다는 점을 빌미로 별 희한한 변명을 하며 버티는 피고인들도 간혹 있긴 했다. 당시 처리했던 간통사건 중 하나다.

남편은 교대 근무자였다. 그는 아내의 파트너가 자기와 같이 근무하는 후배고, 대담하게도 근무 교대를 틈타 자신의 집에서 불륜을 저지른다는 사실을 눈치챘다. 증거를 잡는 일만 남았다. 남편은 침대 밑에 몰래 녹음기를 숨기고 출근했다. 녹음으로 간통 사실을 확인한 다음 날 출근하는 척하다 되돌아와 현장을 덮쳤다. 물론 사진도 빼놓지 않고 쾅쾅 찍었다. 이 정도면 증거는 충분했고, 피고인들도 모두 자백했다. 그런데 수사기록에 두툼한 증거가 또 붙어 있었다. 녹취록이었다. 나는 혹시라도 피고인들이 부인하는 경우를 대비해 대화 내용을 녹취해뒀구나, 생각하고 녹취록을 넘겼다. 10여 장쯤 되는 녹취록에는 글자가 없었다. 물결표뿐이었다.

~~~~~~~~~~~~~~~

~~~~~~~~~~~~~~~

이게 뭐야? 잘못 냈나? 나는 이게 대체 무슨 의미인지 몰라 살짝 당황했으나, 몇 줄 걸러 드문드문 물결표 앞에 적힌 한 음절의 글자를 보고 그제야 상황을 이해했다.

아~~~~~~~~~~~~~~

으~~~~~~~~~~~~~~

내가 본 무수한 녹취록 중 가장 이해하기 쉬우면서도, 도대체 왜 이걸 증거로 냈을까 싶은, 가장 이해하기 어려운 녹취록이기도 했다. 아마 검찰은 남편이 제출한 모든 증거를 무심코 첨부했을 것이다. 통절한 심정의 남편에겐 미안한 얘기지만, 녹음파일을 들으며 녹취를 했을 어떤 사람을 떠올리니 터져나오는 웃음을 참을 수 없었다. 그 후로도 한동안은 반짝반짝 빛나는 윤슬만 봐도 자꾸 그 녹취록이 떠올랐다.

승소와 패소, 유죄와 무죄가 갈리는 재판은 당사자 입장에서 보면 운명이 걸린 일생일대의 도박이다. 고스톱이나 포커가 그렇듯, 이기려면 상대의 패를 읽어야 하고 내 패는 숨겨야 한다. 증거가 백중하거나 결론이 애매한 사건은 예측불허라, 그야말로 피를 말린다. 특히 판사가 쥔 패를 눈치채는 일은 가장 중요하다. 판사가 유죄의 심증을 갖고 있는데, 눈치채지 못하고 합의를 미룬 채 강하게 부인하다간 형량도 올라가고 구속되기 십상이다.

민사사건 당사자들 중에는 판결로 가면 패소할 가능성이 높으나, 사정을 딱하게 여긴 판사가 조정으로 상대방의 양보를 받아내려는 줄도 모른 채, 승소 가능성이 높다고 잘못 생각해 자신이 먼저 조정 자리를 박차고 나오는 사람도 많다. 간단한 사건이라면 그래봐야 결론에 큰 차이가 없다. 그러나 형사합의 사건이나 거액의 민사, 행정 사건이라면 얘기가 다르다. 심증 파악 실수로 돌이킬 수 없는 손해가 발생한다.

판사 개인의 고유한 경험이 결론에 영향을 미치기도 한다. 어릴 때 사기 피해로 고통을 겪은 경험이 있는 판사는 사기죄에 대단히 엄했다. 사기는 단순한 재산범죄가 아니라 한 가정을 풍비박산 낸다는 이유였다. 보이스피싱 피해 경험이 있는 판사와 그런 경험이 없는 판사의 형량이 같을 순 없다. 같이 근무했던 한 판사는 인터넷 사기만 보면 흥분했는데, 알고 보니 본인이 중고나라 거래를 하다 벽돌 택배를 받은 경험이 있어서였다. 한밤중에 거실에서 절도범과 마주쳤던 판사는 그 공포심이 말도 못할 정도라고 했다.

이런 연유로 세간에서는 담당 판사의 성향이나 사건에 대한 심증을 세심하고 면밀하게 파악할 줄 아는 걸 변호사의 중요한 능력으로 꼽는다. 상황이 이렇다 보니 사건이 배당되면 담당 판사에 대한 프로파일링이 시작된다. 학교와 사법시험 기수, 이전 근무처, 주변 인맥 등은 기본사항이고 발표한 글, 논문, 판결, 세설, 여론 등 수집 가능한 모든 정보를 샅샅이 훑는다.

그러나 판사 개인의 경험은 외부에서 알기 어렵다. 객관적 정보조차 잘못 해석될 여지가 있고 세설이나 풍문으로 수집한 정보들은 신뢰도가 떨어진다. 무엇보다 그런 정보를 이용해 이득을 보려는 측에서 왜곡하거나 부풀린 내용이 많다는 점을 알아야 한다. 정보의 편재, 판사의 성향이 판결에 미치는 영향에 대한 과도한 믿음, 그 성향을 재판 결과에 이용할 수 있으리라는 근거 없는 기대, 승패에 대한 극도의 불안 때문에 온갖 잘못된 정보가 횡행한다. 그 결과는 모두 알다시피 '전관예우'라는 화려한 독버섯이다. 단언컨대, 판사의 성향을 파악하는 프로파일링이나 전관 변호사는, 심리적 안정은 줄지언정 결과에 있어서는 생각보다 실효가 없다. 전관보다는 눈 밝고 의뢰인의 심정을 이해하며 말 잘 들어주는 변호사가 유능한 변호사다. 성실하기까지 하다면 최고다.

나를 간보려 한 어느 피고인 얘기다. 이 사람은 동네에서 악명이 높았다. 폭행, 모욕, 공갈, 주거침입, 재물손괴, 음주소란 등 자잘한 악행이란 악행은 모두 저질러 동네 사람들이 아주 학을 뗐다. 전과도 많았지만 큰 사고는 치지 않았는지 대부분 벌금형이거나 징역형에 집행유예였다. 나는 주민들을 위해 더는 내버려 둬서는 안 되겠다 생각하고 법정구속하리라 단단히 마음먹었다.

결심기일이었다. "마지막으로 하고 싶은 말 있으면 해보세요." 내가 말하자 그 피고인은 '정말 죄송하다. 합의도 하고 앞으로 마을 주민들을 위해 봉사하겠다'고 일장 연설을 했다. 선고기일을 고지한 후 다음 사건을 진행하려는데 그 피고인이 돌아가지 않고 쭈뼛거리며 손을 들었다.

"할 말 다 하시지 않았나요? 시간 충분히 드렸잖아요."

그는 질문이 하나 있다면서 입을 뗐다.

"저… 판사님, 선고날 개는 다른 사람에게 맡기고 올까요?"

여기서 개가 왜 나와? 나는 뭔 자다가 봉창 두드리는 소린가 싶어 그를 빤히 쳐다보다가 이내 의도를 눈치챘다. 그는 실형이냐, 집행유예냐, 법정구속할 거냐를 내게 묻고 있는 거였다. 얄팍하고 노골적인 질문에 어이없는 한편, 그 뻔뻔함에 묘하게 웃음이 났다. 그러나 여기서 판사가 웃으면 안 된다. 나는 표정을 가다듬고 진지하게 되물었다.

"개는 진짜 키웁니까?"

"예, 제가 나름 애견인입니다."

나는 잠시 의심했지만 개를 키우는 건 맞는 것 같았다. 범죄사실 중에 덩치 큰 개를 앞세워 주민들을 놀라게 하고, 개똥을 잔뜩 모아 마음에 안 드는 주민의 승용차 백미러며 손잡이에 덕지덕지 발라 재물을 손괴했다는 내용이 포함돼 있었으니 말이다

(재물손괴는 물건을 부수지 않더라도 물건의 효용을 해하면 성립할 수 있다).

나는 속으로 '사람은 개 취급하는 사람이, 개는 사람같이 아끼나' 생각하며 혀를 찼다. 개를 맡기고 오라 할 수도 없고, 그냥 오라고 할 수도 없어, "그걸 저한테 물으시면 어떡합니까? 알아서 판단하세요" 하고 짐짓 짜증을 섞어 말했다. 그 정도면 알아채리라 생각했다. 드디어 선고일이 되어 법정구속을 했다. 다시 하고 싶은 말이 있으면 해보라고 하자, 그는 "판사님, 우리 개 안 맡겼어요. 개 굶어죽습니다"라고 말하며 한 번만 봐달라고 통사정을 했다. 물론 결정이 번복될 순 없었으나, 나도 개가 걱정되어 국선변호인을 통해 마을 주민들에게 개 상태를 확인해달라고 부탁했던 것 같다.

이 이야기를 동료 판사들에게 하자, 한 판사가 비슷한 경험담

을 들려줬다. 실형과 집행유예의 경계에 선 사건이었는데, 재판 도중 피고인의 재판받는 태도를 좀 나무랐다는 것이다. 그런데 결심 이후 아무리 생각해도 실형은 과해 보여 집행유예를 선고했다고 한다. 그러자 그 피고인이 정색하며 화를 냈다는 거였다. "나는 실형인 줄 알고 선고 전에 미리 방도 빼고, 이것저것 다 정리하고 왔는데, 이제 와서 집행유예를 주면 어떡합니까? 당장 갈 곳도 없습니다. 실형 때릴 것처럼 하다 집행유예 주는 법이 세상에 어딨어요"라며 따졌다고 한다. 그 판사는 황당하지만 본인이 재판 중에 피고인을 나무란 탓에 벌어진 일이라며, 이래저래 심증개시心證開示는 위험하다면서 웃었다.

증인신문 내용은 법정에서 속기사가 초벌 속기를 한 후 다시 정리한 다음 속기록을 작성해 기록에 첨부한다. 말을 정확히 조서로 남기는 작업은 상당히 어려운 일이다. 최대한 오류가 없도록 신경쓰지만 증인들의 몸짓, 표정, 불분명한 진술 등을 조서화하는 일이 참 난감하다.
"증인, 살해 현장을 목격했다고 하셨는데, 어느 정도 거리에서 보셨나요?"
"예, 요서 조까지 정도 됩니다."
"증인, 몽둥이 크기는 얼마나 되나요?"
"예, (양팔을 벌리며) 한 이만하던데요."
"어떻게 때리던가요?"

"작대기를 이래 들더니만 갑자기 여를(허리를 짚으며) 마 한껏 쎄리데요."

"증인, 그 남자가 어떻게 만졌어요?"

"이쪽에서 와가, 손을 이래 쑥 넣고, 손으로 요래요래 만지던데예."

진술을 그대로 옮기면 이런 식이다. 이 상태로 조서에 남길 순 없다. 이런 경우 일일이 정리해줘야 한다. 거리를 묻는 질문 앞에는 '증인, 손으로 검사석을 가리키며'라는 지문을 넣어주거나, '요서 조까지면 약 10미터쯤 됩니까?'라고 되물어 확인해야 한다.

그나마 말을 이해할 수 있는 경우는 다행이다. 증언만으로 당시 장면이나 상황이 잘 그려지지 않는 경우는 무척 난처하다.

나는 이럴 때 재연배우를 많이 썼다. 내 작품의 최다 출연자이자 페르소나는 법정 경위였다. 그는 주로 폭행사건에 호출됐다. 구체적인 폭행 장면, 예를 들면 헤드록이나 목졸림을 어떻게 당했는지, 어느 부위를 어느 팔로 맞았는지 등 폭행 당시를 재연하는 건, 그 장면을 글로 묘사하는 것은 물론 증언의 신빙성을 따지는 데에도 상당히 도움이 됐다. 실제 사건을 겪은 증인은 영화의 무술감독처럼 상당히 디테일하고 실감나게 액션을 지시하기 때문이다. 몇 번 하다 보니 우리 재판부 경위는 연기가 일취월장했고, 그가 열연할수록 증인신문조서는 충실해졌다. 남성이 재연하기 곤란한 강제추행 같은 경우, 피해 여성이 가해자 역을 하고 여성 공판검사나 실무관이 피해자 역할로 나서기도 했다.

다음 이야기는 재연해볼까 고민했으나 재연하지는 못한 경우다. 지팡이로 피해자를 심하게 때린 폭행사건으로 기억된다. 피고인을 호명해도 좀체 나오지 않았다. 방청석에서 누군가 부축을 받고 일어나 지팡이를 여기저기 휘저으며 우왕좌왕하고 있었다. 그는 경위의 부축을 받고 피고인석에 겨우 앉았다. 바로 앞에 있는 마이크도 안 보이는지 엉뚱한 곳에 대고 진술을 했다. 심각한 시각장애로 보였다.

"피고인, 눈이 많이 나쁘신가 보죠?"

"예, 시각장애 1급입니다."

"피고인석까지 나오는 것도 힘든가요?"

"예, 사람들도 잘 분간이 안 돼요."

"그런데 때릴 때만 피해자가 잘 보였나 보죠?"

기습적인 질문에 당황한 피고인은 "아, 그게 어렴풋이 형체만…" 하며 말끝을 흐렸다.

"다른 사람도 있었는데 용케 피해자만 잘 골라 때리셨네요."

"아, 그게 아니고, 목소리가 들려서…."

범죄 사실로 보아 그 피고인은 시각장애가 있긴 했으나 사람을 구분해 때릴 수는 있었음에도, 법정에서는 심각한 장애인 척 연기해 감형을 받으려는 수작임이 분명했다.

소리를 듣고 때렸다고? 나는 순간 그의 거짓말을 밝히고 싶은 충동에 사로잡혔다. 피고인 눈을 가리고 앞쪽에 여러 명을 앉힌 다음 소리 내는 사람을 향해 지팡이를 한번 휘둘러보라고 할까?

잠시 고민하다 아무리 재연이라도 이건 너무 나간다 싶어 포기했다. 대신 조용히 경위를 불러 피고인이 나가면 눈치채지 못하게 따라가보라고 나지막이 말했다.

재판이 끝나고 경위가 돌아와 말했다. "혼자 잘 가던데요."

증거는 대부분 문자지만 변론은 구술로 이뤄지다 보니 말 때문에 벌어지는 해프닝도 더러 있다. 간혹 허풍이 아주 심한 피고인들은 재판 시작부터 엉뚱한 말로 웃긴다. "직업이 뭡니까?" "CIA 한국지부에서 근무했고 FBI, 국정원에도 있었습니다. 또…." 직업 설명에만 5분 이상 걸린다. "다음 재판은 내달 1일로 하려는데 괜찮겠습니까?" "잠깐만요, 일정 한번 보고요. 그날 워싱턴에서 중요한 회의가 있어 안 되겠는데요." 이 피고인은 식당에서 음식을 훔쳐먹다 온 것으로 기억된다.

판사 입장에서 판결 선고는 특히 주의해야 한다. 판결문 기재에도 불구하고 구두 선고가 우선하기 때문이다. 한 번에 20~30건을 선고하다 보면, 가끔 잘못 보거나 혀가 꼬이는 경우가 있다.

같이 근무한 판사 중에는 판결문에 징역 4년이라 쓰고 선고는 징역 4월로 한 경우도 있었다. 피고인 본인도 그럴 리가 없는데 싶어 고개를 갸우뚱거리며 유치감으로 들어갔다고 한다. 판사는 그 사실을 전혀 몰랐는데, 참여관이 의아해하며 선고형이 맞냐고 문의하자 그제야 잘못을 깨달았다. 그는 피고인을 다시 불러내 "피고인, 4월이 아니라 4년이에요. 4월일 리 없다는 건 본인이 더 잘 알죠?"라고 정정했다 한다.

그러나 그 판결은 항소심에서 '양형부당'으로 파기됐다. 선고할 때 주문을 읽고 항소법원과 항소기간을 안내한 후 피고인이 퇴정하는 순간, 선고한 그대로 효력이 발생하기 때문에 번복했어도 소용없다는 게 이유였다. 이처럼 일단 선고가 끝난 이상 1심 판사는 아무런 권한이 없다. 이걸 아는 피고인들은 간혹 선고 결과가 마음에 들지 않을 때 유치감으로 들어가면서 쌍욕을 하거나 난동을 부리기도 한다. 그러나 판사 중에도 다혈질이 있기 마련이다. 걸쭉한 욕을 하는 피고인을 다시 불러 그 자리에서 징역을 올려친 경우도 있었다.

피고인들은 말이 거칠어도 그러려니 하지만, 검사나 변호사, 판사가 그런 말을 쓰면 상당히 웃긴다. 물론 평소 언어 구사력이 그 정도로 떨어지는 법률가는 없다.

문제는 공소사실이다. 공소사실에 심한 욕설(모욕죄에서 많다)이나 입에 담기 힘든 단어나 언행(성범죄에서 많다)이 포함된 경우가 있다. 검사는 공소사실의 요지를 낭독하고 증인을 직접 신문하기 때문에 공소사실을 그대로 읽어야 하는 경우가 많다. 이때 검사마다 조금씩 대처가 다른데, 상당수는 아주 쌍욕이나 민망한 단어는 적당히 넘어가거나 표현을 조금 순화해 살짝 비틀어 읽는다. '거시기' 정도의 뉘앙스로 말이다.

그런데 토씨 하나 놓치지 않고 또박또박 읽는 'FM' 검사도 있었다. 심지어 어떤 검사는 표현의 디테일까지 살려 아주 차지게 읽는다. 그럼 방청석 여기저기서 킥킥거리는 소리가 들린다. 그럴 때면 나는, 피해가 심각한 사안에서 한바탕 폭소라도 터져 수습하기 어려운 분위기가 될까 봐 좌불안석이었다.

기억에 남는 모욕죄 사건이 있다. 새벽 3시경 '손님이 술값을 내지 않는다'는 업주의 신고를 받고 경찰관 세 명이 출동했다. 경찰들이 손님 편만 들며 정작 술값을 받아주지 않는다고 생각한 업주가 "진짜 씨발, 셋 다 한번 3대1로 붙어볼까? 좆까고 있네, 씨발!"이라고 욕을 해 모욕죄로 약식기소된 사건이었다.

피고인은 대단히 억울해했고, 변호인은 "피고인이 공소사실 기재와 같은 말을 한 것은 사실이지만 '씨발'은 분노의 표현이고 '좆까고 있네'는 혼잣말이라 모욕의 범의가 없었다"고 주장했다. '씨발놈'이라고 했으면, 욕을 듣는 놈(대상)을 향한 거라 모욕이 될 수 있으나, 화가 나서 '씨발, 좆까고 있네'라고 한 건 혼잣말이지 모욕은 아니지 않냐, 뭐 그런 취지였다.

처음엔 황당한 주장이라 생각했으나 듣고 보니 나름 일리가 있다는 생각이 들었다. 나는 며칠 동안 만나는 판사마다 '씨발'과 '씨발놈'의 차이에 대해 물었다. 고민 끝에 나는, 피고인의 발언 내용과 당시 주변 상황, 발언하게 된 경위와 음성의 크기나 횟수 등을 종합해보면, 단순히 원망의 감정을 표출하거나 혼잣말한 정도를 넘어 경찰들을 욕보이려는 의도가 있었다 보고 유죄를 선고했다. 그래봐야 벌금 30만 원이었지만 말이다.

피고인들은 물론 재판부 내부에서도 웃지 못할 일들이 생긴다. 합의재판부는 팀워크가 중요한데, 서로 다른 개성의 판사가 모이다 보니 갈등도 있고, 함께한 세월이 쌓이면서 끈끈한 유대감이 생기기도 한다. 서로 사이가 좋으면 부장과 배석판사의 연배 차이에 따라 형, 동생 같아지기도 하고 사제지간처럼 되기도 한다. 문제는 사이가 나쁠 때다. 잘 알려진 법원 내 은어로 '벙커'와 '벙키'가 있다. '벙커'란 법원에서 함께 일하기 싫은 부장판사를, '벙키'는 같이 근무하기 싫은 배석판사를 지칭한다.

아무래도 세대 차가 있고, 재판부 내 역할이 다르다 보니, 부장과 배석판사 관계에 얽힌 유머나 뒷담화가 많은 편이다. 그중 배석판사를 혼낸 부장 이야기가 있다. 법원 내에서 많이 회자된 일화인데, 어디까지가 사실인지는 나도 잘 모르겠다. 하여간 웃기긴 하다.

재판을 하다 보면 시민단체나 법원이 섭외한 시민들이 재판을 방청한 모니터링 결과를 알려줄 때가 있다. 여러 지적이 있지만 가끔 나오는 지적 중 하나가 판사들이 재판 중 존다는 거다. '한 사람 인생이 오락가락하는 재판을 하면서 도대체 어떻게 졸 수 있지?'라는 지적은 너무나 당연하다. 그러나 자기 생명을 걸고도 졸음운전을 하는 걸 보면, 졸음은 정말 어쩔 수 없지 싶다.

물론 아무리 피곤해도 재판장은 졸지 않는다. 말을 하면서 재판을 진행하기 때문이다. 그런데 배석판사들은 재판 진행을 하지 않기 때문에 정말 졸음을 참기 어렵다. 특히 자기 주심사건이 아니면 사건 내용도 잘 모르는 데다가 증인신문이 길어지는 나른한 오후에는 졸음과 사투를 벌여야 한다. 볼펜으로 허벅지를 찌르고, 꼬집고, 머리를 흔들고 별짓을 다 해도 머리가 툭 떨어진다. 조는 유형도 가지가지다.

숙고형, 소심형 : 안경 낀 사람이 많다. 깊은 고민에 빠진 척 손가락 사이에 연필을 꽂고, 뺨을 감싼 채 턱을 살짝 괸다. 안경은 절묘하게 눈을 가릴 위치에 고정시킨다. 두꺼운 뿔테일수록 유리하다. 그러고 존다. 나도 이 유형이었다.

고뇌형, 연기형 : 턱을 약간 쳐든다. 이 유형은 눈 감은 게 들켜도 무방하다. 미간을 조금 찌푸리고 온갖 번민에 시달리는 척한다. 그러고 존다. 다만 이 유형은 몇 번의 사전 작업이 필요하다. 눈 감은 게 보이니 사전 행동이 없으면 바로 의심받기 때문이다. 즉, 눈을 감고 고뇌하는 척하다 다시 눈을 부릅뜨고 기록을 한번 보거나, 고뇌하는 척하다 증인을 의심스럽게 째려보는 행동을 적어도 두세 번은 해줘야 한다. 그럼 사람들은 저 판사가 깊은 고민을 할 때는 눈을 감고 고개를 약간 쳐드는 습관이 있다고 믿는다. 상당한 연기력을 필요로 하는 유형이다.

버블헤드형, 강심장형 : 가장 많은 지적을 받는 유형이다. 그냥 대놓고 존다. 고개가 좌우로 흔들리다가 격하게 떨어지거나 휙 젖혀진다. 코도 살짝 곤다. 방청객들은 혀를 끌끌 차고 당사자들은 열불이 난다. 모니터링 나온 분들의 기록지도 불이 난다. 이 유형은 무엇보다 담대한 배짱과 두꺼운 얼굴이 필요하다.

그런데 세 유형 모두 공통적으로 주의할 점이 하나 있다. 깰 타이밍을 잘 포착하고 자연스럽게 깨야 한다는 것이다. 타이밍을 놓치면 무지하게 민망한 상황에 처할 수 있다.

사설이 너무 길었다. 이제 본 이야기로 들어가보자. 스프링이 많이 약한 버블헤드형 배석판사가 있었다. 고개는 심하게 흔들리고, 부장이 아무리 헛기침을 해도 소용없었다. 부장은 이제 더는 못 참겠다고, 저 녀석 헤드뱅잉 몇 번에 내 재판의 신뢰가 깡그리 날아간다고 생각했다.

어느 날 오후 재판이 모두 끝났다. 다른 때 같으면 재판 끝날 무렵을 귀신같이 알아채고 법복 소매로 침을 스윽 닦으며 깨곤 했는데 오늘은 재판이 끝나도 헤드뱅잉을 멈출 줄 모른다. 부장이 결심을 굳혔다는 듯 입술을 지그시 깨문다. 그리고 좌배석과 참여관, 실무관, 공판검사, 경위를 둘러보며 검지를 입에 갖다댄다. 쉬잇! 모두 부장의 의중을 알아챈다. 좌배석이 안절부절못한다. 부장이 다시 손가락을 입에 댄다. 쉿!

재판부는 헤드뱅잉을 멈추지 않는 우배석을 홀로 남겨둔 채 법정에서 나온다. 법정을 나서며 부장은 경위에게 소등을 명한다. 창이 없는 법정은 불이 꺼지면 정말 코앞도 안 보인다. 우배석은 한참 동안 판사실로 올라오지 않았다고 한다. 뭐, 이 정도가 전해오는 이야기다.

조폭사건도 비슷하게 웃기는 지점이 있다. 형님들 사건에 후

배 조직원이 증인으로 나오면 난감한 상황이 된다. 증인으로 나온 막내 조폭 이야기다. 수사기관에서 줄줄 다 불어놓고, 법정에서는 형님들이 앞에 있으니 거짓말을 한다.

"행님은 같이 안 때렸심더. 지시하신 사실도 없고예."

그래도 연기는 잘 안 된다. 발연기의 전형이다. 그럴 때면 괘씸하기도 하고 측은하기도 하다. 명백한 거짓 증언은 당연히 증거로 쓰기 어렵기 때문에 검찰에서 자백한 피의자신문조서(피신)가 중요하다. 검찰 피신은, '자기가 말한 대로 기재돼 있고 그 내용을 확인하고 서명했다'는 사실만 법정에서 확인되면(이를 '조서의 진정성립'이라 한다) 유죄의 증거로 쓸 수 있다. 그런데 끝까지 자기가 말한 내용과 다르게 기재돼 있다고 우기면 검찰 피신도 증거능력이 없어 유죄 입증이 어려워질 수 있다.

다만 "조서가 말한 대로는 돼 있는데 사실은 거짓말이었다"는 증언은 괜찮다. 조서를 믿으면 된다. 그래서 경험 있는 재판장들은 조서의 진정성립이 인정되는 한 이런 증인들의 빤한 거짓말은 내버려둔다. 그도 살아야 하니까. 그런데 의협심 넘치는 공판 검사나 경험이 짧은 재판장은 '요놈 봐라' 하며 검찰에서는 같이 했다고 진술해놓고 왜 법정에서는 다르게 진술하냐, 왜 거짓말하냐, 위증죄로 처벌받고 싶냐고 엄청 몰아붙인다.

"아, 그때 인상 드러븐 조 형사님이 자기가 말하는 대로 불라 캐서…."

"그럼 조 형사를 불러볼까요?"

"아니 그건 아이고, 그때 지가 술 묵고 정신이 좀 없어서…."
"정신이 없는데 어떻게 이렇게 상세하게 진술합니까?"
"아, 그냥 딴 놈들도 다 그래 진술해가, 저도 벨 생각 없이…."

이쯤 되면 증인은 죽을 맛이다. 증언 내내 그 어린 조폭은 좌불안석이다. 형님 한번 봤다가 검사 한번 보고, 형님 한번 봤다가 판사 한번 보고, 형님 한번 봤다가 방청석 다른 형님 한번 보고, 형님 한번 봤다가 천장 한번 보고…

그런데 어린 조폭의 처지가 더 딱해졌다. 형사소송법이 개정돼 2022년부터는 '검찰에서 말한 내용은 전부 뻥인데요'라고 부인하면, 검찰 피신도 증거로 쓸 수 없어서다. 검찰 피신이라는 강력한 증거를 잃게 된 공판검사로서는 증인을 훨씬 더 심하게 추궁할 수밖에 없다.

이 밖에도 여러 사건이 떠오르지만, 웃기는 사건 중 가장 기억에 남는 사건이 있다. 10여 년 전 형사합의부 배석으로 있을 때 주심사건이었다. 피고인이 16명에 주된 죄명이 '폭력행위 등 처벌에 관한 법률 위반(단체 등의 구성·활동)죄'였다.

검찰은 피고인들이 부산 사상구 일원을 주 무대로 활동하는 폭력조직의 부두목급 간부와 행동대장급 간부, 행동대원들로서 서로 공모해 폭력범죄를 목적으로 하는 단체인 '역전파'를 구성했다는 내용으로 기소했다.

폭처법상 '범죄단체구성죄'는 조직범죄를 엄하게 처벌해 그

뿌리를 뽑으려고 만든 특별규정이다. 예를 들어, 사람을 때리고 유흥업소에서 갈취하고 협박한 조폭들을 검거해 기소한다 치자. 이들의 죄명은 형법 혹은 폭처법상 폭행·공갈·협박이 되고, 아무리 같은 조직이라도 실제 범행을 같이 하지 않은 조직원은 처벌할 수 없다. 그러나 폭처법상 범죄단체구성·활동죄는 말 그대로 같은 범죄단체(실무에서는 흔히 '범단'으로 부른다)라는 사실만으로 처벌하기에, 아무 짓을 안 했어도 '역전파' 소속이기만 하면 모두 처벌되는 것이다.

원래 이 규정은 조폭 때문에 만들어졌고 법정형도 상당히 무겁다. 최근에는 폐해가 극심한 보이스피싱이나 N번방 같은 집단범죄를 엄벌하기 위해 이와 유사한 '범죄단체조직죄'를 적극 적용하는 추세다.

폭력행위 등 처벌에 관한 법률 제4조(단체 등의 구성·활동)
①이 법에 규정된 범죄를 목적으로 하는 단체 또는 집단을 구성하거나 그러한 단체 또는 집단에 가입하거나 그 구성원으로 활동한 사람은 다음 각 호의 구분에 따라 처벌한다.
1. 수괴(首魁): 사형, 무기 또는 10년 이상의 징역
2. 간부: 무기 또는 7년 이상의 징역
3. 수괴·간부 외의 사람: 2년 이상의 유기징역

사정이 이렇다 보니, 피고인들은 조직을 탈퇴하려 한 피해자

를 감금하고 때리고, 시민들을 협박하거나 공갈해 돈을 갈취했다는 등의 개별 범행은 대체로 인정하지만, 악착같이 '우린 범죄단체는 아니다, 그냥 소규모 조직이다'라고 주장했다. 요즘은 문신이 흔하지만 그때만 해도 조폭 아니면 문신한 사람도 없을 때였다. 부두목 등짝의 용 비슷한 문신을 보고 경찰이 추궁했다.

"야, 인마! 다른 애들은 바르게 살자, 의리, 뭐 이런 조그만 건데, 니는 용 문신도 큼지막하게 있는 것 보니, 범단 부두목답네."

그러자 부두목이 말했다.

"아씨, 박 형사니~임, 진짜 조폭 문신 못 보셨심니꺼. 정말 이따만 하게 크고 화려합니더. 그런 거 새기려면 엄청 비싸거던요. 저는 돈이 없어 대충 그려달라 했는데예. 그랬더니 이래 됐심더. 이게 무슨 용임니꺼, 갈치지~"

당시 이 사건은 부산에서 꽤 유명했다. 검찰이 범죄단체로 몇 년 만에 기소한 사건이었기 때문이다. 경찰은 범단으로 기소해 유죄가 나면 조폭을 일망타진했다는 명목으로 특진이 되곤 했기 때문에, 한때 동네 건달들까지 깡그리 범단으로 엮어 기소했다. 그런데 이런저런 조폭을 전부 범단으로 무리하게 기소하는 바람에 법원에서 줄줄이 무죄가 났다. 그 후 결국 검찰도 확실한 조직이 아니면 범단으로 기소하지 못하고 그냥 폭행, 공갈, 상해 같은 개별 범죄로만 기소해왔던 터였다. 그러다 오랜만에 경찰이 범단으로 올린 이 사건을 두고 수사검사는 해볼 만하다 판단했던 것이다. 이런 연유로 경찰은 말할 것도 없고, 지역 언론에서도 관심이 컸다.

주심인 나는 대법원에서 규정한 범죄단체의 요건과 이 사건을 비교하기 위해, 그때까지의 범죄단체 관련 대법원 판례를 샅샅이 훑었다. 하도 많은 판례를 보다 보니 나중에는 전국 조폭 계보까지 줄줄 욀 정도였다. 그런데 '역전파'는 몇몇 부분에서는 범단의 요건에 해당하는 면이 있었으나, 전체적으로는 아무리 봐도 범단으로 보이지 않았다. 특히 통상 범단쯤 되면 영화에서 보듯, 이권 장악이나 세 확장을 위해 경쟁세력과 속칭 '전쟁'을 하기 마련인데, '역전파'는 라이벌 조직과 싸운 적이 단 한 번도 없었다.

결정적으로 개별 범행들이 범단급으로 보기에 너무 지질했다. 범단 정도 되면, 부두목이 직접 유흥업소 등을 찾아다니며 개별적으로 갈취하거나 협박하는 경우는 있을 수 없다. 그런데 이 사건 부두목은 두목이 부재중인 상황에서 리더 역할을 하며, 다른 조직원들을 대동하지도 않은 채 유흥업소를 돌며 갈취하고 다녔다. 심지어 여러 주점을 돌며 한 바구니에 2~3만 원쯤 하는 과일을 강매하기도 했다.

행동대장급이라는 또 다른 피고인은 고작 휴대전화 대금 30만 원과 술값 57,000원을 몇 번 갈취했다. 행동대원으로 지목된 피고인 셋은 주점에 들어가 '건달 운운' 하며 외상술을 달라고 했다가, 그 자리에서 주점 주인에게 쫓겨난 후 다시 찾아가 사정조로 이야기해 외상술을 마셨다고 돼 있었다. 심지어 일부 피고인은 자기가 소속된 조직 이름이 '역전파'인지 '터미널파'인지도 잘 모르고 있었다.

결국 우리 재판부는 범죄단체구성·활동죄는 무죄를 선고했다. 대신 폭행, 공갈 등 개별 범행을 유죄로 인정해 구형보다 대폭 낮춰 선고했다. 예상대로 항소심에서도 1심 결론이 유지됐다.

부두목 이하 피고인들이 체포될 무렵, 두목은 어떻게 알았는지 일본으로 도망쳐버렸고, 일본에서 재판 결과를 예의주시했다고 한다. 자기는 직접 사람을 때리거나 공갈친 사실이 없고, 개별 범행을 지시했다는 사실도 전혀 밝혀진 바 없으니 범단만 성립이 안 되면 처벌을 받지 않기 때문이었다. 2심 선고 직후, 이 두목은 드디어 조직원들이 도열한 가운데 보무당당하게 자진 입국했다. 일본에서 2년 정도 버티다 1심, 2심 범단 무죄 소식을 듣고 들어온 거였다. 통상 1심과 2심 재판 결론이 동일하면 대법원에서 잘 깨지지 않으니, 아마 사건은 이제 끝났다고 생각했을 것이다.

그런데 웬걸, 대법원이 '역전파'는 범죄단체가 맞다는 취지로 2심 판결을 퍽 깨버렸다. 결국 재판이 다시 열렸다. 부두목 이하 피고인들은 다시 열린 파기환송심에서 형이 올라갔고 입국했던 두목은 바로 체포되어 수괴로 재판받고 처벌됐다(징역 7년). 간혹 법리적으로 정말 애매한 경우, 고민하다 유죄를 선고했는데 무죄로 뒤집어지면 피고인한테 미안하기도 하고 판사로서 괴로운

데, 무죄를 선고했다 뒤집어져 유죄가 됐음에도 피고인한테 미안하다는 생각이 든 별 희한한 사건이었다.

한편, 웃기는 부두목은 최후진술에서 다시 한번 그 특유의 억울한 표정으로 말했다.

"판사님, 우리는 진짜 범단 아임니더, 정말 억울해 죽겠심더."

"우리는 정말 한동네 선후배들끼리 모여 공 차고 가끔 계나 하는 동네 건달임니더."

"판사니~임, 믿어주이소, 우린 그냥 양아침니더~"

재판장은 워낙 근엄한 분이라 미동도 하지 않는데 나는 눈물이 고이면서 볼이 씰룩거려 혼이 났다. 그 부두목의 최후진술로 이 재판은 그야말로 한편의 희비극으로 마무리되었다.

"우린 그냥 양아침니더." 지금 와서 생각해보면, 그 부두목이 최후진술에서 실제로 이런 말을 한 건지 기억이 가물가물하다. 하지만 그가 줄곧 이렇게 주장한 건 사실이다. 피해자들에게는 한동안 공포의 대상으로 위세를 부리던 그 부두목의 진술은 정말 잊히지 않는다. 이 웃기는 부두목 때문에 당시 재판을 마칠 때면 내 허벅지는 늘 시퍼렇게 멍이 들어 있었다.

이 사건은 피고인들 대부분에게 추가 구속영장까지 발부해가며 1년 가까이 진행됐다. 구금 상태는 사람을 쉽게 절망하게 만든다. 어떤 사람들은 하루만 구금돼도 미칠 것 같다고 한다. 그 부두목의 유머감각은 장기간 구금된 상태에서 무거운 혐의로 재판받는 사람에겐 좀체 보기 드문 면모였다. 잔혹한 범죄단체는 아니었지만 그 부두목을 비롯한 피고인 모두 많은 폭력, 마약 전과를 가진 흉포한 범죄자들이었음에도, 이상하게 그 부두목에게만큼은 엄벌해야겠다는 투지가 생기지 않은 이유도 바로 그의 능청스러움과 유머, 삶에 대한 묘한 낙관 때문 아니었나 싶다.

인간성이 시시각각 훼손되는 형사법정에서, 이곳에도 사람이 있음을 증명해주는 것이야말로 유머다. 비록 같이 울 만큼 따뜻한 인간들은 못 될지언정, 함께 웃을 정도는 된다는 사실은 같은 인간이라는 동질감과 더불어 안도감을 준다. 함께 웃을 수 있다면 언젠가 같이 울 수도 있을 것이기에.

유대인으로 정신과 의사였던 빅터 프랭클 박사는 제2차 세계대전 당시 3년 동안 아우슈비츠에서 수감생활을 하며, 수감자의 심리 상태를 분석하고 기록했다. 그는 그 지옥에서도 수감자들을 지탱한 실존적 '기적' 중 하나로 유머를 꼽았다. "유머는 자신과의 싸움에서 이기기 위한 또 다른 영혼의 무기였다. 단 몇 초에 지나지 않는 것이라도 인간에게 다시 일어설 수 있는 초연함과 능력을 부여해줬다."•

왜 유머가 판사의 덕목으로 꼽히는 걸까? 부드러운 재판 진행을 위해서기도 하지만, 유머가 아니고서는 이처럼 경쾌하고 사뿐하게 인간에 대한 회의를 넘어설 수 없기 때문 아닐까?

• 빅터 프랭클, 이시형 옮김, 《죽음의 수용소에서》, 청아출판사, 2005.

이 글을 쓰다 문득 '역전파' 피고인들의 출소 이후 행적이 궁금해졌다. 그 후 판결을 검색해보니 피고인들 대부분이 마약이나 폭력으로 여러 차례 처벌받았다. 하지만 그 부두목은 단 한 건의 재범 기록도 찾을 수 없었다.

여러분이 법입니다

> 시민으로서의 자유는 분리와 배제가 아니라
> 참여를 통해 달성될 뿐이다.
> ― 한나 아렌트

배심원들이 평의에 들어간 건 저녁 7시 30분경이었다. 아침 일찍부터 진행된 배심원 선정 절차와 숨 돌릴 틈 없이 이어진 증인신문과 변론으로 녹초가 된 재판부는, 도시락으로 간단히 저녁을 때운 뒤 사무실에서 배심원들의 평결을 기다리고 있었다.

재판장은 생각했다. '자백사건이니 유무죄 판단은 문제될 게 없고, 심신미약 주장이 있긴 하나 이 정도 사안에서 심신미약 감경을 하면 안 된다는 건 배심원들도 아는 눈치였어. 오래 걸리진 않을 거야. 잘하면 오늘은 10시 전에 집에 갈 수 있겠는걸.'

하지만 8시가 지나도록 유무죄 평의가 끝났다는 연락이 없었다. 8시 30분이 지나자 재판장은 무슨 문제가 있음을 직감했다. 그 순간, 실무관이 당황스러운 표정으로 들어왔다.

"부장님, 유무죄 의견이 갈렸답니다. 평의실로 가보셔야겠는데요."

'유무죄가 왜 갈려? 무죄 주장도 안 했는데?' 재판장은 서둘러 평의실로 갔다. 배심원들 중 일부는 풀리지 않는 의문을 가득 품은 눈으로, 또 일부는 다소 안도하는 표정으로 재판부를 맞았다.

"고생들 많으시죠. 어느 분이 배심원 대표신가요?"

6번 배심원이 손을 들며 말했다. "네, 접니다."

"의견들은 충분히 나누셨나요?"

"네."

"유무죄 평의에 만장일치가 안 된다고요? 이해가 잘 안 되네요. 피고인들 모두 범행을 인정하고 있는데…. 혹시 누가 무죄 의견을 내셨나요?"

몇몇 배심원이 멋쩍게 미소 지으며 손을 들었다.

배심원 대표가 말했다. "피해자의 아들인 피고인 B는 유죄로 일치했는데, 피해자의 아내인 피고인 A는 몇몇 배심원이 '정당방위로 무죄 아닌가'라는 의견을 냈습니다."

"네~에? 정당방위요?" 재판장은 내심 놀랐으나 정색을 하고 다시 물었다. "그렇게 생각하신 이유가 뭔지 알 수 있을까요?"

서로 쭈뼛거리며 답을 미루는데 50대 주부인 2번 배심원이 조심스럽게 말했다.

"A는 남편한테 말도 못할 가정폭력을 당해왔잖아요. 40년을 참다가 남편을 죽인 건데 어떻게 감옥에 보낼 수 있어요?"

재판장은 어떻게 설명해야 하나, 잠시 난감해하다가 곧 장황하게 말했다.

"'도둑뇌사사건'이라고 들어들 보셨죠? 왜 도둑이 집주인한테 맞아 뇌사에 빠졌는데, 집주인의 폭행이 정당방위가 안 된다고 판결이 나서 한때 떠들썩했잖아요. 또 지금 이 사건처럼 가정폭력을 견디다못해 남편을 살해한 아내의 정당방위를 인정하지 않아 법원이 욕먹은 사건들도 아시죠?"

배심원들이 이해할 수 없다는 표정으로 재판장을 바라봤다.

"법원이라고 폭력만 일삼는 남편이나 도둑 편을 들고 싶을까요? 그렇게 한 이유는, 우리 형법상 정당방위의 성립 요건, 특히 '현재의 부당한 침해' 요건에 관한 법리가 확고하기 때문입니다. 쉽게 말하면, 상대가 지금 칼이나 흉기를 휘두르고 있어 내가 다칠 위험이 바로 코앞에 닥쳤을 때라야만, 내 반격이 정당방위로 허용된다는 겁니다. 너무 좁죠. 물론 그렇게 보는 이유는 있어요. '침해의 급박성'이라는 요건을 완화하면, 평소 괴롭힘을 당했다는 이유로 아무 때나 상대를 공격하는 행위까지 정당방위가 될 여지가 있고, 그렇게 되면 사적 보복이 횡행할 우려가 있거든요. 그래서 최근에는 가정폭력특례법 자체를 고쳐서 정당방위 요건을 완화하려는 움직임도 있죠. 어쨌든, 이 사건은 피해자가 오랜 세월 가정폭력을 행사했고 사건 당일에도 A를 때리긴 했으나, A와 B가 피해자를 타격할 시점에는 아무런 폭력을 행사하지 않았기 때문에 '현재의 부당한 침해'에 대한 방어로서의 정당한 공격으로는 보기 어렵습니다. 그렇기 때문에 변호인들도 정당방위 주장을 안 하는 거고요. 피해자의 가정폭력은 양형에서 참고하면 되지 않을까 싶네요."

무죄를 주장하던 배심원들은 여전히 수긍하기 어려워했으나, 법리적으로 어렵다는 말을 듣고는 다소 홀가분한 표정이었다. 재판부는 배심원들이 양형 의견을 낼 때까지 다시 사무실에서 대기했다. 어느새 시계는 10시 30분을 향해가고 있었다. 재판장은 체념한 듯 집에 전화를 했다. "오늘도 길어지네. 혹시 많이 늦어질 수도 있으니 12시 넘으면 기다리지 말고 자."

양형 의견은 11시가 다 되어 전달됐다. 재판부는 배심원들의 권고형량을 보고 다시 깊은 고민에 휩싸였다. 재판부가 예상한 양형과 너무 큰 차이가 났기 때문이다. 11시 30분이 넘어갈 무렵, 재판장은 결심이 선 듯 배석판사들과 마지막으로 의견을 조율하고, 판결 초고를 정리한 다음 법정으로 향했다.

"지금부터 ××지방법원 ○○○○고합○○○ 사건에 대한 판결을 선고하겠습니다. 피고인들 모두 일어서주십시오."

재판장은 단호한 목소리로 판결문을 읽었다.

"이 사건 범행은, 피고인들이 공모하여 피고인 A의 남편이자 피고인 B의 친부인 피해자를 살해한 것입니다. B가 먼저 피해자의 후두부를 망치로 내리쳤고 A가 쓰러진 피해자의 가슴, 머리 부위를 수차례 내리치는 등 그 범행수법이 잔혹합니다. 고령에 거동이 불편하고 만취 상태이던 피해자를 대상으로 한 범행이라는 점에서 죄질이 대단히 좋지 못합니다. 사람의 생명은 이

지상에 있는 그 무엇과도 바꿀 수 없는 대단히 소중하고 고귀한 것이므로, 생명침해 범죄는 원칙적으로 그에 상응하는 엄한 벌로 다스려야 함에는 의문의 여지가 없습니다. 더구나 누구보다 서로를 의지해야 할 부부와 부자 사이에 발생한 존속살해 범죄라는 점에서 비난 가능성이 특히 크지만, 범죄는 그 발생 경위와 정황이 모두 다르므로 형의 양정을 함에 있어서는 구체적인 사정을 충분히 검토하고 고려할 필요가 있다 할 것입니다.

피고인 A에 대해 봅니다. 피고인이 남편인 피해자를 살해한 것은 어떤 변명으로도 용서받기 어렵습니다. 특히 범행의 방법이 잔혹하고, 피해자가 극심한 고통 끝에 사망했을 것으로 보이는 점을 고려하면, 죄책이 결코 가볍지 않습니다. 그러나 평소 가족들의 지속적이고 간절한 희망에도 불구하고, 피해자가 가정폭력을 멈추지 못했던 것이 이 사건의 중요한 원인으로 보입니다. 피고인은 피해자와 결혼한 이래 40여 년 동안 피해자의 심각한 가정폭력으로 깊은 고통을 겪으면서도 가족의 생계와 자식들과 손자의 양육에 헌신한 것으로 보입니다.

사랑하는 형제를 잃어 비통에 잠겨 있으면서도, 피고인들과 피해자의 사정을 누구보다 잘 알고 있는 유족들은 물론이고 이웃들까지, 한결같이 피해자의 가정폭력으로 인한 피고인의 불행한 가정사를 들어 피고인들의 선처를 간곡히 탄원하고 있습니다. 피고인 A는 다른 범행 전력이 없고 시종일관 자신의 범행을 인정하면서 참회했고, 특히 공판 내내 재판 진행이 어려울 정도로 통한의 눈물을 멈추지 못했습니다.

　이 사건 범행 당일에도 피고인 A는 피해자로부터 폭행을 당했고, 이를 보다못한 피고인 B가 피해자의 머리를 망치로 내리쳐 피해자가 피 흘리며 쓰러지자, 아들인 B의 범행을 감추고 자신이 모두 안고 가야겠다는 생각에 범행에 이르게 된 것으로 보입니다. 수사 단계부터 이 재판이 끝날 때까지 자신은 중벌을 받아도 좋으니 아들만은 선처해달라고 통사정을 하기도 했습니다. 이런 범행에 이른 경위와 범행 전후 정황을 유리한 정상으로 참작합니다.

　다만, 살인 피고인에 대한 재판부의 이례적인 형의 결정이, 피고인의 범행으로 사망한 피해자의 생명을 가볍게 봄에 기인하거나, 이 사건에 이르게 된 주된 책임이 피해자에게 있음을 들춰내 피해자를 탓하려는 데 있음이 결코 아니라는 점만은 분명히 해두고자 합니다. 이런 결론은 배심원들의 의견을 최대한 존중하고, 피해자의 허망한 죽음을 애도함과 동시에, 이 비극적 결과를 전적으로 피고인의 잘못으로만 돌릴 수 없는 사정을 일부 인정하고 이를 그 양형에 참작한 결과라는 점을 밝혀둡니다.

　이 사건을 통해 우리 사회가 가족이라는 친밀한 관계 속에서 지속적으로 반복되고 심화됨으로써, 피해자 개인의 건강과 안전만이 아니라 가해자와 자녀, 그리고 그들이 살고 있는 사회의 건강과 안전에도 심각한 영향을 미쳐, 결국 피해자를 가해자로 만들거나 세대 간에 전이되거나 사회비행과 범죄로 확대되어 폭력을 구조화시키는 끔찍한 가정폭력의 참혹한 결과를 돌아보고 이를 근절하기 위한 모든 노력을 강구하기를 거듭 촉구합니다.

이어서 피고인 B에 대해 봅니다. B는 심신미약 주장을 하나 받아들일 수 없습니다. ……이상으로 이 사건 변론에 나타난 여러 양형 조건과 배심원의 평결 결과를 고려하여 주문과 같이 형을 정합니다.

주문, 피고인 A를 징역 3년에, 피고인 B를 징역 7년에 각 처한다. 다만 이 판결 확정일로부터 5년간 피고인 A에 대한 위 형의 집행을 유예한다.

……배심원 여러분, 장시간 고생하셨습니다. 이제 재판이 모두 끝났습니다. 배심원의 해산을 명합니다. 밤이 많이 늦었습니다. 다들 안전하게 귀가하시기 바랍니다. 대단히 감사합니다."

위 사건은 형사합의부 재판장으로서 내가 마지막으로 진행한 국민참여재판이다.• 2008년 2월 12일 대구지방법원에서 역사적인 첫 참여재판이 열린 이래 어느덧 10여 년이 흘렀다. 2007년 도입 단계부터 관여했고, 그 후 몇 차례 공보판사를 하며 참여재판을 널리 알리기도 한 나로서는 형사합의부 재판장으로서 직접 참여재판을 진행하게 되어 감회가 새로웠다.

• 사건의 구체적 내용이나 평의의 세부 과정은 관련 법령의 취지에 따라 적절히 수정했다.

그러나 아직도 참여재판의 의미와 절차, 실제 재판의 모습 등이 국민에게 잘 알려지지 않았고, 여러 현실적 문제로 제도가 제대로 정착되지 못했을 뿐 아니라, 오히려 갈수록 실시 건수가 줄어드는 실정이라 무척 아쉽다. 국민이 직접 사법절차에 참여하는 국민참여재판 제도는 사법 역사상 대단히 획기적이고 중요한 제도다. 참여재판에 대한 보다 깊은 이해가 필요하다.●

2008~2018년 11년간 실시된 국민참여재판의 조사자료에 의하면, 대상 사건은 143,807건, 참여재판 신청률은 3.96퍼센트, 실시율은 1.96퍼센트였다(참여재판은 피고인이 신청할 때만 할 수 있다). 최근 들어 참여재판 실시 건수가 줄어들고 있는 반면, 배제율(피고인이 신청했더라도 재판부가 부적절하다고 판단하면 배제할 수 있다)은 증가한 것으로 나타났다. 살인, 강도, 상해, 성범죄 같은 주요 범죄는 대폭 감소하고 기타 범죄가 크게 증가하는 추세다.

재판부가 피고인의 참여재판 신청을 받아들이면, 재판부는 공판에 앞서 준비기일을 열고 변호인과 검사를 먼저 만난다. 준비기일에서 범행의 인정 여부, 부인하는 경우 주장의 구체적 내용, 재판 당일 피고인과 검찰 측 증인의 수와 특정 등 재판 전체에

● 각종 연구 결과와 통계 부분은 형사정책연구원의 〈형사정책과 사법제도에 관한 평가연구(XIII) - 국민참여재판 시행 10년차 평가와 정책방안 연구〉를 주로 참고했다.

대해 상세한 계획을 수립한다. 그 절차가 마무리되면 공판 날짜를 잡고 시민들을 소환한다.

누구를, 어떻게 소환할까? 법원에는 행정안전부가 제공한 관할구역 내 만 20세 이상 거주자 명단이 있다. 재판부는 필요한 수만큼 이 사람들에게 무작위로 소환통지서를 보낸다. 배심원 9명이 필요한 재판(법정형이 사형·무기징역 또는 무기금고에 해당하는 사건, 그 외는 7명)에서는 140명, 배심원이 7명인 경우에는 110명 정도를 소환한다. 소환 인원 대비 출석률은 평균 27.5퍼센트고, 송달이 안 되는 사람을 제외하면 51.6퍼센트 정도다(일본은 출석률이 90퍼센트에 이른다).

소환받은 사람들은 배심원 후보자가 된다. 만약 소환통지를 받고도 출석하지 않으면 어떻게 될까? 특별한 이유가 없다면 200만 원 이하의 과태료가 부과될 수 있다. 다만 법원은 참여재판 활성화를 위해 과태료 부과를 가급적 자제하는 편이다. 그러나 배심원 수를 못 채울 경우 재판에 큰 지장이 생길 수 있고, 이를 방지하려 소환 인원을 많이 늘리면 재판부의 업무가 가중되고 비용이 대폭 늘어나므로 성숙한 시민의식이 필요하다.

배심원이 9명인 재판을 예로 들면, 140명을 소환할 경우 평균 40~50명이 출석하는데, 재판부는 이 배심원 후보자들을 데리고 보통 오전 9시경부터 배심원 선정 절차를 진행한다. 배심원 선정에는 대략 한두 시간이 소요된다. 배심원 선정 절차는 비공개로 진행되고, 필요 배심원 수보다 1명을 더 뽑는다. 그 1명을 예비배심원이라 부른다. 단, 평의에 들어가기 전까지 재판부 외에는 예비배심원이 누군지 아무도 알 수 없다.

예비배심원은 배심원이 재판 도중 건강 등 부득이한 사정으로 직무를 수행하기 어려운 경우를 대비하는 제도다. 예비배심원은 다른 배심원과 함께 재판을 지켜보지만 평의에는 참석하지 못한다. 심리를 모두 마치고 예비배심원을 알려주면 대개 무척 허탈해한다.

당연한 얘기지만, 누가 배심원으로 선정되는가는 참여재판에서 대단히 중요한 문제다. 배심원 선정 절차의 대략적인 모습은 이렇다. 법정에 배심원 후보자를 전부 모아놓고 먼저 10명을 추첨한다. 뽑힌 10명은 배심원석으로 이동한다. 검사와 변호인이 배심원들에게 돌아가며 이런저런 질문을 던진다. 양측은 자신에게 불리하다고 판단되는 배심원을 파악해 이 사람들을 기피하는 방식으로 솎아낸다. 이때 합당한 이유를 들어 무제한 기피할 수 있고(이유부 기피신청), 아무 이유 없이 일정한 인원에 한해 기피할 수 있다(무이유부 기피신청).

양측에서 아무도 기피하지 않으면 1라운드 만에 배심원 선정이 마무리될 수 있지만 이런 경우는 드물다. 만약 10명 중 3명만 선정되고 7명이 기피되면, 다시 7명을 추첨해 10명이 채워질 때까지 같은 절차를 반복한다. 배심원이 모두 선정되면 선정되지 못한 나머지 배심원 후보자들은 일정 수당(6만 원)을 지급받고 돌아간다(배심원 일당은 12만 원이다). 생업에 쫓기는 대다수 시민은 가능한 한 배심원으로 뽑히지 않으려고 애를 쓰는데, 더러 시간이 많거나 참여재판에 관심이 많은 시민의 경우 배심원에서 탈락되면 무척 아쉬워하기도 한다.

배심원 선정을 마치면 즉시 공판에 돌입한다. 공판절차는 ① 검사의 공소장 낭독과 피고인의 답변, 변호인의 의견진술 ② 검사 및 변호인의 증거설명 ③ 증거서류 조사 ④ 증인신문 ⑤ 피고인 신문 ⑥ 검사의 의견진술, 변호인의 변론, 피고인의 최후진술 순으로 진행된다. 심리가 모두 종결되면 배심원의 유무죄 평의, (유죄인 경우) 양형 토의, 선고로 이어진다.

2008~2018년 실시된 전체 참여재판 통계 중, 평의와 평결에 관한 주요 내용은 다음과 같다. 평의에 소요되는 평균 시간은 1시간 45분, 평결 분포는 총 2,447건 중 전원일치가 1,649건(유죄 1,428건, 무죄 221건), 평결과 판결의 일치율은 92.5퍼센트, 평결과 판결이 불일치한 사건은 160건, 그중 148건은 무죄평결을 재판부가 유죄로 변경한 경우였다. 양형은 89.2퍼센트에 해당하는 사건에서 배심원 양형 의견 중 다수 의견과 선고형이 근접했다. 무죄율은 평균 10.9퍼센트(직업법관 4.3퍼센트), 항소율은 80.5퍼센트(직업법관 62퍼센트), 항소심에서 양형이 파기된 비율은 29.3퍼센트(직업법관 41퍼센트)로 조사됐다. 유무죄 평결과 판결, 배심원의 권고형량과 재판부의 선고형량에서 전체적으로 배심원이 판사보다 더 관대하거나 엄격하다는 유의미한 자료는 없었으나, 범죄 유형에 따라 양형이 서로 달라질 가능성이 있는 것으로 조사

됐다.

법원이 아무리 참여재판의 특성을 고려해 배심원 의견을 최대한 존중하는 방향으로 판단했다 하더라도, 유무죄 의견 일치율이 92.5퍼센트, 양형 근접율이 89.2퍼센트인 점, 항소심 파기율이 직업법관보다 12퍼센트 정도 낮다는 건 놀라운 수치다. 참여재판을 도입할 무렵, 가장 우려한 것이 배심원의 공정성, 사건 및 법률에 대한 이해도, 배심원에 대한 국민의 신뢰 문제였으나, 위 통계에 의하면 이런 우려는 기우에 가깝다.

잘 알려져 있듯, 배심제의 원조는 미국이다. 배심재판은 영미법의 오랜 전통이고 미국에서 꽃을 피웠다. 미국의 배심재판은 우리와 많이 다르다. 미국은 형사배심재판(소배심) 외에도 민사배심재판과 기소배심(대배심) 제도가 있는데, 여기서는 형사배심재판 위주로 살펴본다.●

미국은 일단 형사사건이 기소되면 공판 전에 기소인부절차 arraignment가 개시된다. 여기서 유죄를 인정하면 plea guilty 그 대가로 형을 얼마나 감경할지 논의하는 죄질협상 plea bargaining을 거쳐 양형 절차로 넘어간다. 이때 입증은 생략된다. 만약 피고인이 무죄를 주장하면 공판으로 넘어가는데, 피고인의 의사에 따라

- 영미 배심제도에 대한 세부 내용은 《배심제와 시민의 사법참여》(안경환, 집문당, 2005)를 주로 참고했다.

배심재판으로 진행할 수 있다. 기소된 범죄 중 95퍼센트 정도가 유죄를 인정한다고 하니, 실제 배심재판 비율은 높지 않은 편이다. 그럼에도 절대 건수는 상당히 많고, 법정형이 사형이거나 살인 같은 중범죄 사건 비율이 높아 많은 주목을 받는다.

미국의 배심재판과 우리나라 참여재판의 가장 큰 차이는 배심원 평결의 기속력 여부다. 미국은 배심원 12명이 사실인정 및 유무죄 판단을 전담하고, 법관은 소송 지휘와 양형 판단을 전담한다(다만 배심원의 양형 불간섭 관행에는 중대한 예외가 있다. 바로 사형이다. 배심원은 직접 사형을 선고하거나 권고할 수 있는데 법관보다 사형을 꺼리는 경향이 있다고 한다). 미국은 배심원의 유무죄 판단을 재판부가 뒤집을 수 없다. 특히 무죄평결은 최종결론으로 항소도 할 수 없다. 반면 우리는 재판부가 배심원의 결론을 따르지 않아도 된다. 평결에 기속력이 없기 때문이다.

기속력 인정 여부는 배심원 판단을 믿느냐, 못 믿느냐 하는 차이에서만 기인하는 것은 아니다. 현행 헌법 제27조 제1항은 "모든 국민은 헌법과 법률이 정한 법관에 의하여 법률에 의한 재판을 받을 권리를 가진다"고 정하고 있는데, 배심 평결에 기속력을 부여할 경우, 직업법관이 아닌 사람의 재판을 허용하는 결과가 되어 헌법이 정한 법관의 재판권과 국민의 재판받을 권리를 침해할 소지가 있다(이에 대해 배심제는 직업법관과 시민이 함께하는 재판이므로, 현행 헌법의 해석상으로도 아무 문제가 없다고 보는 견해도 있다). 어쨌든 위헌 문제 때문에 2018년 대통령이 발의한 개헌안에는

"국민은 법률로 정하는 바에 따라 배심 또는 그 밖의 방법으로 재판에 참여할 수 있다"는 내용이 들어가 있다.

미국과 우리나라의 또 다른 큰 차이는 평결 방식이다. 600년 역사를 가진 영미 배심재판의 기본 원칙은 만장일치제다. 그렇다 보니 평결에 시간이 많이 걸린다. 어떤 경우 며칠이 걸리기도 한다. 우리도 원칙적으로 유무죄 평결에 만장일치를 요하지만, 만장일치가 안 되면 재판부와 상의한 다음 다수결로 할 수 있도록 되어 있다. 그래서 아무리 의견이 격렬하게 갈려도 하루 만에 선고가 가능한 것이다.

미국은 11대 1로 의견이 갈려도 평결에 이를 수 없다. 따라서 배심원 1명의 영향력이 극단적으로 크다. 이 점에 착안한 영화가 배심재판 영화의 고전으로 불리는 〈12인의 성난 사람들〉이다. 미국은 인종의 전시장이고 역사적으로 뿌리 깊은 인종차별의 폐습이 있으며, 샐러드볼로 불릴 정도로 다문화 사회다. 따라서 배심원의 인종, 문화적 배경, 성향에 따라 사건을 바라보는 스펙트럼이 대단히 넓고 그만큼 편견에 빠질 위험도 크다. 배심원 선정이 재판의 승패를 결정적으로 좌우할 수 있어 "영국에서는 배심이 선정되면 심리가 개시되지만, 미국에서는 배심이 선정되면 이미 재판은 끝나 있다"는 말이 있을 정도다.

그래서 미국의 배심원 선정 절차는 특히 중요하다. 배심원의 인종, 성별, 종교, 연령 등 집단적 특성에 대한 조사는 물론이고, 외모와 인상, 복장, 피고인을 바라보는 표정, 답변 태도, 눈빛 등을 면밀히 관찰하고 법정심리학까지 동원한다. 배심원 선정을 체계적이고 전문적으로 조언하는 컨설턴트도 있다. 그들은 배심원의 자세, 음성, 눈빛 등 신체언어를 분석하고, 배심원의 배경과 사회적 연결망 등 개인정보를 수집하거나 배심원들 내면에 숨겨진 편향을 드러내는 교묘한 질문을 만들기도 한다.

엄청난 비효율성에도 불구하고 미국은 왜 만장일치제를 고수할까? 만장일치의 역사적 기원은 1367년 영국에서 시작됐다고 전해진다. 11대 1로 평의가 갈린 사건이 있었는데 1명의 소수 배심원이 "유죄평결에 동의하느니 차라리 감옥에서 죽겠다"고 버티자 법원이 11대 1로는 유죄평결을 내릴 수 없다고 판단했다는 것이다. 20세기 후반 들어 영국이나 미국 오리건주, 루이지애나주가 다수결을 택하면서 이 원칙에 균열이 생겼지만, 2020년 미 연방대법원은 "다수결은 소수인종 배심원의 권한을 약화하려는 인종차별정책에서 비롯된 것으로서 위헌"이라고 판단했다.

재판은 의견 차로 인한 분열과 공멸을 방지하고 효율적인 사회자원 배분을 목표로 하는 정치적 판단이나 정책결정과는 본질적으로 다르다. 재판의 목표는 진실 추구다. 이 점이 배심재판에서 만장일치제를 취하는 가장 중요한 논거다. 진실에 도달하려면 편견을 해소하고, 차이를 이해한 바탕 위에서 결론을 도출해내는 진지한 토론이 필요하며, 그 과정에서 소수의 의견이라도 절대 무시되어서는 안 된다.

다수결은 민주적이고 효율적인 의사결정 방식이지만 특정 집단의 의사를 관철시킬 수 있는 폭력적 방법이기도 하다. 만장일치제는 다수의 횡포에 대항하는 소수에게 일종의 거부권을 주는 셈이다. 재판 한 번으로 사람의 생명과 재산이 결판나므로 합리적 의심을 넘는 강한 입증을 요구하는 형사재판에서, 단지 다수라는 이유만으로 소수의 의심을 비합리적인 것이라고 배척할 수 없도록 한 것이다. 단순한 수적 우위가 합리성까지 담보하진 않기 때문이다.

그럼 1명이 끝까지 말도 안 되는 억지를 부릴 때는 어떻게 되는가? 미국 배심재판에서 의견이 나뉘어 도저히 합의가 안 되면 평결을 보류하고hung jury, 미결정심리mistrial를 선언한다. 이 경우 검찰이 재기소에 대한 재량을 갖는데, 재기소를 하면 새로운 배심원단을 구성한다.

그러나 한두 명의 배심원이 고집을 꺾지 않아 평결 불능에 이르는 경우는 실제로는 많지 않다고 한다. 영화 〈12인의 성난 사람들〉처럼 최초의 소수의견이 나중에 다수의견으로 바뀌는 경우 역시 드물다고 한다. 즉, 실제로는 다수가 소수를 설득하는 경우가 많다는 말이다.

그렇다고 소수의견이 단지 논의의 질을 높이고, 신중한 결정을 하게 하는 데만 기여하는 것은 아니다. 실제 결론에도 적지 않은 영향을 미친다. 즉, 민사배심재판이라면 배상금액에 반영되고, 형사배심재판이라면 1급 살인을 2급 살인으로 하거나 여러 범죄 중 일부를 조율하는 방식으로 관여한다.

좀비 영화의 걸작이라 평가받는 〈월드워 Z〉에서 UN조사관 제리(브래드 피트)가 좀비를 대비해 거대한 장벽을 세운 이스라엘의 판단에 대해 묻자 모사드 간부가 대답하는 장면이 있다.

"좀비가 언급된 보고서만 보고 장벽을 세웠다고요?"

"1930년대 유대인은 수용소에 보내질 걸 안 믿었고, 1972년 올림픽에서는 테러 위협을 무시했지. 1973년 10월 이란의 수상한 동태를 보고도 우릴 공격할 거라곤 생각하지 않았는데, 한 달 후 기습공격을 받고 거의 초토화됐어. 그래서 변화를 줬네. 열 번째 사람. 아홉 명이 동일한 정보로 동일한 결론에 도달해도 열 번째 사람은 무조건 반대해야 해. 아무리 신빙성이 없어 보여도, 다른 아홉 명이 틀렸다고 가정하는 거지."

"당신이 열 번째 남자군요!"

"모두가 좀비 소문이 위장이라고 믿을 때 난 이렇게 생각했지, '좀비 소문이 퍼지는 건 좀비가 있어서다'라고."

관성적으로 판단하고, 다수의 의견에 수렴해야만 심리적 안정감을 찾는 경향은 인간의 본성이다. 그 과정에서 발생하는 판단의 오류를 보완하고 최선의 결론에 도달하려면 '열 번째 사람'이 반드시 필요하다. 만장일치제가 의미 있는 건 〈12인의 성난 사람들〉의 위대한 반대자 헨리 폰다처럼 1명이 이성적이라는 데 있다고 생각하지 않는다. 그는 아무래도 상관없다. '열 번째 사람'처럼 집단의 의사결정에 무조건 제동을 걸어주는 역할만으로 충분하다. 그다음은 나머지의 몫이다. 1명의 반대라도 진지하게 청취하고 설득하려 들며, 혹 그 의견이 맞다면 기꺼이 생각을 바꿀 수 있는 나머지 11명, 이 사람들이 있어야 만장일치제는 참된 가치를 갖는다.

나는 우리가 다수결 방식에 너무 익숙한 나머지, 소수의견에 대해 가혹하리만치 무관심하거나 신경질적인 반응을 보이는 게 아닌가 하는 생각이 들 때가 많다. 사실 만장일치는 대단히 비효율적이고 억지 부리는 소수에게 휘둘릴 수 있는 비합리적인 의사결정 방식이다. 그럼에도 영미 배심제에서 이런 제도를 여전히 고수하는 이유는, 형사재판이 궁극적으로 사람을 죽이고 살리는 결과를 초래하기 때문이다.

그러나 재판만 그런가? 형사재판 못지않게 사람을 죽이고 살리는 의사결정과 정책이 얼마나 많은가? 국회의원들이 지역구에 다리 하나 만들려고 몰래 쪽지를 주고받으며 배정한 예산안, 꼭 그만큼 깎인 복지예산 때문에 죽어나가는 최하위 계층 사람이 얼마나 될지 생각해보았는가? 서로 보지 않고 사실상 각자도생하기 힘겨운 가난한 가족들에게 가족관계단절서를 제출하지 않으면 최소한의 기초생활 보장도 못해준다는 부양의무제는 도대체 몇 명의 다수결로 정해졌을까? 그 규정에 찬성한 사람들은 2020년 서울 방배동 다세대주택에서 발달장애인 아들을 둔 60대 어머니가 굶고 병들어 죽은 후 반년 넘게 방치되는 비극이 벌어지리라고 과연 예상하지 못했을까? 아니면 다수의 복지를 위해서는 어쩔 수 없는 일이라고 생각했을까?

배심제에서도 만장일치를 수정한 다수결은 10대 2, 11대 1 정도면 합리적 의심을 넘어선 것으로 보는 경우가 많다. 그러나 법정 밖 다수결은 그렇지 않다. 기업지배도, 선거도, 정책결정도 1표 차로 결론이 나뉜다. 승자독식 사회에서 이 제도는 아주 미세한 차이의 패배만으로 패자들에게 너무 큰 고통을 준다. 지금 이 순간에도 효율적이라는 명분 아래, 누군가의 생사가 달린 많은 일이 1표 차 다수결로 결정되고 있을 것이다. 간단히 손절당한 소수가 달랑 총알 몇 발과 수류탄 하나 들고 뒤에 남아 괴물과 싸우다 금방 죽는 동안 다수는 저 멀리 달아날 것이다.

도로의 통행료 징수처럼 그 결정으로 이루고자 하는 목적이 사회 구성원에게 심각한 영향을 미치지 않는 단순한 사안이라면 또 모를까, 재개발지구의 강제철거나 정리해고나 기초생활수급 보장같이 누군가의 생존권이 걸린 사안이라면, 그 결정에 극히 신중해야 한다. 비록 철거민을 내쫓고, 노동자를 감원하고, 강을 정비하고, 군인을 파병하는 데 국민의 만장일치를 구할 순 없을지라도, '한 명이 낙오되면 아무도 못 간다. 단 한 명도 소홀히 할 수 없고 찍어눌러선 안 된다. 다수의 힘을 관철시키려면 정성을 다해 끝까지 설득하라'는 만장일치제 의사결정 방식의 숨은 뜻은 항상 되새겨야 하지 않을까.

미국처럼 만장일치제는 아니지만 우리나라 참여재판의 수준도 높은 편이다. 참여재판 도입 10년을 즈음하여 실시된 여러 조사에 의하면, 도입 초기 우려에도 불구하고, 사법의 민주적 정당성 확보, 사법에 대한 신뢰도 향상, 피고인의 인권 보장, 국민의 법의식 향상이라는 측면에서 긍정적인 평가가 많았다.

특히 유무죄 판단에 있어 배심원 평결과 판결의 높은 일치율은 일반 국민의 판단능력에 대한 의구심이 쓸데없는 기우였음을 보여줬다 해도 과언이 아니다. 이제 평결에 기속력을 부여해야 할 때가 가까웠다.

그러나 재판장으로서 직접 참여재판을 지켜보고 진행한 결과 체감한 몇 가지 불안요소가 있다.

절차적 측면에서, 무엇보다 하루 만에 끝내는 재판의 위험성을 지적하지 않을 수 없다. 우리 여건상 '하루 재판'은 불가피한 측면이 있으나, 쟁점과 증거가 많고 판단이 어려우며 결과가 중한 사건에서는 상당히 아슬아슬했다. 일반 재판으로 충분한 심리를 거쳐 신중하게 형을 정했다면 참여재판보다 형이 훨씬 높아져야 하는 사안도 있었기 때문이다.

배심원의 자질 측면에서는, 정신질환 범죄나 성범죄와 같이 몇몇 유형의 사건에서 일반적 편견을 쉽게 넘어서지 못하는 측면은 다소 아쉬운 대목이었다. 또 자유로운 토론문화의 부재로 심도 있는 평의가 잘 이뤄지지 않는 듯했고, 결정이 어려운 상황에서 전문가인 직업법관이 의견을 제시하면 거기에 확 끌려 견해를 정한 다음 바꾸지 않는 정박효과anchoring도 심한 편이었다.

특히 배심원의 온정주의를 언급하지 않을 수 없다. 일반 국민들은 직업법관의 형이 낮다고 많은 비판을 하지만 내가 본 바에 의하면 오히려 배심원들의 형이 눈에 띄게 낮았다. 두 그룹 사이의 형이 비슷하다고 조사된 이유는, 재판부와의 양형 토의를 거치면서 배심원들이 의견을 수정했기 때문일 가능성이 높다.

왜 그런 걸까? 우선 현저한 정보의 차이를 원인으로 들 수 있다. 간단한 기사로만 사건을 접하다가 실제 재판에서 주어지는 많은 정보, 특히 기사에는 일절 드러나지 않는 피고인에 대한 다양한 양형자료를 접하게 되면 형이 같을 수가 없다. 또 재판 경험이 전무하고 짧은 시간 안에 평가를 내려야 하다 보니, 직업법관과 달리 감정에 호소하는 피고인 측의 자극적이고 격정적인 변론에 많은 영향을 받는 것으로 보였다. 물론 자신의 결정으로 한 사람의 인생을 좌우한다는 부담감도 생각보다 훨씬 큰 것 같았다. 이해는 된다. 내 손에 피 묻히기 싫은 마음은 누구나 같지만, 늘 손이 피에 젖어 있는 사람들과 같을 순 없을 테니까.

이런 문제점에도 불구하고 나는 참여재판의 가치가 대단히 저평가돼 있고 더욱 활성화돼야 한다고 믿는다. 알다시피 입법, 행정, 사법부의 핵심 구성원 중 법관만 선출직이 아니다. 헌법 제정자들이 그렇게 설계한 데는 다 이유가 있겠지만, 어쨌든 사법부 구성의 민주적 정당성 문제는 줄곧 법원의 한계로 여겨졌다. 국민이 사법에 직접 참여하는 재판이 많아질수록 우리 법원의 정당성 문제는 어느 정도 극복될 수 있을 것이다.

무엇보다 재판과 사법부에 대한 배심원들의 인식 변화가 무척 인상적이었다. 참여재판을 해보면 배심원들이 한결같이 하는 말이 있다. "하루 동안 재판 지켜보고 판단하는 것도 힘들어 죽겠는데, 이 일을 어떻게 매일 하세요?" 이 말 한마디로 참여재판 준비와 진행으로 쌓인 피로가 눈 녹듯 사라지는 기분이었다. 법원 입장에서는 이 점만으로도 참여재판은 엄청난 의미가 있다.

흔히 참여재판의 단점으로, 온정주의와 더불어 배심원들의 연고주의에 대한 우려가 많다. 그러나 연고는 일반 국민보다 법조인들이 훨씬 더 촘촘히 얽혀 있다. 참여재판은 투명하게 열린 재판과 배심원들의 결정을 통해, 법조 비리나 전관예우를 방지하는 기능도 있다.

'비전문가인 국민이 법적 사안을 제대로 판단할 수 있을까?'라는 우려도 참여재판에서 항상 거론되는 문제인데, 법적 분쟁에 있어 해석의 영역은 2할이 채 안 된다. 8할 이상은 사실인정의 영역이다. 사실인정은 일반 국민들이 직업법관보다 우월하다. 일부 법적 판단도 직업법관이 충분히 안내하고 설명하므로 큰 문제가 없다.

사실 글머리에 소개한 존속살해 참여재판을 진행하면서 많은 의문이 있었다. 배심원의 의견을 존중해 집행유예를 선고했지만, 아무리 가정폭력에 시달렸다 하더라도 이처럼 잔혹한 살인에 집행유예를 선고하는 게 맞는가 하는 의문이었다. 직업법관의 일반적인 양형 감각으로는 무리라고 판단했다. '그럼 이 결론은 뭔가 정의롭지 못한 게 아닌가? 참여재판을 신청하지 않은 대다수 피고인은 실형을 선고받는데, 참여재판 내내 눈물 흘리며 온정에 호소했다고 해서 집행유예를 받는 게 정당한가?' 하는 생각이 한동안 머릿속에서 떠나지 않았다.

그러나 결국 나는 배심원들의 양형에 수긍했고, 어쩌면 이것이 또 다른 방식의 정의일지도 모른다고 생각했다. 판사도 개별 사안에서 구체적인 형편을 따져 조금씩 양형을 달리 하긴 하나, 판사에겐 '공평한 양형'이라는 한계가 존재한다. 지난주 살인 피고인은 인상이 험상궂어 징역 20년을 선고했지만, 이번 주 살인 피고인은 선하게 생겼고 유년시절이 너무 불우했다고 징역 5년을 선고하긴 어렵다. 양형 기준이 있고, 한 재판부 내에서 반복되는 사건 간의 일관성을 고려해야 하며, 다른 재판부나 사법부 전체의 양형 편차도 의식해야 하기 때문이다.

일관되고 공평한 양형은 판사가 지켜야 할 정의다. 그러나 여기에 얽매이다 보면 정의롭지 못한 결과도 발생한다. 이 사건 같은 경우다. 중이 제 머리를 못 깎는 거다. 이때는 누가 대신 나서야 한다. 바로 국민이다. 배심원들은 40년간 가정폭력에 시달리다 남편을 살해한 아내를 교도소로 보내는 것이 정의롭지 못하다고 판단했다. 그래서 처음에는 정당방위로 풀어줄 수 있는 방안을 고민했고, 그게 어려워지자 집행유예를 선택한 것이다.

양형에는 정답이 없다. 직업법관과 배심원 사이의 양형 편차 혹은 이견은 정의가 흔들린다거나 불공평한 것이 아니라, 참여재판제도를 둔 이상 불가피한 차이다. 이런 양형이 누적되면 결국 서로의 결론은 수렴해갈 것이다. 이처럼 참여재판은 직업법관제도의 단점을 보완하고 그 한계를 넘어설 수 있도록 하는 중요한 역할을 한다.

나는 참여재판제도가 사법의 영역을 넘어 실생활에도 많은 통찰을 준다고 믿는다. 연수휴직으로 1년간 미국에 머무르며 조금 떨어져 바라보니, 정말 우리만큼 역동적인 나라가 또 있을까 싶었다. 다양한 견해와 가치가 격렬하게 부딪치고, 그 논쟁을 동력 삼아 법과 기술, 사회 시스템이 급속도로 변한다. 그 과정에서 주춤거릴 때도 있지만 대개는 앞으로 나아간다. 외국에 있으면 우리나라가 달리 보인다더니 '국뽕'이 아니라 신기할 정도로 괜찮은 나라라는 생각이 들었다.

그러나 간사하게도 연수를 마치고 와서 보니 단점이 더 잘 보였다. 상반되는 입장은 무리지어 일체의 타협과 양보를 거부한 채 정면으로 충돌하고, 그 충돌로 양측은 만신창이가 된다. 일부는 빠른 변화에 동승하지 못해 튕겨져나가 뒤처진다. 그렇게 몸과 마음을 다친 사람들이 도처에 널브러져 있다. 결과적으로는 발전하지만 그 과정에서 서로 너무 많이 상처 주고 낙오된다. 변화와 발전의 대가가 너무 크다.

과연 무엇이 문제일까? 진지하게 토론하고 결론에 승복하는 문화, 그 문화를 뒷받침하는 절차와 솔루션의 흠결이 가장 큰 원인 아닐까 생각한다. 정치적 신념이나 경제적 입장, 도덕이나 가치관처럼 넓은 전선이 아니라, 오늘 당장 판단해야 할 존속살해 사건 한 건에만 집중하고, 서로 지켜야 할 일정한 룰을 공유하며, 공정하고 객관적인 주재자 아래 자유롭게 토론하되 결과에 승복하기로 약속한다면, 문제 해결이라는 결론에 이를 수 있지 않을까? 참여재판의 절차와 방식, 참여재판에 참가한 경험이 이런 토론과 승복 문화에 크게 기여하리라 본다.

재판에서 준수되는 여러 법원칙이 재판을 넘어 일상적 판단이나 의사결정에 적용될 수 있다면 세상이 훨씬 더 평화로워질 텐데, 하는 상상을 하기도 한다. '사실의 인정은 오로지 객관적 증거에만 기초하여 판단해야 합니다'라는 증거재판주의는 실제 참여재판에서 내가 배심원들에게 계속 환기시키는 말이다. 너무 당연한 말 같지만, 적은 증거에도 마구 끌려가는 심증을 막아세우기란 여간해선 쉽지 않다.

무죄추정의 원칙 역시 기억해야 한다. 알다시피 국민은 헌법과 형사소송법에 따라 무죄로 추정되고 피고인에겐 진술거부권이 있다. 사실인정으로 유죄라고 인정하기 전까지 함부로 낙인찍고 비난해선 안 된다. 그 사람이 아무 말도 못한다고 몰아붙이면 안 된다. 증거와 사실이 드러날 때까지 잠시 기다려야 한다. 끝내 안 드러난다면 너저분하게 음모론을 펼치지 말고 깨끗이 접어야 한다.

입증책임과 합리적 의심도 새길 만한 법리다. 피고인을 벌하려면 기소하는 검사는 합리적 의심이 들지 않을 정도로 강하게 유죄를 입증해야 한다. 피고인은 스스로 무죄를 증명할 의무가 없다. 증거도 없이 무수한 의혹만 제기하면서 상대가 결백을 증명하지 못한다고 탓하는 사람은 21세기에 살면 안 된다. 중세로 가야 한다.

이처럼 참여재판은 이성적인 토론을 위한 좋은 훈련장이고, 여러 법원칙은 신중하고 합리적인 판단을 위한 완벽한 툴이다. 사회 구성원들의 이런 자세가 모이면 실질적인 법치와 정의가 실현되고 우린 덜 상처받을 것이다.

많은 법정영화 중 〈12인의 성난 사람들〉과 더불어 내가 특히 좋아하는 영화가 있다. 역시 시드니 루멧이 감독하고 폴 뉴먼이 주연한 〈심판〉이다. 세파에 닳아 찌들고 타락한 노변호사가 마지막으로 돈 되는 큰 사건을 맡지만, 돈을 좇지 않고 더 큰 가치를 위해 자신을 추스르는 멋진 이야기다.

아래는 배심원들을 향한 폴 뉴먼의 최후 변론이다.

우리는 오랜 시간 길을 잃었습니다. 신이시여! 제발 우리에게 무엇이 진실인지 말씀해주십시오. 정의는 없습니다. 있는 자들은 이기고 없는 자들은 무력합니다. 우리는 사람들의 거짓말에 지쳐갑니다. 우리는 우리 자신을 의심하고, 믿음과 체제를 의심합니다. 그리고 법을 의심합니다. 하지만 오늘은 여러분이 법입니다. 저는 믿음을 가진 것처럼 행동한다면 믿음이 주어진다고 믿습니다. 우리가 정의에 대한 믿음을 갖는다면 자신을 믿고 정의롭게 행동하기만 하면 됩니다. 저는 우리 마음속에 정의가 있다고 믿습니다.

위 대사는 정의를 회의한 한물간 노변호사의 회개이자, 법과 정의를 마치 바람 부는 들판의 풀잎처럼 눕고 일어나게 했던 우리 모두에게 던지는 매서운 질타다. 지금까지 어떠했든 정의를 믿어라. 정의를 대신 맡아준 힘 센 사람들이나 체제에 대한 기대는 접어라. 오늘만큼은 당신이 법이다.

위정자와 국회의원, 판검사나 고위관료들은 국민이 나라의 주인이라고 입버릇처럼 말하지만, 이는 아마 인류 역사상 가장 실속 없고 화려한 립서비스일 것이다. 사회가 복잡해질수록 주인인 국민들은 갈수록 권력으로부터 소외된다. 국민이 주권자인 민주공화국 대한민국에서 입법이나 행정 그 어디에도 국민이 직접 나서서 국가권력을 행사하는 제도는 없다.

참여재판이 무엇보다 중요한 이유는, 국민이 국가의 주요 권력을 상시적이고 직접적이며 구체적으로 행사하는 유일한 제도라는 점이다. 참여재판제도는 지금까지 허울만 권력자였던 바지주권자 국민이, 선거철에 반짝하는 한시적 주권자 국민이, 권력자들의 입에 발린 수사나 케케묵은 헌법 조문 속 빛바랜 트로피가 아니라 진정한 권력자임을 확인하는 제도다.

앞서 보았던 참여재판 통계를 보면서, 나는 국민들이 자칭 대한민국에서 제일 잘났다는 법률가들에게 제대로 본때를 보여줬다는 생각이 들었다. 마치 이렇게 말하는 것 같았다. "좀 번거로워서 맡겨뒀더니만 일도 제대로 못하고…. 저리 비켜봐요, 우리가 직접 할 테니. 또 그렇게 엉터리로 할 거면 앞으로 각오하쇼."

선고를 마칠 무렵, 시계는 어느새 자정을 넘기고 있었다. 해산명령을 받은 배심원들의 얼굴은 피곤에 찌들어 있었다. 그러나 피고인 A의 석방지휘서에 사인하는 검사를 지켜보며 서로 눈인사를 나누는 눈빛만큼은 자부심으로 가득 차 있었다.

발 좀 치우시죠

> 피켓을 들든 들지 않든
> 우리가 함께한다는 것이 중요한 거예요.
> ― 영화 〈런던 프라이드〉

 페미니즘이나 '정치적 올바름political correctness', 차별과 혐오에 대한 논쟁이 뜨겁다. 사상 검증하듯 입장을 따져묻고 손가락 모양 하나에도 예민하게 반응한다.
 옳고 그름을 떠나 이른바 86세대인 내게 이런 모습은 무척 생경하다. 그 낯섦은 무지라는 자각을 거쳐 부끄러움에 가닿는다. 산업화와 민주화를 거치는 동안 우린 얼마나 이런 주장에 무지하고 일방적이었나? 갈 길은 여전히 멀지만 여성들의 목소리가 또렷이 들리기 시작한 것 자체만으로도 성과라는 생각이 든다.
 우리 사회에서 여성혐오와 페미니즘이 첨예한 이슈로 등장하게 된 결정적 사건을 들라면, 아무래도 2016년 강남역 살인사건을 빼놓을 수 없을 것 같다. 조현병이 있는 가해자가 공중화장실에서 20대 초반 여성을 선별해 살해했다는 점에서 큰 충격을 준

사건이었다. 사건의 성격을 두고 '여성혐오 범죄'냐 '정신질환 범죄'냐에 대한 논쟁이 격렬했다. 조현병 환자의 '묻지마 살인'이라는 경찰의 입장에도 불구하고, 여성혐오의 맥락을 배제해버리는 남성중심적인 인식에 여성들이 분노했고, 이를 계기로 여성들의 목소리가 거세게 터져나왔다.

당시 강남역 10번 출구에는 피해자를 추모하고 여성혐오를 규탄하는 수많은 포스트잇이 붙었는데, 〈경향신문〉 사회부 기자들이 그 포스트잇을 일일이 채록해 책으로 엮었다.* 아래는 그중 일부다.

"이곳은 마치 모든 한국 여자를 위한 하나의 묘지 같군요. 삼가 고인의 명복을 빕니다."

"칼끝이 향한 곳이 분명한데 어떻게 눈먼 칼이라고 부를 수 있을까요."

"정신분열증 때문이라고 합리화하지 마세요. 제 동생은 정신분열증 환자이자 페미니스트입니다."

"당신의 피켓에는 이런 것들이 담겨 있습니다. 남성인 나는 잠재적 범죄자가 아니라는 자기변호, 불안의 대상에게 배려를 받고 협력하라는 불가능한 요구, 이번 사건으로 여성들이 느낀 공포와 분노를 '성 대결'로 몰아버리는 오독."

- 《강남역 10번 출구, 1004개의 포스트잇》, 나무연필, 2016.

"나와 동갑인 당신의 부고를 들었을 때 정신이 아득해졌습니다. 당신이 아픔과 무서움 속에 있을 때 나는 아무것도 모른 채 안락한 삶을 영위했습니다. 바꾸기 위해 노력하는 것으로 갚겠습니다. 발 디딜 때마다 푹푹 꺼지는 땅을 계속 밟으며 나아가겠습니다. 명복을 빕니다."

"내가 스물둘일 때 편의점에서 술 취한 남자가 엉덩이를 만졌다. 스물셋 때는 생일날 골목에서 바지 내린 변태를 만났다. 지금은 열일곱 여자애들이 춤추는 걸 보면서 추임새 넣고 박수치며 즐기는 학생부장과 일한다. 갑자기 그런 생각이 든다. 내가 그 숱한 추행의 순간에 한 번이라도 무서워 숨죽이지 않고 소리를 질렀다면 그녀는 죽지 않아도 됐을까. 언제 다시 그녀가 될지 모르는 내 사랑하는 학생들이 적어도 나보단 안전하게 살 수 있지 않을까. 나는 더 이상 침묵하지 않을 것이다."

여전히 이 사건은 정신질환 범죄라는 전문가의 견해가 있지만, 내 눈에는 여러 요인이 복합적으로 작용한 범죄로 보인다. 한 가지 동기와 경향만을 띠는 범죄는 드물다. 피해 여성이 가해자와 특수관계(배우자, 자녀, 연인)에 있을 때, 여성혐오가 희석될 여지가 있으나 그렇다고 그런 특성이 아예 없어지는 것은 아니다. 범죄의 표적이 유독 여성으로 성별화되고 특정된 이상, 그 혐오의 원인을 정신질환의 우연한 작동 결과로만 돌릴 수는 없다. 강남역 살인사건을 '묻지마 범죄'로 보려는 견해에는 정신질환자에 대한 혐오로 여성혐오를 가리려는 의도가 엿보인다.

페미니즘 찬반 진영의 가장 큰 차이는 그 사회 내의 여성차별의 정도를 어떻게 인식하느냐에 달린 것 같다. 사실 우리는 미국처럼 일반 범죄보다 더 무겁게 처벌하는 '혐오범죄hate crime' 규정이 없다. 따라서 혐오범죄인지 여부는 법정형에 차이가 없어 양형에서는 구별의 실익이 없다. 그런데도 어떤 이들은 한사코 혐오범죄를 부인한다. 페미니즘을 두고 싸우는 거대한 전선에서 일각이나마 밀리지 않겠다는 결연한 의지 때문일까?

나는 고리타분하고 고지식한 법률가다. 내가 직접 마주치는 법의 세계는 아주 좁고 기괴하다. 그곳에서 법률가는 빠르게 흘러가는 세상이 파괴한 것들의 파편을 치우며 천천히 세상을 뒤쫓는다. 법과 재판이라는 영역을 벗어나면, 나는 평균 이하의 식견을 가진 사람이다. 법 밖의 세계가 얼마나 불공평한지 나는 정확히 알지 못한다. 그런 내가 우리 사회 전반의 차별과 혐오에 대해 논하는 건 무리다. 일단 내 분야에만 집중한다.

법 앞에서 인간은 평등한가? 여전히 미흡하지만 법과 권리의 외관이라는 측면에서 이제 어느 정도 그럴듯한 모습을 갖춘 것으로 보인다. 그러나 법은 언제나 최소한의 장치다. 유색인종을 차별하는 법은 사라졌지만, 실제 법이 적용되고 집행되는 과정에서의 차별은 여전하다. 미국에서 백인 여성과 흑인 남성 중 먼저 투표권을 획득한 쪽은 흑인 남성이다. 흑인 남성은 1870년,

백인 여성은 1920년이니 시차가 무려 50년이다. 세계적으로 양성평등이 뚜렷한 성취를 거두기 시작한 것도 불과 반세기 전이다. 이때보다는 분명 나아졌지만 과연 법 안에서 양성은 평등한가?

 법도 워낙 다양해서 법 전반에 걸친 혐오와 차별을 이야기하는 것 역시 나에겐 벅차다. 내가 가장 많이 다뤄본 범죄와 형사법 영역으로 좁혀 말한다면, 나는 여성의 신체에 직접적인 타격을 가하는 방법으로 혐오를 표출하는, 그리하여 피해의 대상과 나머지 존재를 극단적으로 차별하는 범죄에 대해서만큼은 누구보다 잘 아는 사람이다. 나는 강남역 10번 출구 포스트잇에 여성들이 적어놓은 거의 모든 유형의 범죄를 처리했다. 그것도 아주 많이.

 여성들이 이런 범죄들을 미소지니misogyny라고 주장하는 근거는 뭘까? 내 경험에 의하면 복잡한 논거가 필요 없다. 그게 대부분 사실이니까, 여자라는 이유만으로 당했으니까 그렇다. 폭력, 신체 사진이나 성관계 영상 촬영 및 배포, 협박, 살인처럼 남녀관계에서 발생하는 범죄의 거의 대부분이 남성에 의해 이뤄지는 현실에서 성별을 배제하고서는 그런 범죄를 설명할 방법이 없다. 자신이 원하는 대로 관계가 형성되지 않는다고, 상처 입은 감정을 보상받으려고, 일그러진 욕망을 충족시키려고 폭력으로 상대를 파괴하는 일은 서로를 대등한 존재로 인식하며 존중하는 관계에서는 절대 일어날 수 없다.

 성범죄는 그 본질적 속성 때문에 극단적 성비의 차이로 발현되는 게 당연한 결과 아니냐고 반문하는 사람이 있다. 일반적으로 남성과 여성 사이에 완력 차이가 있으므로 여자가 남자를 강간하기는 쉽지 않을 것이다. 그럼 성인이 아동에게 저지르는 성범죄는 어떤가? 성인 여성이 성인 남성처럼 아동을 대상으로 성범죄를 저지르는가?

여성 대상 범죄를 묻지마 범죄나 다른 범죄와 비교하면 그 차이를 더 명확히 알 수 있다. 묻지마 범죄는 가해자와 피해자의 관계성이 희박한 불특정 다수를 대상으로 하는 범죄다. 도심에서 길을 가는 아무나 보고 총기를 난사하는 것이 그 예다. 만약 백인이 흑인 교회를 찾아가 총기를 난사했다면 불특정 다수를 대상으로 했음에도 명백한 인종혐오 범죄다. 한 달 사이에 뉴욕에서 발생한 폭행사건 100건 중 95건의 피해자가 아시아인이라면 인종혐오 범죄로 보는 것은 무리가 아니다. 여성을 대입하면 어떤가?

우린 아동학대를 보면 표현능력과 보호능력이 없는 어린아이를 상대로 한 범죄임을 자연스럽게 인지한다. 아동학대를 두고 피해자가 연령을 아우르는 불특정 다수일 가능성이 있는 묻지마 범죄라고 생각하진 않는다. 지적장애인을 대상으로 한 사기나 성범죄도 마찬가지다. 우연히 지적장애인이 범행 대상이 된 게 아니다. 속이기 쉬워서든, 스스로 보호할 힘이 부족해서든, 장애인이 피해자인 명백한 이유가 있다. 우리는 이런 사건들을 볼 때 가해자와 피해자의 관계, 사회경제적 지위, 힘의 우열, 보호 및 종속 관계, 범행의 동기 등을 모두 고려하기 때문에 그 맥락을 금방 파악한다. 그런데 왜 유독 여성을 골라 살해한 범죄는 전후 맥락을 자꾸 지우려 할까?

우리는 정인이나 김용균은 물론 가정폭력이나 성범죄의 개별 피해자에게도 쉽게 공감한다. 정인이나 김용균을 일반화해 학대받는 아동이나 위험에 내몰리는 비정규직 노동자들에게까지 공감을 넓히는 데도 큰 어려움이 없다. 그런데 왜 유독 여성 대상 범죄는 여성 일반의 문제로 확장하는 데 불편함을 느끼는 걸까? 아동이나 노동자는 남성과 무관하고 이해관계가 상충되지 않아서? 이들은 일자리를 두고 할당제를 요구하지도 않고, 신경 거슬리게 사사건건 시비를 걸지도 않으며, 남성들을 잠재적 가해자 취급하지 않으니까?

범죄의 영역에서는 차별과 혐오가 비교적 뚜렷하게 드러나지만, 차별은 비단 여기에만 국한된 문제가 아니다.

미국 연수 때 있었던 일이다. 나는 가족과 함께 2016년 8월 캘리포니아주 오렌지카운티에 있는 어바인Irvine이라는 도시에 도착했다. 임대아파트는 구했으나 인터넷 개통이 늦어져 며칠 동안 아파트 관리사무실에 설치된 공용 컴퓨터를 써야 했다. 사람들이 없는 밤늦은 시간에 주로 이용했는데, 에어컨을 낮은 온도로 어찌나 세게 틀어놓던지, 한여름에 카디건까지 입고 있는데도 아내와 아이들은 이빨이 딱딱 부딪칠 정도로 추위에 떨었다.

"얼마나 전기가 남아돌기에… 쯧쯧." 에너지 절약이 몸에 밴 우리로서는 이런 말이 절로 나왔다.

나중에 뉴스를 보다 알았다. 미국 공공장소의 냉방 적정온도는 22도였다. 이 온도는 1960년대 체중 70킬로그램인 40세 남성을 기준으로 설정됐는데, 전 세계 많은 사무실이 이 온도를 따른다고 했다. 문제는 여성의 신진대사율이 남성보다 30퍼센트 정도 떨어지기 때문에 남성 기준 온도는 여성에게 너무 춥게 느껴진다는 점이다(여성은 24.5도가 적당하다는 연구 결과가 있다).

동양인 남성인 나도 춥다고 느낀 걸 보면, 아마 털과 열이 많은 백인 남성 기준인 듯싶었다. '냉방에도 성과 인종차별적 요소가 숨어 있었다니!' 그렇지 않아도 영어도 못하고 판사입네 행세도 못해 기가 팍 죽어 있었는데, 남성의 기본값조차 되지 못한다는 생각에 기분이 언짢았다. 세계에서 가장 자유롭고 평등한 나라라는 미국도 와썹맨 아니 와스프맨(White Anglo-Saxon Protestant Man, 앵글로 색슨계 신교도 백인 남자)이 지배계급이자 디폴트인 세상이고, 다른 나라도 별반 다르지 않다.

에어컨 온도의 적정성 문제는 캐럴라인 크리아도 페레스의 《보이지 않는 여자들》(황가한 옮김, 웅진지식하우스, 2020)에도 나온다. 이 책을 읽으며 경악했다. 인류가 태동한 이래 역사, 문화, 정치, 사회, 경제, 교육, 의료 등 거의 모든 부분에서 여성에 대한 데이터 공백이 이 정도일 줄은 상상하지 못했기 때문이다. 이 책에 나오는 사례를 조금만 소개한다.

내가 '여성 피아니스트' 하면 클래식에서는 클라라 하스킬과 마르타 아르헤리치, 재즈에서는 니나 시몬이나 다이애나 크롤 정도밖에 떠올리지 못할 정도로 여성이 희소한 이유는 여성의 평균 뼘을 고려하지 않은 피아노 표준 건반의 사이즈 탓도 있다 (피아노 표준 건반은 한 옥타브가 18.8센티미터여서 여자가 불리하다. 여자 피아니스트가 남자보다 통증이나 부상에 시달릴 확률이 50퍼센트 이상 높은 것도 이와 무관하지 않다).

1950년대에 처음 도입된 자동차 충돌실험 인형 더미는 수십 년 동안 키 177센티미터에 몸무게 76킬로그램인 남성을 기준으로 제작됐다. 미국은 2011년이 돼서야 여성 인형을 도입했다. 남성 기준 설계 때문에 여자가 자동차사고를 당하면 남자보다 중상을 입을 확률이 47퍼센트, 경상을 입을 확률은 71퍼센트, 사망할 확률은 17퍼센트 더 높다. 백인 남성이라는 표준값의 편향으로 인한 데이터 공백의 폐해는 이루 말할 수 없이 전방위적이다.

진짜 문제는 우리가 그 기준에 너무 익숙해져 있다 보니 상황의 심각성을 거의 느끼지 못한다는 사실이다. 세상의 절반을 차지함에도 단지 표준값이 되지 못했다는 이유로 보이지 않는 곳에서 불편과 궁핍을 겪고 부상과 질병에 시달리다 죽어가는 여성들에 비하면 내가 겪는 불편은 정말 배부른 소리다.

나는 자유와 평등, 차별 금지와 소수자 보호, 인권이라는 보편적 가치에 대해서는 익숙하지만 가부장제가 여성들을 어떻게 차별하고 배제했는지, 권력관계가 성별 사이에 얼마나 교묘하게 숨겨져 있는지 같은 맥락을 이해하는 데 여전히 어려움이 많다. 늘 가해자 편에 속해 있었고, 누구도 내게 가르쳐주지 않았기 때문이다.

더듬더듬 혼자 깨우치다 보니 실수가 잦다. 모든 것을 피해자 탓으로 돌리는 피해자 비난과 피해가 얼마나 불가역적인 고통을 안겨주는지 강조하며 두려움을 증폭시키는 방식 모두를 경계해야 함에도, 단지 가해자를 무겁게 처벌하기 위해 판결문에 피해의 참혹함을 부각시켜 '성폭력은 영혼을 살해한다' 식의 수사를 자주 썼던 점을 반성한다. 항상 주의하고 잘못된 생각이나 표현이 있으면 고치려 애쓴다.

이런 태도를 두고 어떤 이들은 나를 페미니스트라 비난한다. 공정해야 할 판사가 특정 이념에 경도되어 형사재판의 기본 원칙과 가치를 망각하고 있다고 한다. 나는 페미니스트인가? 페미니즘이 현 시대에 누구나 보편적으로 받아들이는 가치가 아니라, 특정 집단이나 계급만의 이념이라 판사가 취해서는 안 되는 편향된 사상인가?

이 물음에 답하려면 먼저 페미니즘이 무엇인지 충분히 알아야 할 텐데, 어리석게도 나는 여전히 페미니즘을 잘 모른다. 법률가인 내가 어설프게 아는 페미니즘은 '정의를 지켜달라', '피해자를 보호하라', '악을 처벌하라'는 말과 상당 부분 겹쳐 들릴

뿐이다. 마르크시즘을 모르는 마르크시스트, 자본주의를 모르는 캐피털리스트가 있었던가? 페미니즘의 근간이 되는 양성평등이 단순한 사상이 아니라 헌법에 명시된 헌법적 가치라는 점에서도 안티페미니즘 측의 주장은 선뜻 납득이 되지 않는다.

1970년대 미국에서는 여성·성소수자·인종차별 등으로 분화된 각 집단이 그 집단의 고유한 이슈와 권리를 주장하는 데 주력했다. 이렇게 등장한 '정체성 정치identity politics'라는 개념이 널리 수용되면서, 이제 대다수도 자신의 정체성에 맞는 집단에 속해서 특정 이슈를 위해 행동하는 데 익숙해졌다.

나 역시 다양한 정체성을 갖는 인간이지만, 그럼에도 나는 단 한 번도 스스로를 특정 이념이나 진영에 속한 사람이라 생각해본 적이 없다. 자유로운 영혼이어서가 아니라 천성적으로 귀가 얇아 하루에도 몇 번씩 생각이 바뀌고 변덕이 들끓어서 내 입장이 정확히 뭔지 나도 잘 모르고, 이슈마다 진영과 개인적 입장이 항상 같을 수 없어서다. 그나마 변치 않는 한 가지는, 항상 지금보다 좀 더 나은 세상으로 가고 싶다는 욕망뿐이다.

내 생각에 지금 내 정체성을 규정하는 요소들, 우리의 판단과 가치관을 형성하는 주변 여건, 예컨대 변하지 않는 상수라 믿는 나의 성별, 사회경제적 지위, 배경 같은 것조차 만고불변이 아니다. 사람이 살면서 한평생 성 정체성의 혼란을 겪지 않는다고 장담할 수 있겠는가? 내 아이가 성소수자가 되고, 내 주위 여성이 차별과 혐오로 핍박받는 상황이 된다면 그래도 그 상태를 용인할 수 있겠는가?

우린 진주방화사건에 분노하지만, 내 아이가 조현병 환자가 되어 나를 찌르고 방화할 수도 있다. 질병이나 불의의 사고로 장애인이 될 가능성도 생각보다 훨씬 높다. 당장 악플의 희생자가 될 수 있고, 내일 직장에서 친한 직장 동료로부터 성추행을 당할 수도 있다. 일주일쯤 뒤에는 사귀던 친구에게 데이트폭력을 당할 수도 있고, 뒤늦게 동성에게 호감을 느낄 수도 있다. 두어 달쯤 뒤에는 아이를 가질 형편이 안 됨에도 부주의로 임신해 낙태수술이 가능한 병원을 수소문할지도 모른다. 우리는 언제라도 정체성에 혼란을 겪고, 내가 차별하고 혐오한 바로 그 처지에 설 수 있다. 그게 인간이다.

그렇게 보면 결국 모든 이념과 진영(정체성)은 잠시 머무는 임시거처일 뿐이다. 그렇기 때문에 나는 섣불리 나를 특정 종목에 몰아넣어 외통수에 빠지는 상황을 만들고 싶지 않다. 다른 종목도 유심히 들여다봐야 한다. 소신 없고 이기적이라 욕해도 별수 없다. 계란을 한 바구니에 넣지 않듯, 위험은 분산하는 게 맞다. 사람 일을 누가 아는가.

페미니즘에 대한 반감이 깊어져 단지 관련 글을 읽거나 페미니즘을 언급했다는 것만으로 또 다른 차별이 시작되는 상황은 대단히 우려스럽다. 감상비평은 오류에 빠질 가능성이 크고, 상대를 모르는 상태에서 무조건 비판하는 것, 그것이야말로 혐오의 전형적인 모습이다.

지금 우리 시대에 과연 페미니즘을 모르고 살아간다는 게 가능할까도 의문스럽다. 가부장적이고 남성중심적인 사회에서 여성들의 정당한 문제제기와 비판을 이해할 수 없다면, 도대체 어떻게 문제를 해결하자는 말인지, 짧은 머리로는 이해가 되지 않는다. 아예 페미니즘을 박멸하자는 말인가?

물론 페미니즘도 오류가 많을 것이다. 그러나 양성평등의 도도한 흐름을 남성중심의 철학과 세계관으로 돌려세울 수 있겠는가? 그게 정말 가능하다고 믿는가? 손가락 두 개만 보고 무조건 경기를 일으키지 말고 페미니즘을 공부하고 연구한 다음, 페미니스트가 되든지 아니면 페미니즘의 오류를 지적하든지 결정하는 게 맞지 않을까?

또 페미니즘을 조금 알았다고 해서 전시하려 해서도 안 된다. 여성들이 피와 눈물과 목숨을 바쳐 쟁취한 성취에 남성들이 자신의 결백을 과시하고 가해를 가리기 위해 슬쩍 숟가락 올리는 짓은 예의가 아니다.

나 역시 가부장적 세계관의 세례를 받았고 오랫동안 그렇게 살아왔기 때문에 남성들이 불편해하는 지점을 충분히 이해한다. 잘못된 점을 고치려 해도 행동으로 옮기기 쉽지 않고, 잘해보려 했는데 엄격한 잣대를 들이대 선의를 왜곡할 때면 당혹스럽다.

그러나 불편하다고 판을 엎어버릴 순 없다. 기나긴 여성차별

역사에 비하면 변화는 겨우 걸음마 단계다. 지금도 절대 공평한 세상이 아니다. 운동장 전체의 기울기는 보지 않고, 휘어진 정도만 봐놓고서 이제 평평하니 됐다고 말해서는 안 된다. 남성과 여성은 싸움의 지형이 전혀 달라 같은 선상에 놓고 비교할 수 없다.

50대 남성인 나를 예로 들어 억지인 감은 있지만, 나는 50년 넘게 살면서 캣콜링이나 시선폭행을 당한 적이 없다. 나는 아파트 옆 동 사람의 시선을 아랑곳하지 않고 옷을 훌렁 벗는다. 보는 사람이 더 불편하다는 걸 안다. 누가 내 몸을 촬영해 인터넷에 올리거나 조건만남을 하자고 할 확률도 거의 없다.

젊은 여성 법관들은 무급 가사노동에 시달리며 재판 당사자들에게 노골적이고 상스러운 항의를 받을 위험이 큰 반면, 나는 재판노동에만 전념하고 법정에서 내게 대들거나 거친 말로 항의하는 당사자를 만날 확률 역시 현저히 낮다. 세탁기 사용법이나 재활용쓰레기 분류하는 법을 배우는 것 말고, 여성에게서 "그것도 몰라? 잘 들어"라는 말을 들어본 기억이 별로 없다.

차별을 안 당하는 게 디폴트인 우리는 너무 당해보지 않아 못 느끼고, 나이 들수록 커져가는 전립선처럼 비대해진 자아에 가려 잘 못 보는 데 반해, 차별당하는 게 디폴트인 여성들은 너무 많이 당해 잘 못 느낀다. 데이터 공백처럼 차별의 극단적 편향은, 남성과 여성 모두에게 차별을 잘 보지 못하게 만든다.

과격함 때문에 격렬한 반대를 불러일으키고 논란만 가중시키는 래디컬 페미니즘에 대한 비판이 많지만, 일부 급진적 주장을 빌미로 페미니즘 전체를 싸잡아 욕해서도 안 된다. 소수의 일탈이 백래시를 정당화하는 이유가 될 수 없다. 내게는 미러링조차 그저 거칠고 불편한 항의로 보일 뿐이다. 그런데도 세상은 위악적인 페미니즘의 문제점만을 똑 떼어내 비판하면서 똑같이 위악적으로 대응하고 있다.

페미니즘 찬반 진영 양극단의 불법성과 과격함은 똑같이 비판받아 마땅하다. 다만 혐오를 혐오로 되받아치고, 미러링을 미러링으로 반사하는 데 있어 중요한 차이를 간과해선 안 된다. 한쪽은 강자 편에서 약자를 비난하지만, 다른 한쪽은 약자 편에서 강자를 비난하고 있기 때문이다. 폭력은 그 어떤 경우에도 용납될 수 없지만, 힘이 일방적으로 한쪽에만 쏠린 예외적인 상황에서의 폭력은, 테러가 아니라 정당방위나 의거라 불릴 수도 있다. 그런 차이다.

내 좌우명은 '에너지보존의 법칙'이다. 공짜 점심은 없고, 누군가 베푼 선의는 사라지지 않는다고 믿는다. 악행도 마찬가지다. 원인이 있으면 반드시 결과가 있다. 역사의 발전이나 진보에도 열역학 제2법칙이 적용된다고 믿는다. 열이 온도가 높은 곳에서 낮은 쪽으로 퍼져가고 엔트로피가 증가하듯 비가역적이라는 말이다. 백래시는 자연법칙을 거스르는 무의미한 반동일 뿐이다. 그렇기에 나는 백래시에 대해 그리 걱정하지 않는다. 니나 시몬의 〈백래시 블루스Backlash Blues〉의 가사처럼 그저 미스터 백래시에게 따끔하게 경고하고(Mr. Backlash, I'm warning you), 블루스를 부르며 신나게 가면 된다(I'm gonna leave you with the blues)."

"내가 형제들에게 부탁하는 것은 우리 목에서 발을 떼고 우리가 똑바로 설 수 있도록 해달라는 것입니다All I ask of our brethren is, that they will take their feet from off our necks, and permit us to stand upright…." 19세기 노예해방가이자 여성운동가인 세라 그림케Sarah Grimke가 한 이 말은 긴즈버그 대법관의 좌우명이라고 한다. 이 말, 어딘가 낯익지 않은가? 2020년 5월 백인 경찰의 무릎 아래 목이 눌려 숨진 조지 플로이드 사건 당시, 인종차별 반대 시위 구호도 '우리 목에서 백인의 무릎을 치워라Get your knee off our neck!'였다.

호모 사피엔스의 출현이 길게 잡아 5만 년 전이라 보면, 약 1,825만 일 동안 인간 표준에서 제외되고 목이 밟힌 채 살아온 일군의 인간들이 있다. 그들이 이제 발을 치우라고 요구하고 있다. 세라 그림케의 시대 이후 많은 발전이 있었지만, 여성들의 목에서 발이 완전히 사라졌을까? 다른 곳은 몰라도 최소한 법정에서만큼은 아직 아니다. 밟고 있는 강도만 약해져 이제 겨우 여성의 목소리가 들리는 정도에 불과하다. 모르긴 몰라도 법정 바깥도 크게 다르진 않을 것이다.

외람되게도, 판사인 나는 최소한 범죄의 영역에서는 이념 논쟁이 한가하게 들리기도 한다.

"경찰청 분석에 따르면, 2016년부터 2019년 8월까지 발생한

데이트폭력 피해자 44,064명 가운데 여성은 71.8퍼센트, 남성은 9.3퍼센트, 쌍방은 18.9퍼센트로 조사됐다. 2016년 교제살인 피해 여성은 모두 38명이었다. 2017년에는 32명이, 2018년에는 38명이 사귀던 남성에게 목숨을 잃었다. 남성이 여성을 죽인 사건은 108건이었다. 반면, 여성이 남성을 죽인 사건은 2건이었다. ……이런 현실을 있는 그대로 보여주기에 '데이트'란 단어는 서정적이었다. 우리는 이 죽음을 '교제살인'이라 부르기로 했다. ……교제 중 남자가 여자를 죽이는 상황은 나이를 초월해 벌어지고 있었다. 40대 피해자가 33명으로 가장 많았으며, 30대와 50대 피해자 또한 각각 26명이었다. 20대 피해자는 16명이었고, 60대 이상 피해자도 6명이나 있었다. 여성의 거의 전 일생에서 교제살인이 발생하고 있는 것이다."•

위 기사에 의하면, 교제관계에서만 열흘에 1명꼴로 여성들이 살해되고 있다. 이 글을 쓰고 있는 2021년 6월 성폭력 피해를 신고한 여성들이 연이어 자살했고, 청와대 국민청원 게시판에는 엄중 수사와 가해자 처벌을 촉구하는 청원이 이어지고 있다. 아래는 한국성폭력상담소의 2021년 6월 1일자 성명 일부다.

"'단 한 명의 여성도 잃을 수 없다'라고 수없이 외쳐왔음에도 여전히 일상적으로 발생하는 성폭력에 비통합니다. 우리 사회가 피해자들에게 문제 해결과 일상 회복을 보장하지 못하고 있

• "교제살인 판결문 108건 분석", 〈오마이뉴스〉, 2020. 11. 9.

는 현실이 참담합니다. 친구의 의붓아버지, 군대(직장) 선임, 선배라는 관계와 위력을 이용해 피해자의 인권을 침해한 성폭력 가해자들, 피해자들의 진술 신빙성을 의심하며 수차례 구속영장 신청을 반려한 검찰, 군대 내 성폭력을 은폐하려고 하며 오히려 피해자에게 불이익을 준 군대 문화와 지휘관들에 분노합니다. ……용기 내 피해 사실을 신고했지만 정의로운 문제 해결을 거치지 못하고 먼저 세상을 떠난 성폭력 피해자들을 추모합니다."

여성의 사회적 지위가 높아져 남성들이 오히려 역차별받고 있다는 대한민국의 단면이다. 지금 이 순간에도 가정에서, 지하철역에서, 공원에서 맞고 찔리고, 몰래 촬영되고, 그 영상이 거래되고, 스토킹당하고, 죽어가는 여성이 무수히 많다. 매일 누군가 학대당하고 살해되는 숨 가쁜 현장에 있는 내 입장에서 페미니즘은 고담준론이 아니다.

폭력이 판치는 세상에서 중요한 건 이념이 아니라 행동이다. 이 상황에서는 다른 목소리가 나와서는 안 된다. 모두가 힘을 합쳐 범죄를 막고 생명을 지켜야 한다. 입법이나 예산과 공권력 투입 같은 즉각적 조치에 주저하지 말아야 한다. 사람이 죽고 다치고 강간당하는 문제를 바꾸려면 모두의 힘이 필요하다.

지금 당장 학대받는 아이를 구하는 사람이 페미니스트든 꼰대 아저씨든 무슨 상관인가. 디지털 성폭력으로 고통받는 여성을 돕는 게 PC주의자든 반PC주의자든 그건 또 뭔 대수인가. 친노동자 성향의 진보주의자만이 비계에서 추락하는 노동자를 잡아

올리는 게 아니다. 수구보수 사장이 손을 내밀어도 노동자는 떨어지지 않는다. '우리 소원은 자연사'라고 말하는 사람들 면전에서, '우리 소원은 잠재적 가해자 취급 안 당하기'라고 말해서는 안 된다. 같이 행동할 생각이 없다면 적어도 입이라도 꾹 다물어야 한다.

많은 재판을 하며 힘없고 약한 사람들, 특히 여성들의 수많은 연대를 목격했다. 통역을 부를 여건이 안 되는 협의이혼기일에는 한국말을 못하는 이주민 여성을 위해 꼭 그 나라 여성들이 동석해줬고, 성범죄 재판에는 피해 사실을 최초로 전해듣고 피해 회복을 위해 지원하는 현장 활동가가 많이 참석했다. 같은 여성이라 공감한다는 이유로 법원 앞에서 가해에 대한 강력한 응징을 요구하며 지지하는 여성들도 있었다. 피해의 현장에서 이처럼 뜨겁게 아파한 활동가와 실무가, 연대자들이 없었다면 피해자들은 결코 싸움을 견디고 회복할 수 없었을 것이다.

그런 연대 중에도 최근 가장 인상 깊게 본 활동은 '방청연대'였다. 자신도 성폭력 피해자였던 '연대자D'(트위터 활동명)는 가해자에 대한 재판을 공판검사에게만 맡겨둘 수 없어 직접 재판에 참여한 경험을 살려, 성범죄 피해자들을 지원하기 위해 함께 재판을 방청하고 있다. 그는 성범죄 재판을 방청해야 하는 이유를 한마디로 설명한다. "방청석에 피해자가 있다는 것을 인식하면 판사, 공판검사, 피고인 측 변호인의 태도가 달라지는 것 같았다."

연대자D의 말은 사실이다. 나도 그랬다. 누군가 지켜보고 있으면 앉는 자세나 목소리 크기부터 달라진다. 관심과 감시, 연대가 중요한 이유다. 아래는 연대자D가 피고인 중심의 형사재판과 판사의 재판 진행 태도에 실망한 내용이다. 판사로서 민망하고 죄송스럽다.

"법정은 조용했고 이들의 판결을 바라보며 분개하는 이는 거의 없었다. 너무나 차분하고 평화로운 듯한 법정에서는 법관에게 감사하다며 고개 숙여 인사하는 범죄자들이 줄지어 들어오고 나갈 뿐이었다. 피해자가 '제대로 판결해주셔서 감사하다'고 법관에게 고마워하는 사회가 아닌, 범죄자가 판사에게 고마워하는 사회이자 사법부인 것을 알게 해줬다."

"정신과 약을 복용 중이던 피해자가 증인신문 도중에 판사의 질문을 이해하지 못해 반문한 적이 있었는데, 판사가 '그 나이에 그것도 못 알아듣냐'고 말했다. 피해자가 충격을 받아 벌벌 떠는 모습이 방청석에서도 보였다. 이어서 판사 자신도 잘못했다고 느꼈는지 누그러진 말투로 피해자에게 말을 붙였지만, 피해자가 너무 얼어붙어서 휴정을 요청했다. 피해자가 되면 제일 먼저 무너지는 게 바로 언어체계다."

"판사의 모습은 피고인의 행위로 수많은 피해 여성이 고통을 받았음에도 사건에 대해 더 알려고 하는 모습이 아니었고, 그저 건조하고 무관심한 말투로 빠르게 질문들을 이어가는 모습이어서 실망했다."

연대자D가 방청연대 활동을 위해 사비를 털어가면서까지 전국 각 법원으로 다니는 이유다. "행동하지 않는 불신과 체념, 냉소는 너무나도 쉽다. 그냥 자리에 앉아서 입으로 판사를 욕하고 자신의 일을 하면 된다. 그러나 여러 현실적인 어려움과 제약에도 불구하고 시간을 내고 돈을 들여서라도 기꺼이 법원에 오는 이들은 그래도 사법절차의 마지막에 있는 법원이, 사회의 정의를 지키고 피해자를 보호하는 곳이기를 바란다. 그들은 무엇보다도 이런 움직임을 통한 변화를 믿고 있으며, 시스템에 대한 신뢰를 가지고 싶어 한다. 방청연대는 이러한 시민들이 선택할 수 있는, 믿음과 바람이 담긴 몇 안 되는 방법 중 하나다."•

현실 재판은 승패가 걸린 일종의 싸움이라 힘의 우열이 있기 마련이다. 법정에서 강자에 맞선 약자들의 연대를 보고 있자면 눈물겨울 때가 많다. 같은 처지의 여성들이 서로에게 '살아만 있어요'라고 격려하는 모습을 보면 말할 수 없는 슬픔이 밀려온다. 상처 입은 개들이 서로 핥아주며 먹을 걸 나누고 머리를 포갠 채 다정히 잠드는 건 연대가 아니다. 생존을 위한 본능이다. '미투' 역시 편향된 세상이 만들어놓은 날카로운 차별과 혐오의 칼

• 이혜리(플랫), "성폭력 피해자가 방청석에 나타나자 그들의 태도가 달라졌다", 〈경향신문〉, 2020. 11. 17.

끝에 찔리고 다친 사람들이 서로의 상처를 확인하고 같이 살아남자고 다독이는 절박한 몸짓이다.

그럼 연대란 무엇일까? 영화 〈런던 프라이드〉는 마거릿 대처가 집권하던 1984년 석탄노조가 장기 파업에 들어가며 정부와 대립할 당시, 게이들과 레즈비언들이 아무 관련도 없던 광부들을 위해 모금운동을 벌인 얘기다. 성적으로 다소 보수적인 광부들은 처음에는 이들의 호의에 질겁하지만 결국 마음을 열고 서로 지지하고 연대한다. 한 게이의 말이다. "피켓을 들든 들지 않든 우리가 함께한다는 것이 중요한 거예요."

비록 피켓을 들고 법원 앞에 서 있지 않아도, 특정 이슈에 따라 입장이 달라져도, 세상을 바라보는 눈에 조금 차이가 있어도, 차별과 혐오, 불평등과 억압 앞에서 공감하고 힘을 보태는 것. 나는 이것이 진정한 연대라 생각한다.

심증

> 여기 귤이 있다고 믿는 게 아니라,
> 귤이 없다는 걸 잊어버리는 거야.
> ― 영화 〈버닝〉

피고인이 공범과 함께 여성 혼자 있는 집에 침입해 피해자를 강간하고 상해를 가했다는 내용으로 기소된 사건이 있었다. 10여 년 전 형사합의부 시절 사건인데, 주심은 아니었지만 판단이 워낙 어려워 재판부 모두 깊이 고민했던 기억이 생생하다. 사건의 내용도 내용이지만 당시 스물아홉 살에 불과했던 피고인의 재판받는 태도 역시 역대급이었다. 당시 피고인은 다른 범죄로 2년 6월형을 받아 수감 중이었고 만기 출소를 목전에 두고 있었다. 유죄가 인정될 경우 다시 장기 징역을 살아야 했으므로 매우 절박한 상황이었다.

이 사건이 기소되기까지의 과정이다. 범행은 어느 해 가을 새벽 4시에 일어났다. 피해자는 범행 당일 신고했다. 경찰은 피해 현장에서 족적을 채취하고, 담배꽁초와 피해자의 질 내용물에 대한 유전자 분석 감정을 실시했다. 감정 결과 O형 남성의 유전자형이 확인됐다. 담배꽁초에는 피해자의 유전자형과 질 내용물에서 확인된 남성 외에 또 다른 사람의 유전자형이 혼합된 것으로 밝혀졌다.

경찰은 동일수법 전과자와 우범자를 대상으로 탐문수사를 실시했으나 유전자형에 들어맞는 자를 찾을 수 없었다. 수사는 진전 없이 장기미제로 분류됐다.

그로부터 3년이 흘렀다. 이 사건의 공범이 다른 성범죄로 검거되어 조사를 받게 됐는데, 유전자 분석 결과 이 사건의 유전자형과 일치한다는 사실이 밝혀졌다. 경찰은 중단했던 수사를 재개했다.

공범은 경찰에서, 날짜는 정확하게 기억하지 못하지만 태풍이 오고 나서 얼마 지나지 않은 새벽 무렵이었고, 화장실 창문을 통해 집 안으로 침입했는데, 같이 간 친구가 고무장갑을 끼고 부엌칼로 피해자를 위협했으며, 그가 먼저 강간하고 자신이 나중에 강간했다고 진술했다. 공범은 범행 후 그 친구 집에 며칠 같이 있었으며, 그의 성은 모르나 피고인이 분명하다고 했다.

경찰은 공범의 진술에 따라 피고인을 찾아가 공범의 사진을 보여주며 아는 사람인지 물었다. 피고인은 처음에는 모른다고 하다가 "안면은 조금 있다"고 말을 바꿨다. 경찰이 이 사건에 대해 설명한 후 공범이 피고인을 지목해 조사하려 한다고 하자, 피고인은 대뜸 화를 내면서 "씨발, 뭐 때문에 그러노, 증거 있나!"

라고 소리를 쳤다. 경찰이 진술거부권을 고지하자 다시 "씨발, 너거 마음대로 해라"라면서 접견실을 박차고 나가버렸다. 피고인은 검찰에서도 "진술하기 싫다, 진술거부권을 행사하겠다"며 대답하지 않았고, 조서에 서명·날인하는 것도 거부했다.

결국 대질조사가 이뤄졌다. 공범은 피고인과 함께 범행했다고 진술했으나 피고인은 "대질조사 받지 않겠다, 왜 자꾸 사람을 괴롭히냐, 조사하려면 똑바로 해라"라고 검사에게 소리 지르며 조사에 협조하지 않았다. 검사가 "정말 억울하면 조사에 적극적으로 임하는 게 맞지 않냐"고 설득했으나, 피고인은 막무가내로 고함을 지르며 거부했다. 공범은 별도로 진행된 자신의 재판에서도 피고인과 함께 범행했다고 자백했고, 징역 10년을 선고받아 복역 중인 상태였다.

공판기일이 열렸다. 공범은 처음에는 피고인과 대면하는 게 불편하다며 증인 소환에 불응했으나 어쩔 수 없이 증인으로 출석했다. 법정에서 그는, 피고인이 아니라 '성불상 종수'라는 자와 같이 범행했다며 수사기관에서의 진술을 뒤집었고, 공판검사의 속도 완전히 뒤집어놨다. 그럼 왜 수사기관과 본인 재판에서 거짓말을 했냐고 묻자, 경찰에서 아무렇게나 둘러대다 보니 계속 거짓말을 하게 된 거라고 말했다.

그는 PC방에서 우연히 '성불상 종수'라는 사람을 알게 됐고, 그가 먼저 범행을 제의했지만 종수가 그 지역에 살았는지, 종수가 어떻게 피해자를 아는 건지는 모르며, 사건 이후 종수를 본 적도 없다고 증언했다. 증언 내내 열을 받을 대로 받은 공판검사는 속된 말로 꼭지가 돌아버려, 변론을 속행해달라고 했다. 뭔가 단단히 벼르는 눈치였다. 공판검사는 다음 기일이 열리는 동안 공범을 불러 강하게 추궁했다. 결국 공범은 위증죄로, 피고인에겐 위증교사죄를 추가해 기소했다.

다시 공범이 증인으로 출석했다. 공범은 검사의 서슬 퍼런 질문에 완전히 제압되어, 지난번 증언은 위증이었다고 했다. 종수는 자신이 급히 지어낸 사람이고, 위증한 이유는 이 사건 증인으로 출정하면서 피고인을 마주쳤는데, 그가 "네가 부인하면 재판이 끝나니 증언 잘해라. 내가 책임지고 뒷바라지하겠다"며 협박과 회유를 해서라고 했다. 통상 구속 피고인들 중 공범관계에 있는 자들은 법정에 드나드는 과정에서 서로 말을 맞출 가능성이 있어 엄격하게 분리해서 호송해야 하는데, 교도관들이 이 둘의 공범관계를 모른 채 함께 호송한 탓에 대화를 나눈 듯싶었다.

피고인은 학력이 중졸이나 고졸이었던 것 같은데, 학력을 불문하고 내가 법정에서 본 피고인 중 손에 꼽을 정도로 똑똑했고 법적 지식도 상당히 풍부해 보였다. 법을 많이 안다고 꼭 수사나 재판을 잘 받는 건 아니지만, 그는 믿을 수 없을 정도의 동물적인 감각으로 유·불리를 짚어냈다. 묵비권을 정확히 구사했고, 진술을 하다 말문이 막히거나 불리한 상황이 되면 쌍욕까지 섞어가며 거침없이 어깃장을 놓았는데, 기가 막히게 핵심을 비켜갔다. 진술에는 실수가 없었고, 아무리 눈을 씻고 봐도 유죄의 증거로 쓸 내용이 없었다.

법정에서도 공판검사와 입씨름을 하다 드잡이 직전까지 가기도 했고, 연세 지긋한 재판장의 재판 진행도 무시하기 일쑤였다. 국선변호인이 성의 없이 신문하거나 핵심을 짚지 못하면 혀를 끌끌 차며 신문을 중지시키고 직접 신문했다. 그의 신문은 세련되지 못하고 거칠긴 했지만 변호인보다 훨씬 더 날카롭고 정확하게 쟁점을 찔렀다. 그럴 때면 공판검사는 약이 오를 대로 올라 씩씩거렸다.

피고인의 주장을 종합하면 대체로 이런 내용이었다. "범행 발생 직후 나를 용의자로 지목한 경찰이 찾아왔길래 알리바이를 주장했고, 당시 담당 경찰도 이를 받아들여 나를 용의선상에서 배제했다. 피해자의 경찰 진술을 증거로 사용하는 건 동의하지 않았고, 피해자가 법정에 출석하지도 않았으므로 유죄의 증거로 사용할 수 없다. 설령 피해자 진술의 증거능력을 인정한다 하더라도, 피해자의 진술에는 범인의 인상착의, 신체 특징 등에 대한 부분이 명확하지 않고, 나를 범인으로 지목한 적도 없으니, 이 진술만으로 나를 범인이라고 단정할 수 없다. 범행 현장에 떨어진 담배꽁초와 피해자의 질 내용물에 대한 유전자 분석 감정에서도 내 유전자는 발견되지 않았다. 유죄를 입증할 유일한 증거는 공범의 진술밖에 없는데, 공범은 수시로 진술을 바꾸고 있어 전혀 믿을 놈이 못 된다. 결국 증거가 없다. 나는 무죄다."

 검찰이 제출한 증거 중 증거능력이 의문 없이 인정된 것은, 공범의 수사기관과 법정에서의 진술, 유전자감정서, 범행 현장과 그 주변 약도와 사진, 피해자 상해 정도 관련 자료, 수사보고서 등이었다. 공범의 진술 외에 피고인이 범인임을 짐작할 수 있는 유력한 증거로 피해자의 경찰 진술이 있었으나 증거능력이 문제됐다. 피해자나 목격자의 수사기관 진술은 피고인이 동의하지 않는 한, 재판에서 증거로 사용할 수 없기 때문이다. 다만 피해자나 목격자가 법정에 나와 수사기관 진술이 자기가 말한 대로 기재돼 있다고 하면, 진술 내용의 진위 여부를 떠나 수사기관 진술 자체를 증거로 사용할 수 있다. 피해자나 참고인 진술이 핵심 증거인 사건일수록 이들의 법정 출석 여부가 대단히 중요한 이유다.

 하지만 아무리 소환해도 피해자와 연락이 닿지 않았다. 피해자는 술집 종업원이었는데 이 사건으로 충격을 받아 일체 연락을 끊고 잠적한 것 같았다. 피고인은 이 점을 정확히 지적했다. 이런 경우 피해자의 경찰 진술은 증거로 사용할 수 없는 게 원칙이다. 단, 형사소송법 제314조의 예외가 있다. 진술자가 사망, 질병, 기타 사유로 인해 공판정에 출정해 진술할 수 없을 때, 그 진술 또는 서류의 작성이 특히 신빙할 수 있는 상태에서 행해진 것으로 판단되면 진술자가 법정에 나오지 않아도 증거로 사용할 수 있다.

 재판부는 고민 끝에 이 경우가 예외 경우라 판단했고, 피해자의 경찰 진술서에 증거능력을 부여해 들여다보기로 했다. 짐작한 대로 피해자의 진술은 모호했다. 의미 있는 부분도 있었으나 피고인이 범인이라고 단정하기엔 부족했다.

고심 끝에 재판부는, 직접증거의 부족에도 불구하고 여러 증거를 종합하면 유죄로 볼 수 있다고 판단했다. 유사 범행 전력에도 성행의 개선이 없음은 물론, 국가기관에 대한 불신과 심각한 반사회적 정서를 가지고 있을 뿐 아니라, 수차례 형사재판 과정에서 체득한 형사절차법적 이론으로 사법당국을 조소하고 있으며, 거기다 범행이 오래돼 증거가 멸실되었고, 현장에서 일체의 증거물을 수거한 관계로 어떤 물증도 없다는 확신 아래 공범에게 위증까지 교사해 죄책을 모면하려 했으며, 전혀 반성하지 않는 점 등의 사유를 들어, 징역 10년형을 선고했다. 뒤늦게나마 진술을 바로잡은 공범에게는 형을 면제해줬다.

1심이 이 사건을 유죄로 본 이유를 간추리면 다음과 같다. ①공범이 유독 피고인을 지목해 법정형이 무기 또는 7년 이상의 형의 선고를 받을 수 있는 중대 사건에 연루시킬 뚜렷한 동기가 없다. ②공범은 이 사건 범행 이전에는 도로교통법 위반 등 가벼운 벌금 전과만 있었는데, 이 사건 범행 이후부터 강도, 강간까지 저지르는 등 범죄 양상이 피고인의 범행 내용이나 수법과 유사하고 대담하게 변모했다. ③공범은 '성불상 종수'라는 자를 PC방에서 우연히 알게 됐다고 했으나, 신분과 전력을 알지 못하는 사람과 강력범죄를 같이 범한다는 건 납득하기 어렵다. ④공범은 종수라는 자의 인적사항, 종수가 피해자를 알게 된 경위, 종수가 사는 곳이 피해자의 집과 가까운 지점인지에 대해 전혀 진술하지 못했는데, 이는 위증을 위해 임의로 급조한 인물이기 때문일 개연성이 높다. ⑤위증 경위에 관해 공범은 구체적인 범행 장소, 위증 교사의 내용, 서로 대화를 나누다 교도관의 제지를 받게 된 과정 등을 상세히 진술했다. ⑥공범은 위증 이후 검찰 수사를 받기 전 피고인에게 "재판이 끝나기 전까지 수일 내로 300만 원만 송금해라. 그러면 내 기억 속에서 네 존재를 잊고 살 생각이다. 안 그러면 내 결정과 신념에는 변화가 없을 것이다"라는 내용의 서신을 보냈다. 이는 두 사람 사이에 모종의 거래가 있었음을 방증한다. ⑦피해자는, 범인 중 1명의 왼쪽 어깨에 별 모양 문신이 있고 중앙이 청색이라고 진술했는데, 피고인의 오른쪽 어깨에 기하학적 문양(별로 보일 여지도 있다)의 문신이 있고, 그 중앙에 동그랗게 진한 원이 있다. 강간 피해를 당하는 공포스러운 상황에서 문신의 위치와 형태를 정확히 기억하지 못했을 여지가 충분하다. ⑧범행에 사용한 테이프, 고무장갑, 피 묻은 수건, 복면, 칼, 성관계에 사용한 휴지, 담배꽁초를 피고인이 꼼꼼히 챙겨 나왔다는 공범의 진술에 의하면, 피고인은 죄증 인멸에 주도면밀한 것으로 보인다. 피고인의 태도로 볼 때, 성관계시 체외사정을 했을 가능성도 배제할 수 없다. ⑨피고인은 이 사건 범행 직후 특수강도강간 범행으로 기소됐다 무죄를 받았는데, 그 사건의 범행 내용과 이 사건이 상당히 흡사하고 변명조차 유사하다.

"원심판결을 파기한다. 피고인들은 각 무죄."

1심 선고 후 다섯 달쯤 지나 항소심 선고가 있었고 그 피고인은 무죄를 받았다. 판결이 상급심에서 깨지면 1심 판사들은 참 심란해진다. 이 사건은 특히 그 여파가 컸다. 무죄 소식을 들은 주심판사는, 흉포한 피고인이 찾아오기라도 하면 어쩌나 불안해하기도 했다.

항소심의 무죄 사유를 요약하면 다음과 같다.

① 유전자감정에서 제3자의 유전자가 발견됐으므로 제3자가 공범으로 가담했을 가능성이 있다. ② 피해자는 범인의 키가 180센티미터라 했으나, 실제 피고인의 키는 172센티미터로 무려 8센티미터 차이가 있다. 문신 묘사에도 차이가 있고, 공범도 왼쪽 어깨에 문신이 있어 공범의 문신일 가능성도 있다. 피해자가 얘기한 인상착의 중 피고인과 일치한다고 단정할 만한 것이 없다. ③ 피고인이 범인이라는 유력한 증거는 사실상 공범의 진술밖에 없다. 그러나 공범 진술은, 범행 당시 인상착의와 강간 순서 등 주요 내용에 관한 피해자의 진술과 일치하지 않는다. ④ 무엇보다 공범의 진술에는 일관성이 없으며, 진술을 번복하는 과정에서 돈을 요구하는 등 진술의 순수성도 의심된다. 중범죄를 면하게 해주는 대가로 300만 원만 요구한 점도 납득하기 어렵다. ⑤ 공범이 피고인을 지목하기 전에 경찰이 피고인의 사진을 먼저 제시하면서 피고인을 공범으로 의심하고 있었으며, 평소 피고인에

대한 감정이 좋지 않았다고 진술한 적도 있어, 공범이 허위로 진술했을 가능성을 배제할 수 없다. ⑥ 형사재판에서 유죄의 인정은 법관으로 하여금 합리적인 의심을 할 여지가 없을 정도로 공소사실이 진실한 것이라는 확신을 갖게 하는 증명력을 가진 증거에 의하여야 하고, 그와 같은 증거가 없다면 설령 피고인에게 유죄의 의심이 간다 하더라도 피고인의 이익으로 판단할 수밖에 없다.

검찰은 항소심의 무죄판결에 대해 상고했으나 기각됐다.

이 사건에 대해 장황하게 쓴 이유는, 실제 사건을 따라오면서 직접 유무죄 판단을 해보는 게 형사재판을 이해하는 데 도움이 될 거라는 생각에서였다. 글을 쓰며 두 판결문을 다시 비교해보니 아이러니하게도 유무죄의 논거가 겹치는 지점도 보인다. 같은 사정을 두고 정반대 논거로 사용한 것이다.

어쨌든 이 사건은 우리 재판부 모두에게 적잖은 충격이었다. 피고인의 유사 전력이나 법정 태도에 너무 집착해 물증이 부족한데 무리하게 유죄 심증을 가졌나, 여러 번 되짚어 생각하기도 했다. 그럼에도 우리는 좀처럼 그 피고인이 진범일 거라는 심증을 떨쳐낼 수 없었다. 항소심 선고가 있은 지 얼마 지나지 않아 우연히 항소심 재판장과 식사할 기회가 있었다. 그분이 말했다.

"1심에서 무척 고민한 것 같았고 판결도 꼼꼼히 작성해 우리도 정말 고민을 많이 했다. 2심에서 무죄를 선고하는데 피고인이 비웃으며 나가면 어쩌나, 별생각이 다 들어 선고 내내 피고인 눈치를 살폈다. 선고를 마치고, 앞으로 행동 조심하며 살라고 몇 마디 당부 말을 전하는데… 아, 글쎄, 그 친구가 눈물을 다 흘리더라. 그때 우리 판단이 틀리지 않았구나 싶어 안심됐다."

나는 고개를 숙인 채 밥을 퍼먹으며 마음속으로 속삭였다. '그래도 유죕니다.'

이 사건 이후 2년쯤 지나 부산고등법원에서 근무할 때였다. 휴게실에 앉아 커피를 마시고 있는데, 형사부 판사 한 명이 침을 튀기며 피고인 이야기를 하고 있었다. "강간범인데, 이 친구가 얼마나 대차고 똑똑한지 혀를 내두를 정도다" 뭐 그런 내용이었다. 순간 그 피고인이 떠올랐다. 내가 대뜸 그 판사에게 "○○○!"라고 외치자, 그가 깜짝 놀라며 "당신이 ○○○을 어떻게 알아?"라고 되물었다. 그에게 들어보니, 그 피고인은 출소한 지 다섯 달 만에 다시 유사한 강간상해와 폭력범죄를 저질렀다.

방으로 돌아올 때 나는 예전 항소심 재판장을 떠올리며 '유죄 맞았다니까요'라고 중얼거렸다. 피고인은 출소 후 저지른 범행으로 징역 13년형을 선고받았다.

위 사례는 심증은 확실하나 물증이 부족한 전형적인 사건이다. 흔한 경우는 아니지만 그렇다고 아주 드물지도 않다. 형사재판은 각종 증거의 **증거능력**(증거로 쓸 수 있는 자격. 증거능력 없는 증거는 아예 들여다봐서도 안 된다)과 **증명력**(증거가 심증 형성에 미치는 정도)을 따지는 험난한 여정이다. 법정이나 재판을 다룬 소설이나 드라마, 영화도 자세히 보면 모두 증거에 대한 이야기다. 형사재판을 제대로 음미하기 위해서든, 자신이 피고인이나 피해자가 될 경우 스스로를 지키기 위해서든, 증거에 대한 이해는 대단히 중요하다.

증거는 보통 인증(증인, 감정인 등), 물증(범행에 사용된 흉기 등), 증거서류(조서처럼 기재된 내용이 증거자료로 되는 것), 증거물인 서면(기재 내용이 아니라 서면 자체가 증거가 되는 것. 위조문서, 협박편지, 음란문서 등) 등으로 분류하는 게 일반적이다.

우리 법상 증거에 관한 가장 기본적인 원칙은 "위법수집증거배제 법칙: 적법한 절차에 따르지 않고 수집한 증거는 증거로 할 수 없다(형사소송법 제308조의2)", "자백의 증거능력 제한 법칙: 자백이 고문, 폭행, 협박, 신체구속의 부당한 장기화 또는 기망 기타의 방법으로 임의로 진술한 것이 아니라고 의심할 만한 이유가 있는 때에는 이를 유죄의 증거로 하지 못한다(형사소송법 제309조)", "자백이 불이익한 유일의 증거인 때에는 이를 유죄의 증거로 하지 못한다(형사소송법 제310조)" 등이 있다.

자백은 오랜 세월 증거의 왕이었다. 역사상 자백만으로 형장의 이슬로 사라진 사람은 셀 수 없이 많다. 아무리 고문을 금지해도 자백을 핵심 증거로 쳐주는 이상, 수사기관은 자백을 위한 잔혹한 취조를 멈추지 않는다. 그래서 임의성이 없는 자백과 자백만이 유일한 증거일 경우 증거능력 자체를 막아버린 것이다. 이렇게 법상 많은 통제가 있지만 그럼에도 자백은 중요한 증거다.

위 원칙들도 중요하지만, 실제 형사재판에서 훨씬 더 자주 문제가 되는 건 '전문증거 배제 법칙'이다. 그러니 어쩌면 가장 중요한 원칙이라 볼 수 있다. 전문증거란, 문자 그대로 법원이 직접 듣지 않고 '전해들은' 증거를 말한다. 판사의 면전에서 이뤄지는 법정증언과 달리 수사기관에서 피고인이나 피해자, 목격자의 진술을 기재해놓은 조서가 대표적이다.

수사기관 조서는 여전히 중요하다. 피고인은 수사 단계에서 정확히 진술하고, 자신의 조서를 꼼꼼히 확인해야 한다. 사법농단 사건으로 조사받은 판사들처럼 형사절차에 밝은 피의자의 경우 조서 확인에만 몇 시간이 걸렸다는 얘기에는 이런 맥락이 숨어 있다. 그러나 일반인은 수사기관의 눈총을 받거나 주눅 들어 이렇게 버티기가 쉽지 않다. 이때는 변호인의 조력을 받아야 한다. 조서는 피해자에게도 중요하다. 특히 성범죄의 경우 피해자 진술의 일관성이 무엇보다 중요한데, 재판을 하다 보면 수사기관 진술과 법정에서의 진술이 달라져 진술의 신빙성이 의심받는 경우가 많으므로, 피해자 역시 자신의 조서를 꼼꼼히 읽고 충분히 확인할 필요가 있다.

전문증거, 즉 수사기관 조서는 원칙적으로 증거능력이 없지만 형사소송법에 예외가 있다. 형사재판에서 증거에 대한 다툼은 거의 대부분 '전문법칙의 예외'에 해당하는가, 즉 전문증거라는 장벽을 넘어 증거의 영역으로 들어올 수 있는가에 대한 판단이다.

최근 형사소송법의 추세는 법정증언의 증거가치를 더욱더 높이고 전문증거, 특히 검찰 피신의 증거능력을 약화시킴으로써 공판중심주의를 강화하는 쪽으로 무게중심이 쏠려 있다.

나는 기자들을 상대하는 공보판사를 몇 번 해서 기자들의 속성을 좀 아는 편이다. 기자들이 초짜 때부터 선배로부터 많이 지적당하는 것 중에 '사실과 의견을 혼동하지 말라'는 말이 있다. 어떤 기자의 말이다. "초년병 시절부터 우리는 사실fact과 의견opinion을 명확히 구분해 쓸 것을 귀에 못이 박히도록 들었다. '화창한sunny 날씨'는 객관적 사실이지만 '좋은nice 날씨'는 주관적 의견이다."•

기자 출신인 김훈 작가의 말이다. "'너는 개자식'이라고 말하고 싶잖아. 하지만 기자는 '너는 개자식'이라고 쓰면 안 돼. 그렇게 쓰면 그 자식은 개자식이 안 되고 네가 개자식이 되는 거지. 그러면 어떻게 해야 하나. 그 자식이 개자식이라는 말을 입증해야 해. 입증하려면 수많은 사실을 정확히 알고 있어야 해."•• 중요한 건 언제나 사실이다. "견해는 언젠가 진부해지지만, 사실은 영원히 진부해지지 않는다."(아이작 싱어)

사실과 의견의 구분은 재판에서도 매우 중요하다. 사실에 대

• 함영준, "사실과 진실 대신 의견 앞서는 시대", 〈주간조선〉 2607호.
•• 정혁준, "기자님들아, 김훈 얘기처럼 기사 좀 써라", 〈한겨레〉, 2020. 9. 7.

한 진술은 증명력이 강하지만 의견 진술은 그렇지 않고, 사실은 증거에 의해 입증되지만 의견은 논거에 의해 논증될 뿐이며, 재판에서 피고인이나 피해자의 의견은 유무죄를 가리는 데에 크게 중요하지 않다. 증거로 밝히려는 건 의견이 아닌 사실이다. 그러나 재판을 하다 보면 의견이 사실로 둔갑하거나 사실과 의견이 뒤죽박죽되는 경우가 많다. 특히 증인신문에서 이런 경향이 있다. 증인은 경험한 사실 위주로 진술해야 하는데 자신의 느낌과 의견을 섞어 말하고, 변호인도 이를 꼼꼼히 구분하지 않는다. 이렇게 되면 어디까지가 사실이고 의견인지 모호해진다.

 사실과 의견의 혼동은 사회에서도 빈번하게 발견된다. 무수한 의견이 사실인 것처럼 떠돈다. 그러나 훌륭한 시민이라면 입증의 영역인 사실과, 논증과 설득의 영역인 의견을 누구보다 예민하게 구분할 줄 알아야 한다. 아무 증거도 없이 의견을 사실인 것처럼 조작하는 가짜뉴스의 폐해는 심각한 수준이다. 객관적 증거가 없음에도 쉽게 심증을 형성하고, 이렇게 선 심증은 곧 확증이 된다.

 증거를 세심하게 취사선택했다면 심증 형성은 자유다(형사소송법 제307조 제1항, 제308조). 법관이 증거능력 있는 증거 중 필요한 증거를 채택·사용하고 증거의 실질적인 가치를 평가해 사실을 인정하는 건 법관의 자유심증에 속한다. 물론 여기에도 한계는 있다. 경험칙이나 논리칙이 그것이다. 증거능력은 법과 원칙이 명확하므로 그나마 상대적으로 판단이 쉬운 영역이지만, 자유심증은 그야말로 미묘하고 판단하기 매우 어려운 영역이다. 때론 터무니없는 차이에서 심증이 확 갈리기도 한다.

애거사 크리스티의 〈검찰 측의 증인〉이란 단편소설이 있다. 영화로 만들어지기도 했는데, 그 줄거리는 대략 이렇다.

레너드 보울이 부유한 연상의 여인 에밀리 프렌치를 살해한 혐의로 기소됐다. 명성이 높은 변호사 윌프리드 로바츠가 사건을 맡았다. 보울은 프렌치와의 부적절한 관계를 부인하고, 프렌치가 살해당한 날 밤 그의 집에 갔던 건 사실이나, 사건이 발생하기 전에 귀가했고, 그 사실은 자신의 아내 크리스틴이 증언할 수 있다고 주장했다.

그러나 프렌치는 유언으로 보울에게 거액을 남겼고, 보울의 외투 소매에 묻은 혈흔이 프렌치와 일치했다. 프렌치의 가정부 역시 살인이 일어나던 시간에 두 사람이 얘기하는 걸 들었다고 증언했다. 보울의 아내 크리스틴도 검찰 측 증인으로 나온다. 크리스틴은 보울과 정식으로 결혼한 적이 없고, 사건 당일 보울의 알리바이는 맞지 않을 뿐 아니라 보울의 외투 소매에 피가 묻어 있었으며, 보울이 자신에게 프렌치를 살해한 사실을 고백했다고 증언했다.

최종진술 전날, 정체불명의 여인이 로바츠 변호사에게 돈을 받고 '크리스틴이 맥스라는 사내에게 보낸 연서'를 건네준다. 그 편지에 적힌 크리스틴의 계획은, 보울에게 불리한 증언을 해 그를 제거한 후 맥스의 품으로 되돌아가겠다는 내용이었다. 로바츠가 크리스틴을 다시 증언대에 세워 이 편지를 공개하자 배심원들은 경악하며 무죄평결을 내린다.

재판 이후 자신의 공로를 내세우는 로바츠 변호사를 보며 크리스틴은 냉소한다. 크리스틴은 그 정체불명의 여인이 다름 아닌 크리스틴 자신이었고, 문제의 연서 또한 자신이 조작한 것이라고 밝힌다. 남편의 살인재판에서 단순히 알리바이만 주장하는 아내의 증언을 믿어줄 배심원이 어디 있겠냐는 로바츠의 말에서 힌트를 얻어 꾸민 자작극이었다는 것이다. 자신이 검찰 측 증인으로 자원해 남편에게 결정적으로 불리한 증언을 한 후, 그 증언의 신빙성을 무너뜨리는 새로운 증거를 제공하는 방법으로 남편을 구출했다는 것이다.

대단한 반전도 아니고 그저 고전 추리소설일 뿐이지만, 가만 생각해보면 이 트릭은 나름 설득력이 있다. 앞서 예로 든 강간사건에서 공범이 법정에서 '성불상 종수'와 범행했다고 증언한 상태에서 심리를 종결했다면 어떻게 됐을까? 그랬다면 '공범의 수사기관 진술과 법정진술 중 어느 쪽이 더 믿을 만한가'에 판단이 국한됐을 것이고, 법정진술에 허점이 많아 수사기관 진술을 좀 더 쉽게 믿었을지 모른다. 물론 그 경우도 공범의 진술은 의심스럽지만, 공범이 법정에 다시 나와 자신의 이전 법정진술이 위증이었다고 한 번 더 뒤집은 것보다는 나았을지도 모른다. 아이러니하게도 검사가 유죄를 입증하기 위해 진술을 뒤집어놓은 게 오히려 공범 진술의 신빙성을 더욱더 떨어뜨린 결과가 되었을 가능성도 충분하다.

〈검찰 측의 증인〉이나 위 강간사건처럼, 증거의 미묘한 뉘앙스는 증명력에 큰 차이를 불러올 수 있다. 직접증거가 부족하고 판단이 애매할수록 작은 차이만으로도 심증 형성에 결정적 영향을 미칠 수 있는 것이다.

법에 따라 신중하게 증거를 취사하고, 이성과 경험을 토대로 각 증거에 증명력을 부여했다면, 드디어 마지막 관문에 이른다. 그렇게 형성된 심증이 과연 합리적 의심을 넘어섰는지 beyond a resonable doubt 판단하는 일이다. 증거능력과 증명력은 합리적 의심이라는 '바 bar'를 뛰어넘기 위한 장대에 비유할 수 있다. 판사는 이 장대를 들고 뛰는 사람이다.

똑같은 장대를 들고 바를 넘은 다음 '유죄'라고 선언하는 사람이 있는 반면, 넘지 못한 채 '무죄'라고 말하는 사람도 있다. 증거에서 형성되는 심증의 정량과 합리적 의심이라는 바의 높이, 장대를 뛰어넘는 기술이 저마다 다르기 때문에 똑같은 증거를 두고도 견해가 갈리는 것이다.

국민참여재판을 하다 보면, 검찰이 재판 모두冒頭에 배심원들을 상대로 예외 없이 보여주는 화면이 있다. 코끼리 퍼즐이다. 검사는 배심원들에게 퍼즐의 많은 부분이 빠져 있어 뭔지 알기 어려운 장면과 주요 부분이 맞춰진 장면을 연속해서 보여준다.

여전히 퍼즐은 듬성듬성하지만 주름 잡힌 긴 코와 펄럭이는 큰 귀, 굵은 다리가 보인다. 이 장면을 두고 코끼리라 판단할 수 있는 상태를 합리적 의심을 넘어선 경우로 설명하는 것이다.

틀린 설명은 아니지만 사건이 전부 코끼리만 있는 게 아니라는 점이 문제다. 어떤 경우에는 오리일 수도 있다. 넓적한 부리, 부리 위에 앙증맞게 뚫린 두 개의 콧구멍, 물갈퀴가 달린 발이 보인다. '오리다'라고 선언하고 싶지만 그럴 수 없다. 오리너구리의 존재 때문이다. 몸 색깔과 몸통의 형태, 넓적한 꼬리 여부를 확인하지 않는 한 합리적 의심을 넘어섰다고 말하지 못한다.

합리적 의심은 오리너구리의 존재를 따지는 절차다. 물론 의심을 확장하면 미확인 생명체의 가능성도 염두에 둬야 하지만, 이렇게 한계를 넓히면 범인은 귀신이나 외계인일 수도 있으므로 오리너구리 선에서 멈춰야 한다. 이것이 합리적 의심이다. 그럼에도 합리적 의심의 개념은 추상적이고 모호해서 앞서 든 강간사건이나 사체 없는 살인사건처럼 직접증거가 부족한 경우, 합리적 의심 너머까지 입증되었는지 여부를 판단하는 일은 대단히 어렵다.

이창동 감독의 영화 〈버닝〉은 청년세대의 불안과 절망, 기성세대와 기득권층에 대한 분노를 표현한 작품이라고 흔히 해석되지만, 그저 보이는 대로만 읽으면 심증에 대한 이야기다.

작가지망생으로 가끔 날품이나 팔며 용돈을 버는 종수(유아인)

는 시골에서 함께 자란 해미(전종서)를 우연히 만나 사랑에 빠진다. 해미는 아름답고 순수하지만 카드빚을 지고 가족과 연락을 끊은 채 내레이터모델을 하며 홀로 지낸다. 둘 사이에 갑자기 벤(스티븐 연)이 나타난다. 벤은 특별한 직업이 없지만 고급주택에 거주하며 파티를 즐기고, 포르쉐를 몰며 대마초를 피우는 부유층이다. 해미는 벤과 급격히 가까워진다.

어느 날 해미가 사라진다. 종수는 벤을 의심한다. 비닐하우스에 불을 지르며 희열을 느낀다고 했던 벤의 말을 떠올린 종수는 부근의 비닐하우스를 뒤진다. 끝내 불에 탄 비닐하우스를 찾을 수 없자 종수는 벤을 미행한다. 벤의 집에서 해미의 시계와 해미의 고양이(사실 종수는 이 고양이를 직접 본 적은 없다)를 발견한 종수는 확신으로 불타오르고, 벤을 유인해 칼로 찌른 다음 포르쉐에 불을 지른다.

재판은 끊임없이 의심하는 작업이다. 직업법관은 충분한 물증 없이 함부로 의심에 불을 붙여선 안 된다. 확실한 심증이 설 때까지 활활 타오르려는 마음속 불길을 계속 꺼야 한다. 비닐하우스에 작은 불씨라도 튀면 걷잡을 수 없이 확증편향에 빠지고, 잘못된 판단은 흉기가 되어 사람을 찌른다.

그럼에도 재판을 하다 보면, 종수처럼 해미의 시계나 고양이 같은 확실치 않은 몇몇 증거로 발화하는 때가 있다. 우리 재판부가 고민한 사건은 1심이 틀렸다고 명백히 결론이 났다. 더는 논쟁의 여지도 없다. 그럼에도 어디선가 스멀스멀 연기가 피어오른다는 착각이 자꾸 드는 건, 해미에 대한 견딜 수 없는 그리움과 추가 피해자의 존재 때문이었다.

"여기 귤이 있다고 믿는 게 아니라, 귤이 없다는 걸 잊어버리는 거야." 팬터마임을 배우던 해미가 종수 앞에서 귤을 까먹는 마임을 하며 건넨 대사다. 확실한 물증이 없어 실체적 진실을 도저히 알 수 없는 사건은 한 편의 마임 같다는 생각이 들곤 한다. 다양한 간접증거나 정황들은 마임 배우의 동작 같다. 검사도, 피고인도, 벌거벗은 임금님도, 백성들도 모두 마임을 한다. 그 몸짓을 보고 우린 유무죄와 임금님의 화려한 옷을 추론하고 상상한다.

아예 없었던 존재를 있다고 믿는 건 쉽지 않은 일이다. 귤이 있다고 믿는 것과 귤이 없다는 걸 잊어버리는 것 사이에는 무슨 차이가 있을까. "종교가 믿음의 문화라면, 과학은 의심의 문화다 Religion is a culture of faith; science is a culture of doubt"라는 리처드 파인먼의 말에 따르면, 귤이 있다고 믿는 건 형이상학적 가치의 영역이지 재판의 영역은 아니다. 형사재판에서 합리적 의심을 넘은 심증은, 귤이 있다고 믿는 작위적 상태가 아니라, 한때 존재했지만 지금은 없는 귤처럼 의심 없이 자연스럽게 받아들여지는 상태가 아닌가 싶다.

피고인과 공범 사이에서 갈팡질팡하며 얼마 남지 않은 머리칼을 쥐어뜯으면서 몇 날 며칠을 고민하던 주심판사는, 혹시나 하는 마음에 피고인의 성범죄 사건을 담당한 적이 있는 판사에게 전화를 걸었다. 그 판사가 전화기 너머에서 큰 소리로 말했다.
"그 피고인, 이 지역에서 유명해요. 그 친구가 사라지니 유사 사건이 없어진 것 같던데요."
이 말을 듣는 순간, 주심판사와 나는 방금 깐 귤을 입에 털어 넣은 것처럼, 시쿰한 침이 입안 가득 고였다.

판사와 글쓰기

> 편지 쓰는 거 도와줘서 고마워요.
> — 영화 〈그린북〉

판사의 업무는 생각보다 단순하다. 보고 듣고 결정하고 쓰는 게 전부다. 그중 쓰는 일에 가장 많은 시간을 들인다.

얼마나 쓸까? 판결문 1건에 10장이라 치면, 글자 수로 대략 5천~6천 자 정도 된다. 재판부마다 차이는 있겠지만 형사단독재판부를 예로 들면, 일주일에 10건을 선고한다고만 쳐도 5만~6만 자다. 296쪽인 《어떤 양형 이유》가 22만 자쯤 되므로, 한 달에 책 한 권씩을 쓰고 있는 셈이다. 세상에! 하루키라도 이렇게 쓸 수는 없다.

판결문에는 이름, 주소, 법조문, 공소사실, 당사자 주장 같은 내용이 포함되므로, 판사가 순수하게 지어내는 문장은 절반이 채 안 될 거다. 그것만 해도 많긴 하다. 페이지에 비해 글자 수가 적은 이유는, 가독성을 고려해 글자 크기를 12포인트, 줄간격을 250퍼센트로 하기 때문이다. 판결서체라는 법원 고유 서체가 나오기 전까지는 휴먼명조체를 주로 썼다. 고유 서체를 만든 이유는 '홍'과 '흥'처럼 식별이 쉽지 않은 글자 때문이었다. 판결문 같은 집행력 있는 공문서에서 글자가 정확하게 안 보이면 문제가 심각해진다. 손흥민을 체포하러 갔는데, 영장에 손홍민으로 오타가 나 있으면 눈 뻔히 뜨고 놓아줘야 한다.

《어떤 양형 이유》에 대한 서평 중에 '평소 글쓰기를 많이 하는 직업이라 그런지 글을 좀 쓰네'라는 내용이 있었다. 감사한 말이지만, 좋은 글이란 문장의 유려함을 넘어선 어떤 경지에 올라야 한다는 사실을 알기에 부끄러운 마음뿐이다. 이 책에서도 드러나겠지만, 내가 쓴 판결문과 일반 문장 사이에는 확연히 차이가 있다. 그나마 나는 법원에서 두 지점 사이의 거리를 좁히려고 노력하는 축에 드는데도 말이다.

판결문 쓰기와 일반적인 글쓰기가 유의미한 관련이 있다면 아마 판사들이 베스트셀러 순위를 휩쓸 거다. 두 영역의 글쓰기는 전혀 상관이 없다. 장르가 완전히 다르다. 순문학과 SF나 추리소설 정도의 차이가 아니다. 일반 글에 비하면 판결문은 엑스맨 정도의 심한 변종이다. 컬트에 가깝다. 이 장르를 좋아하는 사람은 극소수 법률가와 소송 당사자 정도다.

이 마이너한 장르의 글이 팬들을 울리고 웃기다 못해, 살리고 죽인다. 시상 한 줄에 목매며 시인이 하늘을 올려다볼 때, 판사는 벼락같이 떠오르는 주문 한 구절을 갈구하며 기록에 머리를 박고 읽고 또 읽는다.

판결문이 독자를 열광케 하고 작가를 고뇌에 빠뜨리는 이유는 강력한 효력 때문이다. 판결이 확정되면, 당사자는 판결문을 근거로 국가의 힘을 빌려 강제집행할 수 있고(집행력), 관련 법적 분쟁에 있어 그 판결은 최후의 유권해석(기판력)이 된다. 판결문의 중요성을 누구보다 잘 알기에 판사들은 정말 판결을 잘 쓰고 싶어 한다. 판사의 능력을 평가하는 1순위가 판결서 작성으로 꼽히는 데는 다 이유가 있다.

판결을 못 쓰면 망신도 이만저만이 아니다. 판결문은 선고 이후 샅샅이 해부된다. 패소한 변호사들은 눈에 쌍심지를 켜고 오류를 찾아낸다. 논증이 서툴러도, 사실인정에 흠이 있어도, 증거를 잘못 적시해도, 법리를 틀려도 절대 가만두지 않는다. 중요한 부분이라면 토씨 하나만 틀려도 상급심에서 깨진다. 주문의 금액은 10원의 오류조차 허용되지 않는다.

망신도 망신이지만 판결의 오류로 누군가에게 큰 피해를 줄 수 있다는 사실이 판사에겐 악몽이다. 아무리 문장이 헤밍웨이 뺨쳐먹게 멋있어도 결론이 틀리면 그냥 휴지다. 따라서 논증은 합리적이고 문장은 정확해야 한다. 쉼표 하나가 몇 억이 될 수도 있다.•

• 김동현 수석 미국변호사, "쉼표 하나에 500만 불", 〈법률신문〉, 2020. 1. 23.

판사들이 워드프로세서로 판결을 작성한 것은 1990년대 초부터다. 일제강점기에는 일본어로, 광복 후에는 한자어 일색인 한글로, 양면괘지에 직접 펜이나 붓으로 세로쓰기를 했다. 1960년대 초부터 사무보조원이 판사가 가로쓰기한 한글 전용 초고를 타자로 쳤다. 오타가 나면 고달프던 시절이었다.

워드프로세서를 거쳐 PC가 보급되고, 판결문을 모두 전산으로 등록하는 시대가 왔다. 기술 발전이 판사의 업무를 덜고 판결문의 질을 높였을까? 작성에 드는 품을 줄여준 건 맞지만, 수준을 높였는지는 잘 모르겠다. 오히려 유사 사례 검색이 쉬워지고, 손가락 두 개만으로 판결문 몇 장을 순식간에 해치우는 '복붙' 기능에 중독되면서, 나쁜 문장이 그대로 답습되고 판결이 더 어려워지고 길어진 측면도 있는 것 같다.

판결문이 너무 어렵다는 비난은 어제오늘 나온 게 아니다. 그 비난을 들어보면 네 가지로 요약된다. 첫째, 어휘가 너무 어렵다. 일상에서 전혀 사용하지 않는 용어다. 둘째, 문장이 너무 길다. 만연체에 중문과 복문이 복잡하게 겹친다. 셋째, 어법이 부자연스럽다. 우리말에서 벗어난 어투가 많다. 넷째, 독자를 위한 배려가 전혀 없다. 거대한 문장의 덩어리가 계속되고 미괄식 일색이라 도무지 읽을 엄두가 안 난다.

처음 법대 수업을 들을 때의 황당함은 아직도 생생하다. 책을 봐도 한 단어 넘어가기가 어렵고, 문장은 열 번씩 읽어도 도저히 이해가 안 됐다. 내 머리에 심각한 문제가 있다고 생각했는데, 곧 그 문제가 아님을 알았다. 수업 듣던 동기들 모두 똑같은 표정으로 머리칼을 쥐어뜯고 있었기 때문이다. 지금은 그때보다 나아졌을까?

법률용어부터 살펴보자. 평소 법과 친하지 않다면, 용어의 기묘함과 현란함 때문에 섬광효과 같은 충격을 받을 수 있음을 미리 경고한다.

'적의처리 바람.' 정확하지 않으나 이 말을 처음 본 건, 형사합의부 배석으로 형사재판을 처음 할 무렵이었던 것 같다. 구속 피고인은 재판 도중 보석신청을 하는 경우가 있다. 이때 법원은 보석을 결정하기 전에 반드시 검찰에 의견을 물어야 한다.

"이 판사, 적의처리가 무슨 뜻이야?"

"어디 나오는데요?"

"보석청구에 대한 검찰 의견서에 이렇게 적혀 있네."

"아, 형사는 처음이죠? 변호사 할 때 못 봤어요?"

"응, 형사사건도 많이 못했지만 여하튼 이 말은 처음 보네."

"알아서 해라, 그 말이잖아요."

"대충 뜻은 알겠는데, 풀어줘도 된다는 의미야?"

"이그잭틀리. 검찰에 엄청 협조했거나 방귀 깨나 끼는 피고인인가 보네요."

피고인 측의 보석청구에 대해 검사가 피고인을 풀어줘도 좋다고 하는 경우는 거의 없다. 대부분 '불허함이 상당함'이라고 짧게 의견을 달아 법원에 통보한다. 정말 어쩌다 풀어줘도 좋다는 표현으로 검사가 쓰는 말이 '적의처리 바람'이다. '적의適宜'란 '맞고適 마땅한宜'이라는 뜻이다.

눈썰미 있는 사람은 혹시 눈치챘을 수 있는데, 이 표현이 유명해진 적이 있다. 2016년 1월 상습해외도박 혐의로 1심 실형 선고를 받은 정운호 네이처리퍼블릭 대표의 2심 변호를 맡았던 부장판사 출신 최유정 변호사가 항소심 재판부에 보석을 청구했을 때, 검찰이 재판부에 보낸 의견서에 이 말이 적혀 있었다. 이보다 더 강하게 풀어주라는 표현으로 '허가함이 상당함'도 있다. 이 말은 판사 생활하면서 딱 한 번 봤다.

'적의처리'는 지금도 많이 사용한다. 심지어 그 용례도 점점 확대되고 있다.

"부장님, 오늘 야근이시죠? 저녁에 중국집에서 배달시키려는데 짬뽕? 아님 짜장?"

"음~ 적의처리!"

그런데 만약 배석판사가 볶음밥을 시켰다면? 아마 부장은 볶음밥을 먹는 내내 그의 '고의 유무'와 '적의처리 범위'를 두고 해석에 여념이 없었을 것이다.

적의처리 같은 이 바닥 전문용어는 무수히 많다. 법령에 있거나 관행적으로 굳어진 말 몇 개만 소개한다.

'통정通情 허위표시.' "상대방과 통정한 허위의 의사표시는 무효로 한다." 민법 제108조 제1항이다. 이 조문을 처음 본 이후

30년이 흘렀지만 아직도 적응이 안 되는 말이다. 서로 정을 통한 의사표시라니, 그걸 무효로 한다니! 강제집행을 피하려고 재산을 허위로 넘겨줄 때처럼 뭘 짜고 칠 때 쓰는 표현이다. 전하려는 뜻보다 다른 의미를 연상시키는 표현은 좋지 않다. 사람을 빤히 보면서 가운뎃손가락으로 안경을 추켜올리는 모습 같다고 할까. 정말 다른 표현은 없는 걸까?

'선의와 악의.' 법정에서 선의나 악의라는 말이 나오면 우리가 일상에서 쓰는 용어와 다른 뜻이다. 좋거나 나쁘다는 의미가 아니다. 문제가 되는 사실을 알았느냐(악의), 몰랐느냐(선의)를 나타내는 용어다. '악의의 점유자'라는 말은 '다른 사람 소유인 줄 알면서 물건을 점유하는 사람'을 뜻한다.

형법 규정에도 있고 흔히 쓰는 '개전改悛의 정情'은 '뉘우치는 빛'이라는 뜻이다. 이런 표현은 즉시 얼마든지 대체가 가능한데 아직도 별생각 없이 쓴다. 욕먹어도 싸다. 개전의 정이 없다. 그 밖에도 어려운 한자어가 많다. '불태워버리다'는 '소훼燒毀하다', 차로 뭔가 밟고 지나가는 것은 '역과轢過'로 쓴다. 목에 난 끈자국을 '삭흔索痕'이라 부르고, 손바닥을 '수장手掌'이라고도 한다('개전의 정'과 '소훼'는 67년 만에 개정됐다).

'개전의 정'처럼 법률에 박제된 용어도 여전하다. '도랑 치고 가재 잡고'를 법률용어로 바꿔 쓰면 '구거溝渠(민법 제229조) 치고 가재 잡고'가 된다. '몽리자蒙利者'(민법 제233조)는 몽니나 부리는 심술궂은 사람이 아니라 '이익을 보는 사람'이다. '앞뒤 사정을 보니 한번 붙어 싸워볼 만했네'는 '항쟁함이 상당하다'로 쓴다.

법률용어가 사전적 의미와 달라 혼동을 주는 경우도 있다. "A와 B는 각자 원고에게 100만 원을 지급하라"는 판결을 보자. 원고는 총 얼마를 받을 수 있을까? 100만 원이다. A와 B 중 누구라도 100만 원만 지급하면 채무를 면한다는 게 이 판결문의 의미다. 주문에 쓰인 '각자'는 A와 B의 부진정연대채무 관계를 나타내는 법률용어다(이런 혼동을 막기 위해 몇 년 전부터 '각자'를 '공동하여'로 바꿔 쓰는 노력을 하고 있다). A 100만 원, B 100만 원, 총 200만 원을 주라는 의미라면, '각자' 대신 분할채무를 의미하는 '각'을 써야 한다.

"겨울날 사무실에서 판결을 쓰다가 문득 창밖에 눈이 내리는 광경을 본 법관들은 '오늘같이 첫눈이 내리는 날, 우리는 각 밖으로 나가서 각 애인을 만나야 하는데 왜 이렇게 각 일을 하고 있는지 모르겠다'고 농담을 한다. 판결문에 적힌 동사의 주어 또는 목적어가 한 개가 아니라 여러 개일 경우 그 주체나 객체에 대한 법률요건의 충족이나 법률효과의 귀속이 각각 이루어진다는 것을 표현하기 위해서는 '각'이라는 부사를 빠뜨리지 말아야 한다."• 단 한 글자도 허투루 쓸 수 없는 판사들의 자조 섞인 개그다.

• 정인진, 〈판결이라는 글쓰기, 법관의 천형〉,《나는 어떻게 쓰는가》, 씨네21북스, 2013.

용어 다음으로 심각한 문제가 일본어투 문장이다. 많은 예가 있지만 한 가지만 말하면, 일본식 용어 중 가장 사용빈도가 높으면서 문장 구성력에 막강한 힘을 발휘하는 게 우리말 조사 '의'로 번역되는 일본어 '노の'다. 이 단어는 '나의 살던 고향'이라든가 '임차인의 지출한 금액' 등과 같이 주격 조사를 대신한다.

일본어 외에도 영어식의 이상한 번역투 문장도 많이 지적된다. 수동태 문장이나 '아무리 강조해도 지나치지 않다', '가장 훌륭한 분 중의 한 분' 등이 대표적이다. 일생을 국어 순화에 바친 국어학자 이수열 선생 눈에는 헌법조차 손봐야 할 문장투성이다. '모든 권력은 국민으로부터 나온다'(헌법 제1조 제2항)는 '모든 권력은 국민에게서 나온다'로 고치는 게 좋다.• 번역투 문장이어서다.

우리 판결문은 한때 숨 막히는 문장으로 명성이 높았다. "~하고, ~하며, ~하는 바, ~하는 점, ~한 사실 등으로 끝없이 이어지는 문장의 행렬은 긴 강줄기가 들판과 산자락을 굽이굽이 감돌아 흘러 바다에 이르듯 여러 장씩 계속되기도 했다. 이 때문에, 판결을 읽다가 숨 넘어간다느니, 고며고며 타령이라는 비난이 일기도 했다."••

1948~1994년 대법원 판례집에 실린 부동산소유권이전등기청구소송 판결문을 분석한 결과, 한 문장에 사용한 글자 수는 평

• 이수열, 《우리가 정말 알아야 할 대한민국 헌법》, 현암사, 2005.
•• 고종주, 《재판의 법리와 현실》, 법문사, 2011.

균 394자였다(국어학자들은 가독성이 좋은 적절한 문장 길이에 관해 보통 50자 정도가 적당하다고 말한다).• 그 후 많이 개선됐지만 2000년 초까지도 대법원 판결은 한 문장이 최소 한 장이었다. 그 무렵 흔한 대법원 판결 중 한 문장을 골라 문서정보를 확인해보니(바탕 10포인트, 줄간격 160퍼센트), '문단 1개, 글자 1,394자, 낱말 306개, 28줄, 원고지 6.6장'이라고 뜬다. 스물여덟 줄에 마침표가 단 한 개도 없다니, 정말 어메이징하지 않은가!

대법원은 여건이 되는 대로 하급심 판결문을 전면 공개하기로 결정했다. 이제는 국민 누구나 원하기만 하면 판결문을 찾아 읽어볼 수 있는 시대가 온다는 말이다. 판결이 모든 국민의 집안 화롯가에까지 영향을 미치는(존 마셜) 법치주의 사회에서, 법이 소수의 전유물로 전락하는 것을 막으려면 '법담론의 민주화'가 반드시 필요하다. 그 전제로, 법의 언어는 그 법에 복종해야 하는 사람들의 귀에 외국어로 들려서는 안 된다(러니드 핸드). 사건 당사자뿐 아니라 일반 국민들도 판결을 쉽게 이해하고 납득할 수 있어야 한다. 내 이름이 쾅 박힌 판결문이 영원히 남아 사람들 입에 오르내린다고 생각하면 아득하다.

장르적 특성이 판결문을 난삽하게 만든 주범이라 생각했으나, 사실은 문장력의 부실과 독자에 대한 배려 부족이 주범임을 안 이상 결국 다시 원점으로 돌아온 느낌이다.

• 윤정옥, 〈판결문의 시기별 문체 연구―대법원 민사판결문을 대상으로〉, 1997.

어떻게 하면 좋은 글을 쓸 수 있을까? 나는 글을 잘 쓰고 싶어서 글쓰기 잘하는 법을 알려준다고 꼬드기는 책을 참 많이도 사모았다. 그런데 하나같이 다 비슷비슷한 얘기였다. 잘 쓰려면 많이 듣고, 읽고, 생각하는 것, 즉 다문다독다상량多聞多讀多商量 말고 별 뾰족한 수가 없다. 그중 독서가 가장 중요하다. 독서는 실제 판결문 문장에도 많은 영향을 미친다.

미국 연방대법원 판결문은 100년 전에 비해 분량이 4~5배 많아졌지만 일반인도 이해할 만한 수준이라고 한다. 스캘리아 대법관의 친구로 알려진 로스쿨 교수 브라이언 가너는 그 이유를 문학에서 찾는다. "긴즈버그 대법관의 글쓰기는 학부 시절 교수였던 소설가 블라디미르 나보코프에게서 영향을 받았다. '판결문을 두 번 읽게 해선 안 된다', '법도 문학적이어야 한다'는 것이 긴즈버그의 글쓰기 신념이다. 스캘리아 대법관은 이솝우화를 판결문에 인용하는 등 풍부한 은유를 사용했다."

좋은 책은 너무 많고, 시간은 턱없이 부족하다. 그래도 짬을 내야 한다. 책 읽을 시간이 없다는 건 다 핑계다. 읽을 수 있다. 나는 다독이 책의 권수라기보다는, 읽는 행위의 진지함과 꾸준함, 횟수를 의미한다고 생각한다. 짧게라도 자신의 업무와 전혀 무관하고 다양한 분야의 글을 깊이 꾸준히 읽는 게 중요하다.

다문다독다상량이 기초를 다지고 준비운동을 하는 단계라면, 다작은 훈련이다. 많이 써봐야 한다. 문장 수련은 잘 쓴 글을 따라 쓰거나, 잘못 쓴 글을 지적받는 두 가지 방식이 있다. 글이 빨리 느는 건 후자지만, 문장이 좋은 사람은 대부분 전자의 방법을 택한다. 좋은 글을 따라 쓰며 익히는 건 글 잘 쓰는 고금의 진리다. 필사하고 모방하다 보면, 어느덧 자기 문체를 갖게 된다.

판사는 주로 지적당하며 배운다. 부장판사는 '빨간펜' 선생님처럼 배석판사의 판결을 일일이 고친다. 나도 배석판사일 때 판결 초고가 누더기가 될 정도로 지적당하기 일쑤였다. 내가 부장이 되어 주로 지적하는 건 그리 대단한 게 없다. '주술관계를 잘 살필 것, 동어반복을 피할 것, 어지간하면 접속사를 뺄 것, 적절히 자를 것, 단문만 지나치게 나열되는 건 피할 것' 등이다. 나머지는 지적하기도 어렵다. 각자 글 쓰는 습성이 워낙 달라서다.

그런데 몇 가지 지적만 했는데도 짧은 기간에 문장이 확 달라지는 사람이 있다. 일취월장한다. 스스로 주의하고 잘 쓰려 노력하기 때문이다. 반면 1년 가까이 고쳐도 거의 제자리인 사람도 있다. 인문학적 소양을 쌓는 일과 글쓰기는 누가 가르쳐주거나 관여할 수 있는 부분이 아니라 더욱 소홀히 하면 안 되지만, 법적 논증처럼 확연히 틀릴 염려가 없어 다들 큰 관심을 기울이지 않는다. 그러나 시간이 흐르면 두 사람의 글에는 큰 차이가 생긴다.

비단 글쓰기 실력의 차이만 생기는 게 아니다. 언어와 생각은 분리하기 어렵기 때문에 계속해서 좋은 글을 쓰는 사람은 바른 생각을 할 가능성도 높아진다. 사실 글쓰기도 출발점에서 비교하면 개인 간 능력차가 거의 없지만 한 번 뒤처지면 단숨에 따라잡기 어렵다. 출발서부터 조금씩 노력하는 자세가 중요하다.

내가 아는 한, 앞서 말한 것 외에 특별한 글쓰기 비법은 없다. 작법을 알기 위해서라면 글쓰기 책을 살 필요가 없다. 또 글을 잘 쓰기 위한 가장 중요한 요소는 좋은 글을 쓰고 싶다는 욕망이다. 이 욕구만 놓치지 않는다면 잘 쓸 수 있다. 좋은 글을 계속 읽고 따라 써보면 자연스레 문장이 익숙해지는 상태를 거쳐, 고유의 스타일이 나오게 된다. 문제는 지치지 않고 계속 욕망할 수 있느냐다. 글쓰기 책은 욕망을 자극하고 계속 데우기 위한 연료로는 괜찮지만, 그런 용도라면 차라리 고전이나 좋은 책을 사서 읽는 게 더 좋지 않을까 싶다.

바람이 분다. 이제 써야겠다. 머리는 하얗고 흰 페이지가 날아간다. '바람이 분다' 말고는 결국 단 한 줄도 못 썼다. 뭔가 끼적이다 보면 대개 바람만 불다 끝날 때가 많다.

부산이나 울산 법원에는 〈주보〉라는 웹진이 있다. 한 달에 책 한 권 분량의 글을 써대는 판사들은 A4 한 장짜리 〈주보〉의 기고 순서가 돌아오면, 서로 안 쓰려고 사다리타기를 하는 등 기겁을 한다. 왜 그럴까? 글쓰기는 자아를 적나라하게 노출하는 일이라는 걸 본능적으로 알고, 형식 뒤에 숨을 수 있는 판결문 말고 다른 글은 써본 적이 없어서다.

쓰기도 힘들지만 무엇을 쓸 것인가 고르기도 어렵다. 막상 소재를 골라도 뭘 말하려는지 자기도 잘 모른다. 재판 말고는 별 고민 없이 살았던 거다. 문장이 테크닉의 문제가 아니라 자아와 삶의 문제였음을 깨닫게 되는 순간, 바로 거기가 글쓰기가 막히는 지점이다. 그래서 평소 훈련이 중요하다.

글은 스스로도 알지 못하는 자신의 마음을 이해하고 다잡는 도구다. "혼돈은 아직 해석되지 않은 질서다."(영화 〈에너미〉) 마음이 혼란스럽고 갈피를 잡지 못할 때, 나는 일단 아무 말이나 쓰는 버릇이 있다. 그러면 내 마음은 글을 통해 포집되고 박제된다. 아무 생각이 글로 쓰이는 순간 해석의 대상이 된다. 비로소 나는 글로 평온해지고, 글이 부여한 질서에 속박된다.

자아와 삶의 투사가 바로 글이므로, 하루하루 겁 없이 살아가듯 두려움 없이 아무 말이나 써내려가면 된다. 나머지는 앞서간 글이 끌고 가도록 맡겨두면 된다. 잘못 갔다 싶으면 백스페이스나 딜리트 키를 타고 돌아오면 그만이다. 삶과 글이 다른 유일한 지점이다.

그래, 좋아. 다시 써보자. '바람이 분다. 풀잎이 눕는다. 당신이 왔다. 내 마음도 눕는다. 바람은 대기의 무심한 움직임이 아니라 존재가 존재를 온몸으로 관통하는 증거다.'

'매일 반복되는 지겨운 일상인데 뭐 쓸 게 있지?'라는 생각이 들면, 대상보다는 왜 쓸 건지를 생각하는 게 도움이 된다. 내가 정말 글을 쓰고 싶다는 강한 욕망을 느꼈을 때 이야기다.

나는 전형적인 경상도 남자다. 요즘 말로 '츤데레'다. '당신, 새로 한 머리가 참 예쁘네!'라는 생각이 "머리가 우짜다가 이리 됐노!"로 나온다. 이럴 때면 미친다. 잘 고쳐지지 않는다. 말이 계속 이렇게 나오다 보니 생각도 자꾸 퉁명스러워지는 것 같다. TV에 최수종 배우가 나오면 채널 돌리기 바쁘다. 고칠 수만 있다면 따뜻한 표현을 많이 하고 싶지만, 50년 넘게 이렇게 살아왔는데 무슨 가망이 있겠나 싶다.

그런데 글은 달랐다. 다정한 표현이 가능했다. 쑥스러우면 안 보여주면 된다. 내 어둡고 거친 이면에 숨겨진 다감한 면을 글로 표현할 수 있겠다는 생각이 간절히 쓰고 싶다는 욕망으로 발전했던 건 아버지 때문이었다. 나는 아버지처럼 될까 두려웠다.

아버지는 2011년에 돌아가셨다. 나보다 훨씬 더 지독한 경상도 남자였다. 내가 중학교에 진학할 무렵 가세가 기울어 마당에 연못까지 있던 큰 집에서 15평 아파트로 다섯 가족이 이사했다. 견디기 힘들었다. 어머니는 가족을 부양하려 닥치는 대로 일을 하고, 실직한 아버지는 대낮부터 술에 취해 있었다. 술 심부름을 시키는 아버지가 정말 미웠다.

그러던 어느 날 우연히 아버지의 일기를 훔쳐봤다. 안방 서랍에서 뭘 찾다가 대학노트 한 권을 발견했던 것 같다. 익숙한 아버지의 필체였다. 그 일기를 쓸 당시 아버지는 지금의 내 나이 정도였고, 어떻게든 재기하기 위해 몸부림치며 몇 달 동안 집을 떠나 있었다. 망치로 머리와 가슴을 세게 두들겨맞은 느낌이었다. 자신의 처지에 대한 후회와 미래에 대한 두려움, 가족에 대한 그리움과 미안함, 아들들, 특히 막내였던 나에 대한 애틋한 사랑이 고스란히 담겨 있었다.

아버지는 돌아가실 때까지 살가운 말 한마디 하지 않았지만, 나는 단 한 번도 아버지의 진심에 대해 회의한 적이 없다. 중환자실에서 의식을 잃은 아버지의 손을 잡고 있을 때 일기의 한 구절을 읽는 아버지의 육성이 들리는 듯했다. 그 짧은 글 말고는 남긴 기록이 없어 나는 여전히 내 아버지가 어떤 사람인지 잘 모른다. 가끔 삶에 지치고 마음이 괴로울 때 아버지의 모습이 떠오르는데, 아버지가 정확히 무슨 말을 하는지 잘 들리지 않는다. 그저 내 나름대로 추측할 뿐이다.

아버지가 돌아가실 무렵, 나는 내가 얼마나 아내와 아이들을 사랑했고, 어떤 마음으로 재판에 임했으며, 어떻게 자연과 세상을 이해했는지를 글로 남겨야겠다고 생각했다. 내가 부재했을 때 가끔 나라는 사람이 '이런 생각을 하고 살았구나', '그때 그래서 그랬구나' 하는 점만 알았으면 좋겠다는 생각으로 일기를 쓰기 시작했다. 스스로 말하지 않으면 누구도 알 수 없다. 가족조차.

내게 글쓰기는 어쩌면 나에 대한 주석달기인 셈이었다. 매일 단 한 줄이라도 끼적였다. 기억할 만한 이벤트가 없거나 생각이 마르면, 그냥 간단한 시 한 편, 좋은 글귀 하나라도 일기에 적었다. 몇 년을 그렇게 하다 요즘은 손으로 일기를 쓰지 않지만 메모는 꾸준히 한다. 네이버메모나 에버노트를 주로 활용해 그때그때 떠오르는 단상과 아이디어를 적어둔다. 그 메모가 책을 쓰는 데 큰 힘이 됐다.

건조한 일상이나 정보라도 기록하는 습관은 무척 중요하다. 기록하지 않으면 판사 생활을 아무리 오래 해도, 판결 말고는 치열한 고민의 순간과 장면을 구체적으로 그려낼 수 없다. 가족에게, 세상에게 잊히지 않으려면 열심히 흔적을 남겨야 한다. 쓰이지 않은 삶은 떠도는 이야기에 불과하다. 기록되지 않는 한 우린 그저 잠깐의 소문이다.

멋지든 졸렬하든 글은 내가 한때 세상의 일부였음을 증명한다. 영화 〈쇼생크 탈출〉에서 50년 만에 감옥 밖으로 나왔다가 '브룩스가 여기 있었다BROOKS WAS HERE'는 말을 대들보에 새기고 자살한 브룩스 노인이나, 그 옆에 '레드도 있었다SO WAS RED'는 말을 새기고 희망을 찾아 떠난 레드(모건 프리먼)처럼, 글은 종이 위에 새겨진 한 존재의 행적이다.

현직 판사인 내가 책을 낸 결정적 계기는 독특한 판결문 때문이었다. 형사판결의 양형 이유 부분에 감상적 표현을 쓰거나, 시구나 아포리즘 등을 인용한 것이 특이해 보였다고 한다. 문학적이라고 하는 사람도 있었다. 법관들 대부분은 이런 양형 이유를 쓰지 않는다. 너무 이질적이라 불편하게 보는 판사도 많다. 나 역시 이렇게 쓰기까지 고민이 많았다. 판사들은 원래 튀는 걸 좋아하지 않고, 나같이 소심한 사람은 특히 그렇다.

그럼에도 내가 이렇게 썼던 이유는 사회에 강한 메시지를 던지고 싶었기 때문이다. 산재사고의 비정한 실태와 가정폭력과 아동학대의 비참함과 성범죄의 잔혹함을 어떻게든 알리고 싶었다. 그러기 위해서는 그 메시지가 해안 깊숙이 가닿을 만큼 높고 격정적인 파도여야 했다. 때론 '칼 같아야 할 판사가 어디서 눈물이야'라는 댓글도 있었지만 각오하고 썼다.

나는 궁극적으로 성공한 재판은 사람의 마음을 움직이는 재판이라고 생각한다. 마음을 움직여야 분쟁과 갈등을 근원적으로 해소할 수 있고, 마음을 움직여야 피고인이 진정으로 참회하고 속죄하며, 피해자가 위안받고 치유될 수 있기 때문이다. 그래서 그런 표현을 썼다. 감성적 언어나 비유가 더 적절하며 이해하기 쉽고, 양형 이유 부분에서는 메마른 문장보다 따뜻한 언어가 어울린다고 생각했다. 그곳에서는 은유나 상징, 비유가 숨쉴 수 있다고 봤다. 이것들이 실은 우리에게 더 익숙하니까.

내가 판결문에 내 의지를 싣듯 당사자들도 마찬가지다. 오히려 반성문, 탄원서로 대표되는 당사자들의 글쓰기는 훨씬 더 간절하다. 피해자나 재판부의 마음을 움직이기 위한 절박한 글쓰기다. 그러나 내용의 간절함에도 불구하고, 반성문이나 탄원서는 글쓰기의 목적이 노골적이고 이기적이며 너무 선정적이라 금방 지치고 식상해진다.

이마저 못 쓰는 사람도 있다. 참여재판에서 아들과 함께 남편을 살해한 피고인 A는 문맹이었다. 재판 도중 A는 "글이라도 쓸 줄 알면 판사님께 반성문을 써냈을 텐데"라며 몇 번이나 장탄식을 했다. A가 글 대신 주로 사용한 표현 수단은 그치지 않는 눈물이었다. A처럼 울음이 곧 문장인 사람도 있다.

설령 글을 읽고 쓸 줄 안다 해도 자신의 심정을 그대로 표현할 줄 아는 사람은 생각보다 드물었다. 사회적 지위가 낮을수록 심했다. 나는 어쩌면 이들이 법적·사회적 표현 수단을 상실한 사회적 문맹이 아닐까 생각했다. 자신이 왜 핍박받는지, 어쩌다 이런 처지로 내몰렸는지, 뼈 빠지게 일해도 왜 대를 물려 가난한지, 가난도 지긋지긋한데 왜 가족 간에 폭력이 난무하는지 그 사회적 원인과 맥락을 읽어내지 못하는 사람들. 부당하다는 건 알지만 정확히 그게 무엇 때문인지 몰라 변변한 항의조차 못하는 사람들. 그래서 자학하며 술이나 약물에 중독되고 보이스피싱과 다단계와 기획부동산 사기에 현혹되며 결국 그 단약한 마음을 가누지 못해 자살하는 사람들.《관촌수필》〈여요주서〉편의 신용모 같은 사람들. 내가 매일 보는 바로 이 사람들. 나는 재판을 하면 할수록, 삼키지도 뱉지도 못한 어떤 말로 답답해하는 사람들의 표정이 항상 마음에 걸렸다.

〈그린북〉이라는 영화를 보다, 문득 판사를 그만두고 재소자나 소년원 아이들을 상대로 글쓰기 강의를 해보고 싶다는 꿈이 생겼다. 〈그린북〉은 천재 흑인 피아니스트 돈 셜리(마허셜라 알리)와 무식한 이탈리아계 떠벌이 토니 발레롱가(비고 모텐슨)가, 1962년 인종차별이 극심하던 미국 남부 일대로 연주 투어를 다니는 과정에서 쌓이는 두 사람 사이의 우정을 다룬 버디무비이자 로드무비다.

토니가 인종적 편견을 극복하는 과정이 이 영화의 핵심 주제라 할 수 있는데, 나는 그보다 돈 셜리가 아내에게 편지 쓰는 법을 토니에게 가르쳐주는 장면이 훨씬 더 인상적이었다. 처음엔 불러주는 대로 더듬더듬 쓰던 토니가 차츰 혼자 편지를 쓰게 되고, 투어가 끝날 무렵에는 아내에 대한 사랑을 제법 멋지게 표현할 수 있게 되는 과정이 좋았다. 토니의 아내는 투어를 마치고 돌아온 셜리를 안아주며 진심을 다해 인사한다. "편지 쓰는 거 도와줘서 고마워요."

이 영화를 보다 내 피고인들과 소년범들과 그들의 가족이 떠올랐다. 토니처럼 이들도 모두 자신의 감정에 대한 이해가 부족하고 표현은 더욱 서툰 사람들이다. 이해력과 표현력의 부족은 작은 일상에서는 사소한 오해를 초래할 뿐이지만, 시간이 흐르고 그 결과가 누적되다 보면 결국 돌이킬 수 없이 상황을 악화시킨다.

가족 간의 관계가 특히 그렇다. 소년재판을 할 때 글이 무너진 관계를 복원시키는 모습을 자주 봤다. 사는 동안 감정 상태가 급격히 흔들리고 그걸 글로 표현하고 싶다는 강렬한 욕구가 드는 경우는 흔치 않다. 구금된 순간이 바로 그런 조건에 정확히 부합하는 상황인 거다. 풀려나고 싶든, 가족에게 용서를 구하든, 괴로운 심정을 이해받고 싶든, 그도 아니면 정말 바깥소식이 궁금하든, 그 어떤 동기에서 비롯되었든 구금된 순간만큼은 일자무식꾼에 흉악한 범죄자라도 몇 자는 끼적이게 된다.

글쓰기의 가장 강력한 욕망의 순간은 글로 마음을 드러내 상대에게 전하고 싶을 때다. 이때가 중요하다. 하지만 많은 피고인과 소년범은 뭘 어떻게 써야 할지 모르고 자신이 없다. 어딘가에 운명을 맡긴 채 늘 끌려 살아왔듯 글마저 대필을 부탁하곤 한다. 돈 셜리처럼 누군가 이들에게 편지 잘 쓰는 방법을 가르쳐주는 사람이 있다면 그들의 삶이 훨씬 더 희망적으로 변할 수 있을 거라 확신한다.

인터넷을 보다 보면, 반성문이나 탄원서 잘 쓰는 법을 알려준다는 각종 광고가 자주 눈에 띤다. 어떤 반성문이 잘 쓴 글일까? 당연히 판사의 마음을 움직이는 글이다. 나는 어떤 글에 마음이 움직이나? 진심이 담긴 글이다. 어떻게 진심을 담을 수 있나? 진정으로 반성하면 된다. 진심이 담긴 글은 어떤 틀에 담더라도 보인다. 진심을 덮기에 기교는 너무 작다.

다음은 주차된 차량에서 스마트폰 등을 훔치다 구속된 20대 피고인의 할머니가 내게 보낸 탄원서다. 동네 이장이 편지지를 구해주고 대신 부쳐줬다. 내가 본 탄원서 중 가장 잘 쓴 글이었다. 글의 목적, 피고인의 성장환경과 성정, 범죄에 이른 경위가 잘 드러나 있다.

이 탄원서를 읽으면 어릴 때 부모의 이혼으로 할머니 손에 큰 지적장애 청년이 거리를 배회하는 모습이 눈앞에 보이는 듯하다. 구순 할머니가 손자를 걱정하며 연필로 꾹꾹 한 자 한 자 써내려간 그 마음은 두말할 나위도 없다. 초저녁 잠 많은 할머니께 어리숙하지만 착한 손자를 보내드리지 않을 수 없었다.

잘 쓴 글은 형식이나 기량을 떠나 진심이 담긴 글이다. 최선을 다해 사랑하고, 최선을 다해 탄원하면, 글도 최선을 다해 상대에게 가닿는다. 맞춤법은 상관없다. 아니, 삶에 있어서는 최선을 다한 간절한 마음이 최선의 맞춤법이다.

탄원서
수용자 번호 ×××
○○○○고단○○○
이막례(가명), 28년생

박준기(가명)하고 십년 넘개 살았음니다
그런 말성 한 번 한 일이 엄는데
내가 초저녁 잠이 만아서
자다 깨나면 다시 잠 못 이루어
애명는 걸 아니까 안 깨울라고 도라다니다가
배고푸고 돈업으니 앞뒤도 못 생각하고 그런 것 갓슙니다
쇠견이 잇는 놈이면 그런 짓 하겟음니까
늘그니가 다리도 아푸고 육신 맘대로 쓰지도 못하니
차자보지 못하고 드러 오기만 기다리다가
경찰 편지를 밧고 날벼락 가튼 소식 들었음니다

마음씨가 한업시 착한 놈인데 한순간에 무너젓음니다

덕우나 지적장애가 3급이나 되니

직장생왈 3, 4년 햇지만

장애인이라고 월급도 30만 원 밧고 다니고

힘쓰는 일은 잘한다고 하면서

돈은 너무 작개 준다고 투정하드니마는 회사도 안 가버리고

다른 데를 가바도 장인취급 바드면서 그럭적럭 다니다 말다 하다

설이 도라와서 설 지내고 집에서 3일 정도 놀고

바람 쇠로 나간다고 하더니 이런 꼴 되었음니다

어려서 부모들은 이원해서 뿔뿌리 허터져 버리고

너무 외롭고 불쌍한 아임니다

꼭 한 번만 용서해 주소서

역개 너머로 배은 글 두서없서 죄송합니다

싸움의 기술

> 사랑이란
> 자신과 다른 방식으로 느끼며
> 다르게 살아가는 사람을
> 이해하고 기뻐하는 것이다.
> ― 니체

2016년 트럼프가 대통령이 된 이후 포퓰리즘이 확산되면서 전 세계적으로 분열과 갈등이 심화됐다. 우리도 예외가 아니다. 최근 기사를 보면, 한국은 세계에서 가장 극심한 문화전쟁(정치적 입장이나 사회적 계층, 소득이나 자산, 연령, 성, 종교, 인종, 지역 등이 서로 다른 집단 사이의 충돌을 가리키는 말)을 겪고 있는 나라다.•

편가르기와 진영 갈등은 새삼스러운 현상이 아니다. 어딘가에 소속돼야만 안정감을 느끼는 심리는 본능에 가깝다. 문제는 진영이 마음의 평온을 얻는 데 그치지 않고, 누군가를 배척하고 혐오하게 만든다는 데 있다.

• 곽노필, "'다이내믹 코리아' 한국, 가장 격렬하게 '문화전쟁' 느끼는 나라", 〈한겨레〉, 2021. 7. 1.

히어로물에 강력하고 매력적인 빌런이 꼭 필요하듯, 같은 편을 공고히 뭉치게 하려면 카운터파트의 존재가 필수적이다. 우리 피해를 최소화하고 적을 확실히 섬멸하려면 이쪽과 저쪽을 잘 구분해야 한다. 사람들이 진영에 극도로 예민한 이유는 유대인, 좌우익, 지주, 소작농, 왕당파, 의회파, 연방주의자, 분리주의자… 그 어디에 속하느냐에 따라 수많은 사람이 죽어나가는 걸 보면서 지금 위치가 목숨을 좌우한다는 걸 체득했기 때문이다.

몇 년 전 황석영 작가가 TV에서 들려준 유년시절 경험담이다. 1943년 만주 창춘에서 태어나 해방 후 귀국한 작가가 국민학교에 들어갔을 때 6·25전쟁이 터졌다. 피난길 한밤중에 배수구에 숨어 있던 작가의 가족들은, 국군인지 북한군인지 분간이 안 되는 군복 입은 무리에게 발각되어 끌려나왔다. 그들은 전등불을 비추며 물었다. "이승만을 지지하는가, 김일성을 지지하는가?"

답변 여하에 따라 생사가 갈릴지도 모르는 절체절명의 순간이었다. 황 작가의 아버지가 대답했다. "저희는 정치라고는 전혀 모르는 양민입니다. 어느 쪽을 지지해야 하는지 가르쳐주십시오." 그 대답을 들은 군인들은 작가의 가족들을 그냥 보내줬다고 한다. 기지 있는 답변이 가족을 살린 것이다. 처절한 이념 투쟁의 시대였다.

이런 시대가 완전히 종식된 건 얼마 되지 않는다. 박정희 대통령 때나 5공화국 시절 법원에는 현 국가정보원 격인 중정(중앙정보부)이나 안기부(안전기획부) 직원이 '조정관'이라는 이름으로 상주하면서 법관을 감시·미행하고 재판에 시시콜콜 개입했다.*

안보를 이유로 한 정보기관의 광범위한 민간사찰과 권력남용의 행태는 아직도 그 흔적이 남아 있다. 2015년 경력판사 지원자들에 대한 국정원의 '사상검증'이 논란된 적이 있다. 국정원이 판사 임용 지원자들 신원조사를 하는데, 지원자들을 직접 만나 세월호 참사에 대한 견해나 노조 사건에 대한 활동 경위 등 민감한 현안에 대한 의견을 물었다는 것이다.

대한민국에서 나고 자라 정규 교육과정을 마치고 사법시험까지 합격해 상당기간 변호사 활동을 해온 사람들을 만나 혹시 간첩이 아닌지 살펴본다는 건데, 개인정보 조회에 동의한 마당에 굳이 직접 만날 필요가 있는지 모르겠고, 반정부 성향을 가진 판사를 솎아내겠다는 그 발상이 이념 갈등이라는 비극적인 현대사의 데자뷰인 것만 같아 씁쓸하다.

당시 국정원은 시대착오적인 사상검증이라는 여론에 대해 '조사방법은 조사기관의 고유 권한이다. 직접 만나든 전화를 하든 국정원 마음대로 할 수 있다. 사상검증은 일절 하지 않는다'고 답했다. 해명에도 불구하고, 대면조사를 사실상 국정원의 면접이라고 보는 사람이 많았다. 국정원이 부적격 판정을 내렸는데도 대법원이 법관으로 임용한 사람이 있었는지는 잘 모르겠다.

국정원이 신원조사를 한다는 사실은 나도 법원에 지원하면서

* 한홍구, 《사법부》, 돌베개, 2016.

처음 알았고 나 역시 신원조사를 받았다. 다만 내가 법원에 지원한 2005년에는 국정원의 대면조사가 거의 없었다. '거의'라고 한 이유는 나와 다른 변호사 한 명이 그 예외였기 때문이다. 갑자기 국정원 직원으로부터 전화가 와 만나자는 말을 듣고 걱정이 되어, 바로 부모님께 연락해 혹시 우리 일가친척 중에 과거 좌익 활동을 하거나 북한과 관련된 분이 있었는지 확인해야 했다.

국정원 직원을 만났을 때 불쾌한 내색을 하지 않으려 표정 관리를 했던 기억이 생생하다. 당시 그 직원은 사상검증을 하기보다는 대면조사를 핑계로 판사가 될 사람들과 친분도 쌓고 잘 지내보려는 의도였던 것 같았다. 이유야 어쨌든 만만치 않은 술값은 우리 몫이었다.

"너는 어느 쪽이냐?"

사람의 생각이나 성향을 상하좌우, 이쪽과 저쪽으로 가르려는 시도들은 지금까지 끈질기게 이어져온다. 각종 모임에서, 입사시험 면접에서, 인사청문회장에서 우리는 묻고 또 묻는다. 자유나 평등이냐, 성장이냐 분배냐, 페미냐 아니냐, 동성애 지지냐 반대냐, 명분이냐 실용이냐, 호날두냐 메시냐, 아빠가 좋냐 엄마가 좋냐… 말로 묻는 게 귀찮으면 노골적으로 기준을 내건다. 2021년 한 편의점 점주의 채용공고다. "지원자격: 만 20세 이상, 페미니스트 아닌 사람, 소극적이고 오또케오또케 하지 않는 분."

판사도 마찬가지다. 소속 연구회는 어딘가, 정치적 입장은 뭘

가, 페미니스트인가, 사법적극주의자인가… 계속해서 이런 질문 앞에 선다. 연구회 정도는 말할 수 있어도 정치적 입장은 말할 수 없다. 말하는 순간 판사직을 내려놔야 하기 때문이다. 판사에게 이런 질문은 하면 안 된다. 자신이 스스로를 규정하지 않는 이상 타인이 그를 어떤 정체성으로 묶고 네이밍하는 것은 폭력이다. 이런 사회는 야만적이다. 그래도 끝까지 '당신은 보수인가, 진보인가?'라는 질문을 할 경우를 대비해 나도 미리 답을 준비해뒀다. "저는 정치를 모르는 판사입니다. 법과 정의, 인권 말고 무엇을 지지해야 할지 가르쳐주십시오." 내가 아는 유일한 정치적 지향은 정의와 인간의 존엄이다.

내 지향이 닿는 최고의 자리에 우뚝 솟은 분이 있다. 루스 베이더 긴즈버그 대법관(Ruth Bader Ginsburg, 1933년 3월 15일~2020년 9월 18일)이다. 긴즈버그 대법관의 다큐멘터리와 책을 감명 깊게 봤다. 평소 업적이나 명성만 보고 굉장히 터프하고 강한 분인 줄 알았는데 놀랄 만큼 스몰토크를 하지 않고 소심하고 내성적인 분이었다. 이처럼 조용하고 수줍음 많은 분이 어떻게 그 파란만장한 차별의 시대를 넘어 여성주의의 개화를 이끌고, 소수자의 대변자로 설 수 있었는지, 어쩌면 그렇게 치열하게 일하고 한결같이 싸울 수 있었는지 불가사의하기까지 했다. 사람이 그렇게 아름다울 수 있다는 사실도 처음 알았다. 진정한 아름다움이란 확고한 신념, 예의를 갖춘 적의, 일에 대한 열정, 우아하면서도 거침없는 삶의 자세에 있음을 보았다.

시대와 장소를 불문하고 존경받는 법관은 많이 있지만, 긴즈버그 대법관은 그 누구와도 다른 독특한 지점에 있는 분이다. 한 시대와 세계의 흐름을 바꾼 판결, 시대정신, 문장력, 공감능력과 유머, 래퍼를 본뜬 별명(Notorious RBG)이 생길 정도의 스웩까지, 요즘말로 '만렙'인 분이다. 불굴의 정신력과 체력도 비교 불가다. 암을 두 번 이겨냈고 팔순에 프런트와 사이드 플랭크, 바이셉스 컬, 한 발 스쿼트 등으로 짜인 체력훈련을 주 2회 1시간씩 20년을 했다. 프런트 플랭크 도중에 트레이너가 다리로 몸통을 밀어도 버텼다고 한다.

여러모로 훌륭한 분이지만 내가 긴즈버그 대법관을 보며 가장 감탄했던 점은, 바로 싸우는 자세다. 특히 법률가는 이성적으로 논박해야 하므로 무엇보다 싸우는 방법이 중요하다. 그런데 현실에서 예의 있게 싸우기는 정말 어렵다. 법정에서 법률가들이 냉철한 논리로만 부딪칠 것 같지만 현장은 그렇지 않아 안타까울 때가 많다. 무례하고 거친 싸움꾼들이 널렸다. 법정에서도 속된 말로 '개싸움'이 벌어진다.

물론 나름대로 이유는 있다. 아이들 놀이도 편을 나누면 열심히 싸우게 되듯, 모든 싸움은 몰입할수록 거칠어지기 마련이다. 거기에 돈과 평판이라는 보상이 따르면 훨씬 더 심각해진다. 설령 소송에서 지더라도 상대에게 치명상을 입히기 원하는 사람도 많다. 유죄가 인정되더라도 고소한 상대방도 함께 지옥으로 끌고 가야 분이 풀리는 것이다. 의뢰인이 핏불테리어처럼 물고

뜯어 상대에게 상처 입히기를 원하면 점잖은 변호사도 거칠어진다. 나 역시 변호사 할 때 그런 주문을 많이 받았다.

풋내기 변호사 시절, 해안에 시멘트 원료를 가득 실은 배가 침몰해 부근 양식장의 넙치 치어(어린 물고기) 몇만 마리가 폐사한 사건에서 양식장을 대리해 손해배상소송을 제기한 적이 있다. 청구 금액은 치어의 가격과 마릿수, 약품비용 등을 근거로 산출했는데, 아무리 봐도 양식장에서 증거로 가져온 자료 중 일부가 급조된 걸로 보였다. 허위자료가 아닌지 찜찜해 몇 번이나 다짐을 받았는데 워낙 요지부동이라 그 자료를 증거로 제출했다.

아니나 다를까, 상대 변호사는 법정에서 우리 측 증거가 허위라며 조목조목 근거를 들어 항의했고, 더 나아가 나를 당사자와 짜고 증거나 조작하는 부도덕한 변호사라고 몰아붙였다. 재판부는 물론 법정에 있던 다른 사건 당사자들과 변호사들이 일제히 혀를 끌끌 차며 쳐다보는데, 정말 쥐구멍에라도 숨고 싶은 심정이었다. 자료가 허위인 점만 밝히면 승부는 그대로 끝나는 상황이었는데, 상대 변호사는 그 기회에 나를 완전히 뭉개버리고 망신주려 한 것이다.

그러나 이렇게 싸우면 안 된다. 영화라면 거기서 통쾌한 엔딩으로 끝나겠지만 현실은 그 소송만 있는 게 아니다. 당한 사람은 똑같이 되갚아주겠노라 이를 박박 갈기 마련이다. 재판에서는 항상 우위에만 설 수 없으니 자신도 언젠가 크게 당할 수 있다. 무엇보다 패자에 대한 예의나 배려가 아니다.

긴즈버그 대법관은 이 어려운 싸움을 무려 50~60년을 해온 거다. 나는 법률가라면 목에 핏대 세울 필요도, 삿대질할 필요도 없다는 것을 긴즈버그 대법관을 보며 배웠다. 핏대는 법률가의 문장에 있고, 삿대질은 시대의 험한 물길을 헤쳐나가는 데 써야 한다는 것도 알았다. 이성의 싸움터에서 선동과 우격다짐은 좋은 논리와 지성의 무덤이라는 사실도 깨달았다. 긴즈버그 대법관의 전투 요령을 다 함께 배웠으면 좋겠다는 생각에서, 그의 싸움의 기술을 요약해봤다.•

첫째, 정당한 목적을 위해 싸운다. 긴즈버그 대법관은 젠더 평등을 위해 평생을 다해 싸워왔고 이를 자랑스러워했음에도 젠더를 인간과 분리해 생각하지 않았다. "수정헌법 제4조에 '좋은 사람은 수색할 수 없지만 나쁜 사람은 수색할 수 있다'는 문구는 없다"는 그의 말처럼, 그는 성별이나 소득, 인종, 출생환경에 관계없이 모든 사람이 평등권을 누릴 수 있도록 싸웠다. 수십 년간 싸워온 그의 활동에 힘입어 여성들은 물론 남성들도 막대한 혜택을 누리게 됐다. 긴즈버그 대법관이 진영을 망라하고 높은 평가를 받는 이유는 보편적 가치를 주창했기 때문이다. 이루기 어렵지만 질 수 없는 싸움을 한 것이다.

둘째, 시대정신을 담아 싸운다. 헌법을 문자 그대로 해석해야 한다는 원전주의자들의 비난에 대해 긴즈버그는 자신 역시 원

• 이 부분은 주로 《긴즈버그의 말》(오현아 옮김, 마음산책, 2020)을 참고했다.

전주의자임을 강조하면서 "나는 헌법 제정자들을 오늘날의 우리 옆으로 데리고 온다. 평등의 가치를 높이 샀지만 그 자신이 노예소유주였던 토머스 제퍼슨은 오랜 세월에 걸쳐 평등사상이 이렇게 널리 퍼진 걸 안다면 분명 환호를 보낼 것이다"라는 말로 법 해석의 유연성을 강조했다. 법 제정자의 의사를 존중하고 법 해석의 한계를 명확히 인식하면서도, 최대한 시대정신을 담으려고 노력한 것이다. 법관의 이런 자세는 정말 중요하다. 법이 시대의 요구를 즉각 반영할 수 없는 상황에서, 판사가 기계적인 원전주의에 빠지면 법은 현실과의 괴리 때문에 시대의 함정이 될 수 있다.

시대정신은 그 질곡을 건너는 다리의 역할을 한다. 그렇다고 판사가 법을 창조할 수는 없다. 즉, 법에 내재된 해석의 한계나 본질은 초월할 수 없다. 중요한 것은 긴즈버그 대법관처럼 본질에서 시대를 읽어내려는 자세다. 자유와 평등, 인권이라는 법의 본질에서 시대를 보면 법률의 자구와 문구는 확장된다. 동시에 강력한 가치는 인력을 갖기 때문에 문자는 본질 쪽으로 구부러진다. 이게 입법자의 진정한 의사다.

셋째, 싸움터의 속성을 정확히 파악한다. "히틀러의 홀로코스트 왕국이 무법지대가 아니었음을 슬픔 속에서 기억해야 한다. 오히려 그곳은 고등교육을 받은 사람들(교사, 변호사, 판사)이 억압과 속박, 대량 학살을 자행하려고 법을 효과적으로 활용한, 법이 넘쳐나는 왕국이었다"는 말에서 알 수 있듯, 긴즈버그 대법관은 법의 한계와 위험성을 누구보다 잘 이해한 사람이었다. 법치주의 시대에 완전치 못한 법률과 바르지 못한 해석은 합법적 폭력과 공인된 공포가 될 수 있음을, 판사가 법 해석이라는 명목으로 세상 모든 사람에게 가해할 수 있음을 경고한 것이다.

넷째, 우아하게 싸운다. 긴즈버그 대법관의 싸우는 자세는 대단히 기품 있고 아름다웠다. 그의 한결같은 목표는 과한 여담이나 미사여구 없이, 의견이 다른 동료들에 대한 산만한 비난 없이 올바른 동시에 단단한 의견을 내는 것이었다. 긴즈버그 대법관이 변호사였던 시절 에피소드다.

한 판사가 변론을 하던 긴즈버그에게 말했다. "여성도 이제는 동등한 병역 기회를 갖는 줄 알았습니다." 긴즈버그가 대답했다. "아직은 아닙니다. 여성은 비행기를 조종할 수 없으니까요." 그러자 ㄱ 판사는 "그게 무슨 말이에요? 여자들은 늘 허공에 떠 있는데요. 아내, 딸과 살아봐서 잘 압니다"라고 답했다. 긴즈버그는 미소를 지으며 말했다. "그럼요, 판사님. 하지만 저는 땅에 발을 붙이고 서 있지 않은 남자도 여럿 압니다."

이 남자 판사는 모욕을 주려다 오히려 참교육을 당했다. 긴즈버그 대법관은 이처럼 예의 바르고 재치 있는 응대로 무례한 상대가 뱉은 침을 그 자신의 얼굴에 고스란히 돌려줬다. 이러면 상대는 더 부끄럽다. 목전에 생사가 걸린 상황만 아니라면, 모름지기 싸움은 우아해야 한다.

다섯째, 거침이 없고 집요하다. 긴즈버그 대법관은 중요한 문제가 걸린 사안에서는 흔들림 없이 자신의 길을 갔다. 특히 표현과 언론의 자유, 젠더 평등에 관련된 문제라면 절대 타협하지 않았다. 우아하게 싸운다고 해서 쉽게 타협할 수 있다고 생각하면 오산이다. 상대적인 가치를 버리는 건 기회주의가 아니라 합리주의다. 그러나 절대가치를 지키려면 절대로 진영이 흔들려서는 안 된다. 아무리 힘들고 반대가 드높아도 지킬 건 반드시 지켜야 한다. 다수의 폭압과 불의 앞에서도 물러나지 않아야 한다. 그것이 대다수 여론이라 해도 그렇다.

여섯째, 사람은 미워하지 않는다. 긴즈버그는 적조차 친구로 만들었다. 아니, 처음부터 적으로 생각하지 않았다. 법률가로서 혹은 여성주의에 대한 입장에서 긴즈버그 대법관과 스캘리아 대법관의 차이는, 자본주의자와 공산주의자 혹은 시아파와 수니파에 견줄 수 있을 만큼 크다. 접점이 없을 뿐 아니라 적대적 진영이었다. 실제 스캘리아 대법관에 대한 여성 진영의 입장은 '상황이 어떠해도 그런 꼰대와 친해질 순 없다'는 것이었다. 그러나 두 사람은 누구보다 친밀했고 그들의 우정은 유명하다.

스캘리아 대법관도 대단하다. 그는 클린턴이 첫 번째 대법관 지명을 두고 고심하자 단호하게 긴즈버그를 추천했고, 많은 부분에서 의견이 일치하지 않는데 어떻게 친구로 지낼 수 있느냐는 질문에 "나는 생각을 공격하지 사람을 공격하지 않아요. 선한 사람들이 나쁜 생각을 갖고 있기도 하지요"라고 말했다.

비록 견해가 다르더라도 적대시하지 않고 존중하며, 왜 나와 다르게 생각하는지 반추해보려는 이런 자세야말로 민주시민의 필수적인 덕목이다. 특히 반대 진영의 타인을 지옥이라 여기지 않고, 단지 다른 생각을 하는 선한 사람의 자리에 두려는 그 기본값과 인간에 대한 낙관은 정말 보기가 좋다. 그게 바로 사랑이기도 하다. "사랑이란 자신과 다른 방식으로 느끼며 다르게 살아가는 사람을 이해하고 기뻐하는 것이고, 차이를 부정하는 것이 아니라 그 차이를 사랑하는 것이다."(니체)

2014년 11월 오바마 대통령이 추수감사절 주례 연설에서 언급한 '에 플루리부스 우눔E Pluribus Unum'은 라틴어로 '여럿이 모여 하나'라는 뜻으로 미국의 건국이념이다. 1센트에서 50센트에 이르기까지 모든 미국 동전의 뒷면에 이 문구가 새겨져 있다. 긴즈버그 대법관은 '에 플루리브스 우눔'의 핵심에 대해 "서로의 다름을 용인하고 더 나아가 인정하면서 끝까지 힘을 합치는 것이다"라고 말했다.

다양한 생각이 격렬히 부딪치고 논쟁이 뜨거울수록 민주적이고 건강한 사회다. 다만 그 싸움이 갈등을 심화시키고 상처를 덧나게 하지 않으며, 긴즈버그 대법관의 좌우명처럼 '자유롭게 너와 내가 되도록 하기' 위해서는 지혜롭게 싸울 줄 알아야 한다. 열심히 싸우고 우아하게 승복하면 그 싸움은 모두에게 자유를 준다. 그 싸움의 끝에 더 나은 세상이 있다.

긴즈버그 대법관이 한 시대를 견디며 개인이 부조리한 세상과 어떻게 싸워야 하는지를 보여줬듯, 나는 한 사회도 그런 시대를 건너가기 위한 올바른 입장을 가져야 한다고 생각한다. 그게 뭔지는 정확히 모르겠지만 최소한 한 가지만큼은 분명하다. 불의한 세상에서 홀로 싸우는 개인을 방치하지 않는 것, 단 한 명도 희생시키지 않는 것이다.

갈등이 첨예하고 증오가 충만한 시대에 진영을 묻는 질문은, 처신의 문제가 아니라 생존의 문제다. 나는 황석영 작가 아버지의 답변이 100퍼센트 정답이라고 생각한다. 그건 기회주의가 아니다. 사람을 살리는 이념이 정답이다.

어느 쪽이 더 많은 사람을 살리는가? 이것이야말로 어느 쪽이 옳은지를 판단하는 가장 단순하고 명확한 기준이다.

사람이 곧 이념이고, 생명이 곧 정의다.

에필로그

"좋은 재판은 어떤 재판입니까?" 어떤 기자가 물었다. 시대와 상황에 따라 정답이 달라질 수 있는 질문이라 대답이 막혔다. 질문을 비틀어봤다. 좋은 재판에 필요한 단 한 가지를 들라면? 이건 쉬웠다. 바로 좋은 판사다. 나쁜 판사가 좋은 재판을 할 순 없다.

좋은 판사의 덕목으로는 흔히 중립, 공정, 전문성, 논리적으로 생각하고 쓰는 능력, 훌륭한 인품 등이 꼽히지만 나는 이스라엘 대법원장을 지낸 아론 바락의 법관상法官像 정의를 좋아한다. 법문을 맥락과 함께 읽으며 때로는 적극적이고 때로는 소극적인 법관, 법문을 종착점이 아니라 출발점으로 삼는 법관, 법만 아는 게 아니라 사회문제와 사회의 여망을 아는 법관, 법이 전부라는 생각을 갖지 않는 법관, 사법이 권력이 아니라 봉사임을 알고 실천하는 법관, 법정에서 당사자의 이야기를 중단시키거나 교육하려

들지 않는 법관, 실수를 인정할 줄 아는 법관….

그러나 아무리 뛰어난 판사라도 매사에 둔감해지고 정답을 찾지 못해 헤매는 때가 온다. 무감하고 평탄한 삶의 그래프를 꺾어 올릴 계기가 필요하다. 책이나 특별한 사건이 변곡점이 될 수도 있으나 내 경험상 변곡점에는 언제나 사람이 있었다. 고단한 삶에 지치고 물기 한 방울 없이 메말라버리는 순간이 오면 혼자서 물을 퍼올리기가 버거워진다. 이럴 때 나는 늘 가족이나 동료 같은 주변 사람들에게 도움을 받았다. 사람은 변곡점인 동시에 마중물이다. 마중물은 언제나 타인이다.

이상적인 법관이자 나를 비롯한 대한민국 판사들에게 마중물 같은 사람이 있다. 고 이승윤 판사다. 사법연수원 32기인 이승윤 판사는 2003년 임관한 후 서울고등법원에 재직 중이던 2018년 11월 19일 새벽, 판결을 쓰고 귀가한 후 댁에서 돌아가셨다.

이승윤 판사는 재판은 물론 각종 연구회와 연구반 활동을 활발히 했고, 따뜻한 성품과 소탈한 인간미로 많은 사랑을 받았으며, 2019년 법원의 날에 대법원장 표창을 수상했다. 사망 1주기를 맞아 이 판사를 그리워하는 친구들, 선후배들, 동료들은 29편의 글을 모아 추모문집을 만들었다.●

● 이승윤 판사를 그리워하는 사람들,《반짝반짝 빛나는 판사 이승윤》, 상상출판, 2020.

아래는 문집에 실린 글이자 이승윤 판사가 인터넷 법관 카페에 남긴 글이다.

수족구 걸린 두 아이를 간호하느라 머리는 산발되고 잠은 제대로 못 자 다크서클이 땅까지 내려온 와중에 몰린 잠을 쫓느라 커피를 들이붓고 있었거든요. 미리 사다놓은 카페라떼를 빨대로 쪽쪽 먹고 있었는데, 큰애가 저를 물끄러미 바라보며 '엄마~ 엄마는 커피 먹는 게 왜 이렇게 귀여워? 커피를 정말 귀엽게 먹네?' 이러면서 웃어주는데 녹아내렸어요… 아… 저 이 아이 장가 안 보내고 평생 끼고 살아야 할 것 같아요.^^

제가 꿈꿨던 로망은 도서관에서 남친과 손잡고 공부하는 거였는데요. 대학 때 연애를 못해봐서 결국 이루진 못했는데, 항상 손잡고 공부하는 걸 그렇게 해보고 싶더라고요. 조만간 신랑을 꼬셔 도서관을 가야 되나 이랬는데, 어느 날 아들과 함께 이빨을 닦는데 아들이 갑자기 '엄마 왼손으로 이빨 닦아' 그러기에 '왜?' 그랬더니 '그럼 엄마랑 손잡고 이빨 닦을 수 있잖아' 그러더라고요. 두둥^^ 그 날 이후로 항상 아들과 닦을 땐 왼손으로 칫솔질해요. ㅋㅋ 도서관 로망은 못 이뤘지만 대신 치카치카 로망은 이뤄졌어요. 아들바보 씀.

당시 초등학교 2학년이던 이승윤 판사의 아이는 "엄마가 너희와 잘 놀아주지 못하고 하늘나라로 가서 서운하지 않니?"라는 외할아버지의 물음에 이렇게 답했다고 한다. "엄마는 나라를 위해 일하고 틈만 나면 형과 나에게 발 마사지를 해줬어."•

2020년 11월 사법연수원에서 법관상이라는 주제로 신임법관 강의를 할 기회가 생긴 김에, 아론 바락의 법관상과 이승윤 판사를 소개했다. 또 공감능력을 갖추되 참혹한 사건을 일상으로 다루는 직업 특성상, 〈엑스맨〉의 울버린처럼 공감으로 인한 상처에서 빨리 회복하는 능력도 중요함을 강조했다. 결국 좋은 판사는 건강한 판사고, 내구성이야말로 판사의 기본 덕목임을 잊지 말라고 신임법관들에게 당부했다.

그런데 이 책을 쓰는 도중 내 건강에 문제가 생겼다. 연수원 강의를 한 지 한 달 보름 만이었으니, 사람 일은 참 알 수가 없다. 어쩔 수 없이 휴직했고, 휴직 기간에 원고를 마쳤다. 내가 갑자기 아프자 아내는 《어떤 양형 이유》를 읽으면서 사실 마음이 좋지만은 않았다고 털어놨다. 나는 그저 창밖만 바라봤다. 후회는 없었지만 좋은 판사가 되지 못해 아쉽긴 하다.

영화 〈런던 프라이드〉에는 한 광부가 열정적인 게이 청년에게 당부하는 장면이 있다. "투쟁에 모든 걸 다 쏟아붓지는 마. 자네를 위해 남겨둬, 삶에는 많은 것이 있으니까." 이럴 줄 알았으면

• 이수정, "아이 챙기며 커피 들이붓고 버텼다… 쓰러진 '워킹맘 판사'의 삶", 〈중앙일보〉, 2019. 11. 20.

신임법관들에게 이 말을 해줄걸 그랬다.

몸은 비록 힘들었지만, 책을 쓸 수 있어 행복했다. 책 쓰는 삶은 복 받은 삶이다. 독자들 덕분이다. 늘 하는 생각이지만 좋은 작가는 좋은 독자가 만든다. 따뜻한 마음을 가진 작가가 온기 있는 글을 쓰는 게 아니다. 선한 독자가 읽으니 그런 글이 되는 거다. 문장이 아름다워서 우는 게 아니다. 같이 울어줘서 글이 빛나는 거다.

기꺼이 보잘것없는 책의 일부가 되어준 독자들께, 공감과 선의로 책을 빛내준 당신에게 진심으로 감사드린다.

법정의 얼굴들

© 박주영 2021, 2024

1판 1쇄 발행	2021년 11월 5일	이메일	moro@morobooks.com
2판 1쇄 발행	2024년 11월 5일	X	@morobooks
2판 2쇄 발행	2025년 4월 30일	인스타그램	@morobooks

지은이	박주영
편집	조은혜, 이숙
디자인	세나리
펴낸이	조은혜
펴낸곳	모로
출판등록	제2020-000128호
등록일자	2020년 11월 13일

ISBN 979-11-989725-0-7 03300